工程建设理论与实践丛书

公路工程
项目管理及全过程造价控制

GONGLU GONGCHENG
XIANGMU GUANLI JI QUANGUOCHENG
ZAOJIA KONGZHI

徐建国　雷　昌　张发财　主编

华中科技大学出版社
http://press.hust.edu.cn
中国·武汉

图书在版编目(CIP)数据

公路工程项目管理及全过程造价控制/徐建国,雷昌,张发财主编. —武汉:华中科技大学出版社,2023.10
ISBN 978-7-5680-9595-2

Ⅰ.①公… Ⅱ.①徐… ②雷… ③张… Ⅲ.①道路工程-项目管理-研究 ②道路工程-工程造价-研究 Ⅳ.①U415.1

中国国家版本馆 CIP 数据核字(2023)第 109072 号

公路工程项目管理及全过程造价控制　　　徐建国　雷　昌　张发财　主编
Gonglu Gongcheng Xiangmu Guanli ji Quanguocheng Zaojia Kongzhi

策划编辑:周永华	
责任编辑:梁　任	
封面设计:杨小勤	
责任监印:朱　玢	
出版发行:华中科技大学出版社(中国·武汉)	电话:(027)81321913
武汉市东湖新技术开发区华工科技园	邮编:430223
录　排:华中科技大学惠友文印中心	
印　刷:武汉科源印刷设计有限公司	
开　本:710mm×1000mm　1/16	
印　张:19	
字　数:341 千字	
版　次:2023 年 10 月第 1 版第 1 次印刷	
定　价:98.00 元	

本书若有印装质量问题,请向出版社营销中心调换
全国免费服务热线:400-6679-118　竭诚为您服务
版权所有　侵权必究

编 委 会

主　编　徐建国(中交一公局第三工程有限公司)
　　　　　雷　昌(深圳市路桥建设集团有限公司)
　　　　　张发财(中国电建市政建设集团有限公司)

副主编　刘　平(中交四航局第三工程有限公司)
　　　　　揭庆芳(中交路桥华北工程有限公司)
　　　　　赵宗林(贵州黔通安达工程咨询有限公司)

编　委　郑　齐(广州从埔高速有限公司)
　　　　　刘先锋(深圳市城市交通规划设计研究中心股份
　　　　　　　　有限公司)
　　　　　张宇欢(广州帛铎工程技术咨询有限公司)
　　　　　余钰莹(广州帛铎工程技术咨询有限公司)

前　言

公路工程项目属于一次性工程，其特点是规模大、变动因素多、施工单位流动性强、行业竞争激烈，这些特性要求必须加强项目的管理工作，使公路施工企业按照项目管理要求设置施工组织机构，组建施工队伍，组织工程项目实施过程，同时保证工程进度、成本、质量、安全、资源、环境等方面相互协调，并得到很好的控制，以保证项目顺利完成。

此外，在公路建设过程中，造价失控的现象普遍存在。公路工程造价对公路建设本身及国家经济稳步发展的影响是不容忽视的。公路工程决策、公路工程设计、公路工程投标、公路工程实施等均会对公路工程造价产生影响。公路工程产品的特殊性决定了公路工程投资是巨大的，而且工程造价管理中的费用核算需要多方协作完成。如何有效控制公路工程建设成本，是公路工程造价管理的重点。

本书共10章，分别从工程项目管理概述、公路工程项目现场施工组织与管理、公路工程项目进度管理、公路工程项目成本管理、公路工程项目质量管理、公路工程项目安全管理、公路工程项目资源管理、公路工程项目变更与索赔管理、工程造价控制概述、公路工程全过程造价控制方面入手，介绍了公路工程项目管理及全过程造价控制的知识。

在编写过程中，本书参考了相关教材、规范、图集等，在此谨向这些文献的作者致以诚挚的敬意。

由于作者水平有限，书中难免存在疏漏之处，敬请读者批评指正。

目 录

第1章 工程项目管理概述 …………………………………………… (1)
1.1 工程项目的概念和基本特征 ……………………………………… (1)
1.2 工程项目管理的概念、特点、职能及类型 ……………………… (3)
1.3 公路工程项目特点与项目管理发展趋势 ……………………… (10)

第2章 公路工程项目现场施工组织与管理 ……………………… (13)
2.1 工程项目施工组织设计 …………………………………………… (13)
2.2 工程项目施工组织设计管理 ……………………………………… (16)
2.3 施工现场的技术管理要求与组织管理 ………………………… (19)

第3章 公路工程项目进度管理 …………………………………… (29)
3.1 工程项目进度管理概述 …………………………………………… (29)
3.2 公路工程项目进度计划的编制 ………………………………… (32)
3.3 公路工程项目进度计划的实施与调整 ………………………… (37)
3.4 加快公路工程施工进度的技术组织措施 ……………………… (42)

第4章 公路工程项目成本管理 …………………………………… (45)
4.1 工程项目成本管理概述 …………………………………………… (45)
4.2 公路工程项目成本管理体系的建立与运行 …………………… (58)
4.3 公路工程项目成本计划的编制 ………………………………… (61)
4.4 公路工程项目成本计划的优化 ………………………………… (68)
4.5 公路工程施工成本控制措施 …………………………………… (71)
4.6 案例分析——以S14滁合、S16合周高速公路合肥段工程为例 … (76)

第5章 公路工程项目质量管理 …………………………………… (86)
5.1 工程项目质量管理概述 …………………………………………… (86)
5.2 公路工程项目质量管理体系的建立与运行 …………………… (92)
5.3 公路工程项目质量控制 ………………………………………… (111)
5.4 公路工程施工质量检验 ………………………………………… (123)

第6章 公路工程项目安全管理 …………………………………… (130)
6.1 工程项目安全管理概述 ………………………………………… (130)

6.2　公路工程项目安全管理体系的构建与运行 …………………………（133）
　6.3　公路工程施工安全事故预防及处理 ……………………………………（154）
第7章　公路工程项目资源管理 ………………………………………………（158）
　7.1　工程项目资源的优化配置 ………………………………………………（158）
　7.2　公路工程项目资金管理 …………………………………………………（166）
　7.3　公路工程项目材料与机械设备管理 ……………………………………（171）
　7.4　公路工程项目劳务管理 …………………………………………………（179）
第8章　公路工程项目变更与索赔管理 ………………………………………（182）
　8.1　工程项目变更概述 ………………………………………………………（182）
　8.2　公路工程项目变更的程序 ………………………………………………（183）
　8.3　工程项目索赔概述 ………………………………………………………（189）
　8.4　公路工程施工反索赔 ……………………………………………………（202）
第9章　工程造价控制概述 ……………………………………………………（205）
　9.1　工程造价原理 ……………………………………………………………（205）
　9.2　工程造价管理 ……………………………………………………………（216）
　9.3　公路工程全过程造价控制理论及研究方法 ……………………………（223）
第10章　公路工程全过程造价控制 ……………………………………………（228）
　10.1　投资决策阶段工程造价控制 ……………………………………………（228）
　10.2　设计阶段工程造价控制 …………………………………………………（241）
　10.3　招标阶段工程造价控制 …………………………………………………（251）
　10.4　施工阶段工程造价控制 …………………………………………………（261）
　10.5　竣工验收阶段与运营维护阶段工程造价控制 …………………………（285）
参考文献 ……………………………………………………………………………（291）
后记 …………………………………………………………………………………（295）

第1章 工程项目管理概述

1.1 工程项目的概念和基本特征

1.1.1 工程项目的概念

工程项目是一项固定资产投资,它是较为常见、典型的项目类型。工程项目是指具备一定量的投资,经过项目构思、前期策划、项目实施等一系列程序,在一定的资源约束条件下,以形成固定资产为确定目标的一次性事业。

工程项目包含如下多项内容。

(1)工程项目由许多独立组成部分(或要素)构成,主要包括人、技术、资源、时间、空间和信息等。从项目参与者的角度来看,工程项目由项目发起人、甲乙双方的项目经理、客户、执行组织及有利害关系的组织(银行、投资公司、供货商等)或个人(咨询者等)组成。项目参与者又称项目当事人,是指积极参与项目,其利益在执行中或项目成功后将受到影响的个人或组织。

(2)工程项目的各个要素在结构和功能上是有序的,彼此相关,并且保持合理的秩序。工程项目各要素之间的基本关系是合同关系,此外,还有行政、经济、技术、社会、信息关系。上述各种关系的优化组合,形成工程项目的合理运营机制和功能,使工程项目与环境协调的目标及总体目标得以实现。

(3)工程项目具有约束条件。工程项目主要是在限定资源条件下,在一定的空间、时间范围内进行的项目,工程项目的资源主要是人、财、物,关键是财,即资金。工程项目与其他项目不同,必须有明确的空间、时间要求。

(4)任何工程项目都有特定的目标,即投资、工期、质量。这些目标对于不同的项目,其重要程度有所不同,应尽量节约投资,按预定工期和质量要求完成项目的目标。

(5)工程项目作为完成某项事业的过程是一次性的,即完成项目任务具有单件性。它不同于批量生产的产品,世界上没有完全相同的工程项目,每个项目都有自己的特殊性,其管理模式也没有特定的标准。

1.1.2 工程项目的基本特征

工程项目具有项目的基本特征,具体表现在以下方面。

(1)工程项目的一次性。

任何工程项目作为总体来说都是一次性的、不重复的。它经历前期策划、批准、设计、计划、实施、运行和应用的全过程。即使在形式上极为相似的项目,比如两个生产相同产品、采用相同工艺的生产流水线车间,两栋建筑造型和结构形式完全相同的房屋,也必然存在着差异,如实施的时间、环境、施工组织和风险都可能不同,因此它们之间无法等同,无法替代。

(2)工程项目的约束性。

任何工程项目都是在一定的时间、资金、资源的约束条件下进行的。

从时间约束角度看,工程项目的投资者总是希望尽快实现项目目标,发挥投资效益。例如,房地产开发商总是希望所开发项目早日建成,以便及时销售以获得投资效益。一个新建的工厂早一天投产就会早一天赢利,从而缩短项目的投资回收期。时间约束就是对工程项目开始和结束时间的限制,形成工程项目的工期目标。

从资金约束角度看,任何工程项目都会对资金有所限制。投资者对资金事先预算的投入则形成了工程项目的费用目标。我国在计划经济时期,工程建设领域的超计划投资现象十分严重,给国家带来很大损失。随着我国投资体制的改革,工程项目的资金来源渠道增多,投资呈现多元化,这使得项目资金的使用越来越严格,经济性要求也越来越高。

工程项目的资源约束一方面是指在一定的时间、地点,资源的供应会有限;另一方面是指资源的均衡使用问题。

(3)工程项目的目标性。

任何工程项目都具有一个特定的目标,如建一所学校、一幢房屋、一条高速公路等。值得注意的是,这些目标只是一种对最终结果的简单描述,在实际过程中,特定的目标总是在工程项目的初期详细设计出来,并在以后的项目活动中一步一步地实现。

(4)工程项目的寿命周期性。

任何工程项目都遵循着项目的寿命周期性规律,即经历从提出建议、策划、实施、监督控制、使用到终止使用(报废)的过程。

人们往往会对一个工程项目的寿命周期提出不同的看法,即工程项目的终结点在哪里,有人提出应在项目实施完成,成果交付使用时,而有人则认为其寿命周期应延续到报废。之所以产生不同的看法,是因为多年来无论是学术界还是工程界始终未对"工程项目"这一术语进行明确的定义。例如,对于办公楼项目,业主所指的工程项目和承包商所指的工程项目是有区别的,而且即使对于承包商,如果采用的承包模式不同,则对该工程项目寿命周期的理解也不同。在后面介绍工程项目的类型时,将对这一问题进行详细描述。

(5)工程项目的多样性。

工程项目的多样性特征显而易见。一个工程项目从开始到终结,不仅包含各个阶段,而且每一阶段又包含大量不同的活动。工程项目过程就是不同专业的人员(如建筑师、结构工程师、咨询工程师等)在不同的时间、不同的空间完成不同的活动(任务),这些活动(任务)的完成共同构成该工程项目的完成。

1.2 工程项目管理的概念、特点、职能及类型

1.2.1 工程项目管理的概念

项目管理者为了取得项目的成功,对工程项目运用系统的观念、理论和方法,自项目开始至项目完成,进行有序、全面、科学、目标明确的管理,使得项目的费用目标、进度目标和质量目标得以实现。

一个项目往往由不同的参与主体(业主方、设计方、施工方、供货方等)承担不同的建设任务,由于各个参与单位的工作性质、工作任务和最终利益不同,项目管理者和项目管理的类型也会不同。

参与建设工程项目的各方都围绕着同一个工程对象进行项目管理,所采用的基本管理理论和方法都是相同的,所遵循的程序和原则又是相近的。例如,业主要进行项目前期策划、设计和计划、采购和供应、实施控制、运行管理等工作;承包商要做好项目构思(得到招标信息后)、目标确定、可行性研究、环境调查、分包工程招标、材料采购、项目实施控制等一系列工作。所以,工程项目管理不应拘泥于某一方参与者,而应着眼于整个工程项目。工程项目管理涉及项目从开始到结束的各个方面。

1.2.2 工程项目管理的特点

工程项目管理的基本特征是面向工程,以实现工程项目目标为目的,运用系统管理的观点、理论和方法,对工程项目实施的全过程进行高效率、全方位的管理。

(1)工程项目管理是一种一次性管理。

工程项目是非常典型的项目类型,一般投资巨大,建设周期长,具有一次性和不可逆性。项目管理过程中一旦出现失误,很难纠正,损失严重,项目管理的一次性是成功的关键。因此,应严格管理项目建设中的每个环节,认真选择项目经理、配备项目人员和设置项目机构。

(2)工程项目管理是一种全过程的综合性管理。

工程项目各阶段既有明显界限,又相互有机衔接,不可间断,这就决定了项目管理是对项目进行全过程的管理,如对项目可行性研究、勘察设计、招投标、施工等各阶段进行管理。每个阶段又包含对进度、质量、成本、安全的管理。因此,工程项目管理是全过程的综合性管理。

(3)工程项目管理是一种约束性强的控制管理。

工程项目管理的一次性特征,以及其明确的目标(成本低、进度快、质量好)、限定的时间和资源、既定的功能要求和质量标准,决定了其约束条件的约束强度比其他管理更高。因此,工程项目管理是强约束管理。这些约束条件是项目管理的条件,也是不可逾越的限制条件。工程项目管理的重要特点在于项目管理者如何在一定时间内,在不超过这些条件的前提下,充分利用这些条件去完成既定任务,达到预期目标。

1.2.3 工程项目管理的职能

(1)策划职能。

工程项目策划是把建设意图转换成定义明确、系统清晰、目标具体、活动科学、过程有效的,富有战略性和策略性思路的、高智能的系统活动,是工程项目概念阶段的主要工作。策划的结果是其他各阶段活动的总纲。

(2)决策职能。

决策是工程项目管理者在工程项目策划的基础上,通过调查研究、比较分析、论证评估等活动,得出的结论性意见。工程项目的每个阶段、每个过程均需要启动,只有在做出正确决策以后的启动才有可能成功,否则就是盲目的、指导思想不明确的,也可能是失败的。

(3)计划职能。

计划就是根据决策设计控制目标、做出实施安排和实现目标措施的活动。计划职能决定项目的实施步骤、搭接关系、起止时间、持续时间、中间目标、最终目标及措施。它是目标控制的依据和方向。

(4)组织职能。

组织是组织者和管理者合理利用资源,协调各种作业(管理)活动,将作业(管理)需要和资源应用相结合的机能和行为,是管理者对计划进行目标控制的一种依托和手段。工程项目管理需要组织机构的成功建立和有效运行,从而起到组织职能的作用。

(5)控制职能。

控制的作用在于按计划运行,随时收集信息并与计划进行比较,找出偏差并及时纠正,从而保证计划及其确定的目标实现。控制职能是管理活动最活跃的职能,因此,工程项目管理把目标控制作为主要内容,并对控制的理论、方法、措施、信息等做出了大量研究,并在理论和实践方面取得了丰富的成果。

(6)协调职能。

协调就是在控制的过程中疏通关系,解决矛盾,排除障碍,使控制职能充分发挥作用。所以,协调是控制的动力和保证,控制是动态的,协调可以使动态控制平衡、有力、有效。

(7)指挥职能。

指挥是管理的重要职能。计划、组织、控制、协调等都需要强有力的指挥。工程项目管理依靠团队,团队要有负责人(项目经理),负责人就是指挥者。指挥者把分散的信息集中起来,变成指挥意图,用集中的意图统一管理者的步调,指导管理者的行动,集合管理力量,形成合力。所以,指挥职能是管理的动力和灵魂,是其他职能无法替代的。

(8)监督职能。

监督是督促、帮助,也是管理职能。工程项目管理需要监督职能,以保证法规、制度、标准和宏观调控措施的实施。监督的方式有自我监督、相互监督、领导监督、权力部门监督、业主监督、司法监督、公众监督等。

总之,工程项目管理有众多职能。这些职能既是独立的,又是密切相关的,不能孤立地去看待它们。各种职能相互协调,才是管理有力的体现。

1.2.4 工程项目管理的类型

每个项目都有其特定的建设意图和使用功能要求。中型建设项目往往包括诸多形体独特、功能关联、共同作用的单体工程,形成建筑群体。单体工程一般是由基础、主体结构、装修和设备系统共同构成一个有机的整体。

每个建设项目都需要投入巨大的人力、物力和财力等社会资源,并经历着项目的策划、决策、立项、场址选择、勘察设计、建设准备和施工安装活动等环节,最后才能投入使用,也就是说,建设项目有自身的产生、形成和发展过程。各个环节相互联系、相互制约,并受到建设条件的影响。

每个建设项目都处在社会经济系统中,与外部环境发生着各种各样的联系。项目建设受到社会、经济、政治、技术、文化、道德和伦理观念的影响和作用,是在一定的经济体制下运行的,国家对项目建设活动有一系列的政策、方针、法规。

1. 按管理层次划分

按管理层次不同,项目管理可分为宏观项目管理和微观项目管理。宏观项目管理是指政府(中央政府和地方政府)作为主体对项目活动进行的管理。一般不以某一具体的项目为对象,而是以某一类或某一地区的项目为对象;其目标也不是项目的微观效益,而是国家或地区的整体综合效益。项目宏观管理的手段是行政、法律、经济手段并存,主要包括项目相关产业法规政策的制定,项目相关的财、税、金融法规政策,项目资源要素市场的调控,项目程序及规范的实施,项目过程的监督检查等。

微观项目管理是指项目业主或其他项目参与主体对项目活动的管理。项目的参与主体一般包括业主(项目的发起人、投资人和风险责任人)、项目任务的承接主体(指通过承包或其他责任形式承接项目全部或部分任务的主体)、项目物资供应主体[指为项目提供各种资源(如资金、材料、设备、劳务等)的主体]。

微观项目管理是项目参与者为了各自的利益而以某一具体项目为对象进行的管理,其手段主要是各种微观的经济法律机制和项目管理技术。一般意义上的项目管理即指微观项目管理。

2. 按管理范围和内涵划分

按工程项目管理范围和内涵不同,项目管理分为广义项目管理和狭义项目管理。

广义项目管理包括从项目投资意向、项目建议书、可行性研究、建设准备、设计、施工,到竣工验收、项目后评估全过程的管理。

狭义项目管理指从项目正式立项(即从项目可行性研究报告获得批准后)到项目竣工验收、项目后评估全过程的管理。

3. 按管理主体划分

一项工程的建设会涉及不同的管理主体,如项目业主、项目使用者、科研单位、设计单位、施工单位、生产厂商、监理单位等。从管理主体看,各实施单位在各阶段的任务、目的、内容不同,从而导致项目管理的类型不同。项目管理大致有以下几种类型。

(1)业主方的项目管理。

业主方的项目管理是指项目业主或委托人对项目建设全过程的监督与管理。按项目法人责任制的规定,项目建议获得批准后,由投资方派代表,组建项目法人筹备组,具体负责项目法人的筹建工作,待项目可行性研究报告获得批准后,正式成立项目法人,由项目法人对项目的策划、资金筹措、建设实施、生产经营、债务偿还、资产的增值(或保值)等实行全过程负责,依照国家有关规定对建设项目的建设资金、建设工期、工程质量、生产安全等进行严格管理。

项目投资方可能是政府、企业、个体,也可能是外商;可能是独资,也可能是合资。项目业主是由投资方派代表组成的、从项目筹建到生产经营并承担投资风险的项目管理班子。

业主以工程项目所有者的身份,作为项目管理的主体,居于项目组织最高层。业主对工程项目的管理深度和范围由项目的承发包方式和管理模式决定。

在现代工程项目中,业主项目管理的主要内容如下:

①选择项目管理模式、工程承发包方式;

②选择工程项目的实施者(承包商、设计单位、项目管理单位、供应单位),委托项目任务,并以项目所有者的身份与他们签订合同;

③选择与批准工程项目重大技术和实施方案;

④批准工程项目的设计和计划,以及设计和计划的重大修改;

⑤对项目实施过程中的重大问题进行决策;

⑥按照合同规定,向项目实施者支付工程款和接收已完工程等。

项目法人可聘任项目总经理或其他高级管理人员,代替自己履行项目管理职权。因此,项目法人和项目经理构成了对项目建设活动的项目管理,由项目总经理组织编制项目初步设计文件,组织设计、施工、材料设备采购的招标工作,组织工程建设实施,负责控制工程投资、工期和质量,对项目建设各参与单位的业务进行监督和管理。项目总经理可由项目董事会成员兼任或由董事会聘任。

(2)监理方的项目管理。

建设工程监理是指具有相应资质的工程监理企业,接受建设单位的委托,承担其项目管理工作,并代表建设单位对承建单位的建设行为进行监控的专业化服务活动。

建设工程监理只能由具有相应资质的监理企业承担,建设工程监理的行为主体是工程监理企业,这是我国建设工程监理制度的一项重要规定。建设单位与其委托的监理企业应当订立书面建设工程委托监理合同。建设工程监理的实施需要建设单位的委托和授权,监理企业根据委托监理合同和有关建设工程合同的规定实施监理。

建设工程监理的主要内容是控制工程建设的投资、建设工期和工程质量,进行工程建设安全管理、合同管理、信息管理,协调有关单位之间的工作关系,一般简称为"三控三管一协调"。

在施工阶段,建设工程监理的主要工作任务如下:

①确定项目监理机构人员的分工和岗位职责;

②编写项目监理规划、项目监理实施细则,并管理项目监理机构的日常工作;

③审查分包单位的资质,并提出审查意见;

④检查和监督监理人员的工作,根据工程项目的进展可进行人员调配,对不称职的人员,应调换其工作;

⑤召开监理工作会议,签发项目监理机构的文件和指令;

⑥审定承包单位提交的开工报告、施工组织设计、技术方案、进度计划;

⑦审核签署承包单位的申请、支付证书和竣工结算;

⑧审查和处理工程变更;

⑨主持或参与工程质量事故的调查;

⑩调解建设单位与承包单位的合同争议,处理索赔事宜,审批工程延期文件;

⑪组织编写并签发监理月报、监理工作阶段报告、专题报告和项目监理工作总结;

⑫审核签认分部工程和单位工程的质量检验评定资料,审查承包单位的竣

工申请,组织监理人员对待验收的工程项目进行质量检查,参与工程项目的竣工验收;

⑬整理工程项目的监理资料。

(3)承包方的项目管理。

承包方采用的承包方式不同,项目管理的含义也不同。

①工程总承包方的项目管理。业主在项目决策之后,通过招标择优选定总承包单位全面负责工程项目的实施过程,直到最终交付使用功能和质量标准符合合同文件规定的工程项目。因此,总承包方的项目管理是贯穿项目实施全过程的全面管理,既包括设计阶段,也包括施工安装阶段。工程总承包方的项目管理是全面履行工程总承包合同,以实现企业承建工程的经营方针和目标、取得预期经营效益为动力,而进行的工程项目自主管理。显然,总承包单位必须在合同条件的约束下,依靠自身的技术和管理优势或实力,通过优化设计及施工方案,在规定的时间内,按质、按量地全面完成工程项目的承建任务。从交易的角度看,项目业主是买方,总承包单位是卖方,因此,两者的地位和利益追求是不同的。

②设计方的项目管理。设计单位受业主委托承担工程项目的设计任务,以设计合同所界定的工作目标及其责任义务作为该项工程设计管理的对象、内容和条件,通常简称为设计项目管理。设计项目管理即设计单位为履行工程设计合同和实现设计单位经营方针目标而进行的设计管理,尽管其地位、作用和利益追求与项目业主不同,但它也是建设工程设计阶段项目管理的重要方面。只有通过设计合同,依靠设计方的自主项目管理,才能贯彻业主的建设意图和实现设计阶段的投资、质量及进度控制。

③施工方的项目管理。施工单位通过工程施工投标取得工程施工承包合同,并以施工合同所界定的工程范围,组织项目管理,简称为施工项目管理。从完整的意义上说,这种施工项目应该指施工总承包的完整工程项目,包括其中的土建工程施工和建设设备工程施工安装,最终成果应为具备独立使用功能的建筑产品。然而从工程项目系统分析的角度看,分项工程、分部工程也是构成工程项目的子系统。按子系统定义的项目,既有特定的约束条件和目标要求,也是一次性的任务。因此,工程项目按专业和部位分解发包时,承包方仍然可以将承包合同界定的局部施工任务作为其项目管理的对象,这就是广义的施工企业的项目管理。

1.3 公路工程项目特点与项目管理发展趋势

1.3.1 公路工程项目特点

公路工程项目是一类特殊的工程项目,与一般工业和民用建筑工程项目相比,其具有以下特点。

(1)造价高、投资大。

国家规定,高速公路标段的路基工程一般应不小于 10 km,路面工程一般应不小于 15 km,其他等级公路标段工作量一般应不小于 5000 万元。因此,公路工程建设项目投资一般是巨大的,其建设工程合同的造价基本上是几千万元、上亿元甚至几百亿元,这是一般的建筑工程项目所不可比拟的。如"九五"期间的重点工程——京沈(北京—沈阳)高速公路全长 658.7 km,总投资近 200 亿元人民币;贯穿祖国南北的交通大动脉——京港澳高速公路长达 2285 km,整个工程总投资近千亿元。

(2)点多、线长、面广。

公路工程建设规模一般都比较大,从建设里程上来讲,从几十千米到上百千米甚至上千千米的都有,涉及的施工区域可能不止一个省、市,尤其是国道干线的建设,一般都要跨越多个省、市,施工范围相当广。因此,公路工程的建设不可能由一家施工企业单独完成,需要多家合作,分点、分段建设完成。

(3)质量要求高,建设时间长。

每条公路都是特有的、唯一的,一经建成,在短时间内将不会进行重复性的投资建设;而且,建设一条公路将会耗费大量的人力、物力和财力等,因此在公路工程的建设时期,就要对建设产品提出较高的质量要求,在科学合理地利用资源的同时,尽可能建设高质量的工程项目产品。由于公路工程建设项目规模大,技术复杂,涉及的专业面广,许多大型、特大型的施工项目需要分段、分期进行,因此,从项目的规划、建设到投入使用,历时较长,少则几年,多则十几年。如全长 1262 km、总投资 393 亿元的京沪高速公路共分了 20 个路段建设,从最早于 1987 年就已开工建设的京津塘高速公路路段,到 2000 年年底的山东省境内临沂至红花埠段、江苏境内新沂至江都段等分段的相继竣工,整个工程建设历时 13 年之久。

(4)户外作业,环境复杂,不可控因素多。

公路工程要求施工建设采用全野外的作业方式,加上施工的路线一般都较长,其面临的气候、地质水文条件以及社会经济环境,乃至风土人情都会存在差异,其中任何一项因素的变化都会影响公路工程建设的进展。

1.3.2 项目管理发展趋势

近代项目管理起源于20世纪50年代,目前国际上较具权威的两大项目管理研究机构有以欧洲为首的国际项目管理协会和以美国为首的美国项目管理协会。如今,项目管理的发展呈现四大趋势。

(1)国际化趋势。

随着贸易活动的全球化发展和跨国公司、跨国项目的增多,项目管理的国际化趋势日益明显。各国专家都在探讨项目管理的国际通用体系,包括通用术语。国际项目管理协会的各成员国之间每年都要举办很多行业性和学术性的研讨会,交流和研究项目管理的发展问题。对于项目管理活动,目前国际上已形成了一套较完整的国际法规、标准和惯例,制订了严格的管理制度,形成了通用性较强的国际惯例,各国正在探讨完整的通用体系。

(2)网络化、信息化趋势。

随着计算机技术、信息技术和网络技术的飞速发展,为了提高项目管理的效率、降低管理成本、加快项目进度,项目管理越来越多地运用计算机手段。目前,西方发达国家的项目管理公司已经运用专门的软件来进行项目管理,利用网络技术传递信息,实现了项目管理的自动化、网络化、虚拟化;同时,许多项目管理公司也积极组织人员开发研究更高级的项目管理软件,力争用较少的自然资源和人才资源,实现经济效益的最大化。21世纪的项目管理将更多地运用计算机技术、信息技术和网络技术,通过资源共享,运用集体的智慧来提高项目管理的应变能力和创新能力。随着网络技术的发展,项目管理的网络化、信息化将成为必然。

(3)关注"客户化"趋势。

在传统的项目管理中,判断一个项目成功与否无外乎是看项目的工期指标、成本指标和质量指标是否满足项目的约束条件。如果项目按期交付,成本费用在预算之内,产品性能符合合同条款的规定,就认为该项目是一个成功的项目;若其中任何一项没有完成,则认为项目是失败的。与传统的项目管理相比,现代项目管理越来越倾向于以客户为中心的管理。2000年版ISO 9000质量标准中阐述的八项管理原则的第一条就是"以顾客为关注焦点"。在当今这个竞争激烈的时代,任何经济组织生存和繁荣的关键都不仅仅是生产产品,还要赢得客户并留住客户。在一个项目的实施和管理过程中,应该充分贯彻"以客户满意为关注焦点"的质量标准,满足客户明确的需求、挖掘客户隐含的需求,实现并超越客户的期望。只有让客户满意,项目组织才有可能更快地结束项目,尽可能减少项目实施过程中的修改和调整,真正实现节约成本、缩短工期,提高与客户再次合作的可能性。

(4)新方法应用普及化趋势。

纵观项目管理近年来的发展过程,变化显著:项目管理包含的知识内容更加丰富,如增加了范围管理、质量管理、风险管理和沟通管理等;项目管理概念进一步拓宽,如提出了基于项目的管理、客户驱动型项目的管理等不同类别的项目管理;项目管理的应用层面已不再是传统的建筑和工程建设部门,而是渗入了各行业、各领域。尤其是在以下两个方面的进展令人瞩目。

①风险评估小组的出现。

在传统的项目管理中,项目中出现的问题通常归咎于项目实施不力(如项目组中的成员不能胜任工作)。然而现在,不切实际的项目估算也被认为是项目中出现问题的主要原因。通过成立风险评估小组来减少项目估算方面的问题和进行风险管理的方式日益普及。例如,在正式签署项目合同之前,由风险评估小组成员来审查合同中的某些承诺是否切实可行,如不切实际,风险评估小组将建议不要签署该协议。

②项目办公室的设立。

越来越多的不同规模的企业或组织开始设立项目办公室。项目办公室的作用包括行政支持、咨询、建立项目管理标准、开发更新工作方法和工作程序、指导和培训项目人员等。

第 2 章　公路工程项目现场施工组织与管理

2.1　工程项目施工组织设计

施工组织设计是用以指导建设工程项目全过程各项活动的技术、经济和组织的纲领性文件。施工组织设计以建设工程项目为对象进行编制,按照施工规律、现行有效的标准和项目自身的特点,从人员、物资、机械设备和施工方法等方面进行统筹平衡,对施工部署和施工准备工作、施工现场平面布置、施工总进度计划、技术组织措施等进行科学安排,采用先进技术保证工程质量、安全,做到节能环保、高质量、低成本、施工进度快、文明生产等,从而实现项目的总体目标。施工组织设计是对工程施工过程进行有效管理的重要手段和依据。

2.1.1　施工组织设计的作用和类型

1. 施工组织设计的作用

(1)指导工程施工全过程和履行施工合同,减少各项纠纷和编制工程预算、结算的主要依据。

(2)提出人力、材料、机具和设备的配置计划及使用顺序,合理地布置和规划施工现场。

(3)确定合理的施工顺序、施工方法、劳动组织和技术经济措施,统筹安排工程的进度计划。

(4)工程创优的技术基础,施工企业技术革新的推动力。

2. 施工组织设计的类型

(1)根据施工组织设计的详细程序分类。

施工组织设计根据详细程度不同,可以分为三种类型,即施工组织设计纲要、施工组织总设计和专项施工组织设计。

①施工组织设计纲要：投标前的施工组织设计。它根据招标文件编制，为施工布局做出总体安排，适应投标的需要。

②施工组织总设计：中标后的施工组织设计。它主要以若干个单位工程组成的群体工程为对象编制，同时又是编制专项施工组织设计的依据。

施工组织总设计主要包括以下内容。

a. 工程概况、工程特点、编制依据、各专业工程主要工作量。

b. 主要技术经济指标，包括工期、质量、成本、安全及项目管理目标等。

c. 项目组织机构、各类管理规章制度体系。

d. 人力资源计划、大型机械设备计划。

e. 施工总平面布置图、施工总进度计划及说明。

f. 主要施工方案。

g. 项目质量管理、成本管理、进度管理、风险管理、物资管理、安全管理等计划。

③专项施工组织设计：以复杂及特殊作业工程为主要对象编制的施工组织设计。

(2)根据施工组织设计阶段分类。

根据施工组织设计阶段的不同，施工组织设计可以分为两类：一类是标前施工组织设计，又称为建设工程施工项目管理规划大纲；另一类是标后施工组织设计，又称为建设工程施工项目管理实施规划。

(3)根据施工组织设计编制对象分类。

根据施工组织设计编制对象的不同，施工组织设计可分为三类，即施工组织总设计、单位工程施工组织设计、分部工程施工组织设计。

①施工组织总设计：一般以机电工程、形成使用功能的建筑或能完整生产出产品的生产工艺系统为对象。

②单位工程施工组织设计：一般以单位工程或单项工程为对象。

③分部工程施工组织设计：一般以施工技术难度较大、施工工艺较复杂、质量要求较高或采用新工艺的分部分项工程(或专业工程)为对象。

2.1.2 施工组织设计的编制要求

1. 施工组织设计的编制原则

应遵守国家工程建设的法律、政策、法规、方针，遵守现行的技术标准和规范,充分利用时间和空间合理部署施工现场,还应该符合施工合同或招标文件中所要求的技术经济指标。

2. 施工组织设计的编制依据

施工组织设计纲要的编制依据之一是工程项目招标文件,专项施工组织设计的编制依据之一是施工组织总设计。

以施工组织总设计的编制为例,其编制依据如下。

(1)相关的国家及行业标准、规范。
(2)获得批准的施工图以及施工合同、技术协议和会议纪要等文件。
(3)施工组织设计纲要。
(4)施工企业技术标准、施工队伍情况及装备条件、管理状况。
(5)类似建设工程项目的资料和经验。

3. 施工组织设计的编制要求

施工组织设计要对施工组织、技术措施、成本控制措施、经济效益分析等有较强的指导性。所采用的规范、标准必须有效;符合施工合同或招标文件中有关工程进度、质量、安全、环境保护等方面的要求。此外,施工组织设计的编制还必须针对工程的特点及重难点编制施工方法和施工保障措施。施工方法应先进、可行、合理,能提供多方案的优化比选。

4. 施工组织设计的编制要点

施工组织总设计的编制要点如下。

(1)工程概况:包括建设工程项目的基本情况、现场条件、设计情况等。
(2)编制依据:法律、法规、规程、标准等必须现行有效。
(3)各专业工程主要工作量。
(4)主要技术经济指标:如工期、机械设备、人力的利用程度、项目成本等。
(5)项目组织机构和各类管理体系等。
(6)人力资源计划:包括高峰人数、月平均人数、总工时等。
(7)大型机械设备计划:包括设备名称、规格、型号、进出场时间、数量等。
(8)施工总进度计划:通常用横道图或网络图来描述。
(9)施工平面图布置及说明。
(10)主要施工方案简述:主要施工方案是指对工程质量起关键作用的方案

（施工技术复杂、施工难度大或采用"四新技术"的方案）以及脚手架、起重吊装、临时用电、季节性施工等专项方案。

（11）项目质量规划及主要保证措施：包括质量目标和要求、质量管理组织及其职责、关键项目的施工质量控制点等。

（12）项目安全、环境管理规划及主要保证措施。

（13）项目物资供应计划：要结合施工进度安排进行编制，包括业主供货计划或承包方采购到货计划。

（14）项目成本控制措施。

（15）项目风险识别及防范措施。

（16）项目信息管理措施。

2.2　工程项目施工组织设计管理

2.2.1　建设项目施工方案的编制要求

施工方案是施工组织设计的细化和完善。它是依据施工组织设计要求，为专业工程施工而编制的具体实施方案，其中包括组织机构方案、人员组成方案、技术方案、安全方案、材料供应方案等。施工方案是指导各专业工程施工的具体作业文件和依据，是专业施工安全、质量、进度和成本控制的重要保证。

施工方案的编制应符合正确性、可操作性、针对性、适用性和全面性等方面的要求。其编制依据包括施工组织总设计、设计文件、供货方技术文件、施工现场勘察设计文件、国家和行业相关标准规范、同类型工程项目施工经验等。

1. 施工方案的作用

施工技术方案以专业工程为对象进行编制，制订专业工程施工工艺，部署专业工程资源，确定专业工程工期、质量等要求。施工方案直接指导专业工程施工，在安全生产的前提下，确保专业工程施工的质量，确保资源的合理配置以及工期的合理安排。

2. 施工方案的类型

按照施工方案所指导的内容不同，施工方案分为专业工程施工方案和专项工程施工方案两大类。

专业工程施工方案：为确保专业工程的实施，用以指导专业工程施工全过程各项施工活动而编制的工程施工方案。

专项工程施工方案：针对专项工程及专项规范规定和特殊作业而编制的工程施工方案。它的编制须经施工单位技术总负责人批准。

3. 施工方案的内容

施工方案的内容包括工程概况、编制依据、施工程序、施工方法、安全技术措施、进度计划、资源配置计划、施工平面布置、质量管理措施等。

4. 施工方案的编制依据和要点

施工方案的编制依据：施工组织设计文件、技术设计文件、供货方技术文件、国家和行业标准、施工现场条件等。

施工方案的编制要点如下。

(1) 工程概况：包括工程的基本情况、现场条件、主要实物量、工期安排、主要技术参数等。

(2) 施工方法：包括工序操作要点、检查方法、机具选择、技术要求和质量标准。

(3) 施工程序：包括各工序之间的顺序、平行、交叉等逻辑关系。

(4) 进度计划。

(5) 安全技术措施。

(6) 资源配置计划。

(7) 施工平面布置：包括材料堆场、预制区域及检(试)验场所等位置。

(8) 质量管理措施：包括工序质量控制关键点和工序质量控制方法。

2.2.2　施工组织设计的实施

1. 施工组织设计实施的基本要求

施工组织设计应保证做到正确交底，确保对施工组织设计实施的符合性和有效性进行中间检查与调整。施工组织设计的编制、审核和审批应实行分级管理制度，在施工单位完成内部编制、审核、审批程序后，交由承包单位审核、审批，再由承包单位项目经理或其授权人签章后向监理报批。规模大、工艺复杂的工

程,群体工程或分期出图的工程,可以进行分阶段编制和报批。

2. 施工组织设计交底

施工组织设计的编制人员应在工程开工前向施工人员做施工组织设计交底,以利于做好充分的施工准备。

施工组织设计交底的内容主要包括工程施工的特点和难点、主要涉及的施工工艺和施工方法、组织机构的设置、进度安排、质量、安全技术措施等。

3. 施工方案交底

施工方案的编制人员应在工程施工前向施工作业人员进行施工方案、技术交底。以下施工方案需要进行交底。

(1)分项、专项工程的施工方案。

(2)采用新产品、新材料、新技术、新工艺的工程的施工方案。

(3)特殊工程的施工方案。例如,特大、特重、特高、精密或高价值设备的运输和吊装方案,工程量大、多交叉工程的施工组织方案,特厚、重要部位、大焊接量或有特殊要求的焊接施工方案,现场预制和工厂预制的方案,特殊作业方案,关键过程技术方案等。

施工方案交底内容为该工程的施工程序和顺序、操作方法、施工工艺、质量控制措施、安全措施等。

4. 施工方案优化

对施工方案进行技术经济评价是优化施工方案的重要环节。对多个施工方案进行经济分析比选,有利于获得工期短、材料省、质量高、劳动力安排合理、工程成本低的方案。对施工方案进行经济评价的常用方法是综合评价法。施工方案的技术经济比较主要包括以下几个方面。

(1)技术先进性比较:比较各方案的技术水平、技术效率、技术创新程度、实施的安全性(如可靠性、事故率等)。

(2)经济合理性比较:各方案投资总额、对环境的经济影响性、对产值增长的贡献、对工程进度及其费用影响的大小。

(3)社会效益比较:主要是指推广应用价值的比较,如能否节约资源、降低污染等。

2.3 施工现场的技术管理要求与组织管理

2.3.1 施工现场的技术管理要求

工程施工技术是履行项目合同,加快进度,确保质量、安全,降低成本的保证。

工程施工技术交底主要涉及以下几方面内容。

(1)施工技术交底应在开工前进行,并贯穿施工全过程,施工技术交底一般包括设计交底、施工组织设计交底、施工方案交底、设计变更交底。

(2)施工技术交底内容主要包括施工工艺与方法、技术要求、质量要求、安全要求及其他要求等。

(3)技术交底应分层次展开,直至交底到施工操作人员,交底必须在作业前进行,重要项目的技术交底需有书面交底资料,应由项目技术负责人审核或批准,交底时技术负责人应到场。

(4)技术交底人员与被交底人双方应在交底记录上签字,交底资料和记录应进行收集、整理,并妥善保存,竣工后作为工程档案进行归档。

2.3.2 施工现场的组织管理

1. 现场和道路管理

(1)场地管理。

施工现场的场地应平整坚实,无坑洼和凹凸不平;有排水措施,雨季不积水。场地内应清除障碍物。现场油料、化学溶剂等应设有专门的库房;地面应进行防渗漏处理,对粉尘源进行覆盖遮挡。

(2)道路管理。

施工现场道路应当有循环干道,满足运输、消防要求;道路布置要与现场的材料、构件、仓库等堆场、吊车位置相协调、配合;主干道应当平整坚实,保证不沉陷,不扬尘。主干道宽度不宜小于3.5 m,载重汽车转弯半径不宜小于15 m;主要道路应尽可能利用永久性道路。

(3)现场封闭管理。

施工现场必须实施封闭式管理,将施工现场与外界隔离,既可以防止"扰民",又可保护环境,美化市容。

①围挡。

施工现场围挡应沿工地四周连续设置,不得留有缺口,应确保围挡稳定、安全。围挡的用材应坚固、稳定、整洁、美观,宜选用砌体、金属板材等硬质材料。施工现场的围挡一般应高于1.8 m。禁止在围挡内侧堆放泥土、砂石等散状材料及管架、模板等,严禁将围挡用作挡土墙,以免对围墙产生较大的侧压力,导致围墙倒塌。

②大门。

施工现场应当有固定的出入口,出入口处应设置大门。施工现场的大门应牢固美观,大门上应标有企业名称或企业标志。出入口设置专职门卫(或保卫)人员,制订门卫管理及交接班记录制度。

2. 临时设施管理

(1)临时设施的基本含义。

施工现场的临时设施主要是指施工期间临时搭建、租赁的各种房屋设施。施工现场的临时设施较多,临时设施必须合理选址、正确用材,在确保使用功能的基础上,要满足安全、卫生、环保、消防要求。

①临时设施的种类。

临时设施主要包括四类:一是办公设施,包括办公室、保卫传达室、会议室;二是生活设施,包括宿舍、食堂、厕所、浴室、阅览室、娱乐室、卫生保健室;三是生产设施,包括材料仓库、防护棚、加工棚、操作棚;四是辅助设施,包括现场排水设施、道路、围墙、供水处、大门、吸烟处。

②临时设施的设计。

施工现场搭建的生活设施、办公设施,或两层以上、大跨度及其他临时房屋建筑物,应当进行结构计算,绘制简单的施工图,并经企业技术负责人审批后方可搭建。临时建筑物使用年限不得少于5年。临时办公用房、宿舍、食堂、厕所等建筑物结构重要性系数$\gamma_0 = 1.0$,工地非危险品仓库等建筑物结构重要性系数$\gamma_0 = 0.9$,工地危险品仓库按相关规定设计。

③临时设施的选址。

临时办公、生活设施的选址应考虑与作业区相隔离,保持安全距离。另外,选址的周边环境必须安全,如不得设置在高压线下,也不得设置在沟边、崖边、河流边、强风口处、高墙下以及自然灾害地质带上(即滑坡、泥石流和山洪可能冲击到的区域)。

④临时设施的布置原则。

尽量利用施工现场或附近的各种永久性建筑物、构筑物和原有设施为施工服务;合理布局,协调紧凑,充分利用地形,节约用地;临时房屋应厉行节约、减少浪费,尽量采用活动式或容易拆装的房屋;布置应便于工人的生产和生活;应符合安全防火和劳动保护的要求。

⑤临时设施的布置方式。

生活性临时房屋一般布置在工地现场以外或布置在现场的四周或集中于一侧;行政管理办公室应靠近工地或工地现场出入口;生产性临时房屋,如钢筋加工厂、混凝土搅拌站、木材加工厂等,应在工地现场选择适当的位置。

⑥临时房屋的结构类型。

活动性临时房屋包括钢骨架活动房屋、彩钢板房等;固定式临时房屋包括砖木结构、砖石结构和砖混结构。

(2)临时设施的搭设与使用管理。

①办公室。

施工现场应设置办公室,办公室内布局应合理,文件资料宜归类存放,并应保持室内清洁卫生。

②职工宿舍。

宿舍应当选择在通风、干燥的位置,不得在尚未竣工的建筑物内设置员工集体宿舍;宿舍内应保证有必要的生活空间,室内净高不得小于 2.4 m,通道宽度不得小于 0.9 m,每间宿舍居住人员应不超过 16 人;应当制订宿舍管理使用责任制,卫生由宿舍居住人员轮流负责或安排专人管理。

③食堂。

食堂应当选择在通风、干燥的位置,应当保持环境卫生,远离有毒有害场所等污染源;装修必须符合环保、消防要求,地面应做硬化和防滑处理,按规定设置污水排放设施;食堂应配备必要的排风设施和冷藏设施;应当制订并在食堂张挂食堂卫生责任制,加强管理。

④厕所。

应根据施工现场作业人员数量设置相应数量的水冲式或移动式厕所,厕所地面应硬化,门窗齐全。此外,高层建筑施工超过 8 层以后,每隔 4 层宜设置临时厕所。所有厕所应安排专人负责,定时进行清扫等。

⑤防护棚。

施工现场的防护棚如加工站厂棚、机械操作棚、通道防护棚等,棚顶应当满足承重、防雨要求。施工坠落半径之内的防护棚,棚顶应具有抗砸能力。大型站厂棚可采用砖混、砖木结构,保证结构安全。小型防护棚一般用扣件式钢管脚手架搭设。

⑥搅拌站。

a.搅拌站应当综合考虑砂石堆场、水泥库的设置位置,应有后上料场地,既要相互靠近,又便于材料的装卸和运输。

b.搅拌站应当尽可能设置在垂直运输机械附近,在塔式起重机吊运半径内,尽可能减少混凝土、砂浆的水平运输距离。采用塔式起重机吊运时,应当留有起吊空间,使吊斗能方便地从出料口直接挂钩起吊和放下;采用小车、翻斗车运输时,应当设置在道路旁,以方便运输。

c.搅拌站场地四周应当设置沉淀池、排水沟。

d.搅拌站应当搭设搅拌棚,挂设相应的警示标志、搅拌安全操作规程以及混凝土配合比牌,采取措施防止扬尘,冬期施工还应考虑保温、供热等。

⑦仓库。

仓库位置根据各个施工阶段对材料需要的先后顺序进行布置;水泥仓库应选择排水方便、地势较高、靠近搅拌机的地方;易燃易爆品仓库应当符合防火、防爆安全距离要求;仓库内各种器件、工具应分类集中放置,标明规格型号,设置标牌;易燃、易爆物品不得与其他物品混放;仓库应有专门的管理人员,建立严格的进出库制度。

(3)"五牌一图"与"两栏一报"。

施工现场的进口处应有"五牌一图",在生活区、办公区设置"两栏一报"。

"五牌"指工程概况牌、管理人员名单及监督电话牌、安全生产牌、消防保卫牌、文明施工牌;"一图"指施工现场总平面图。可根据情况增加其他牌图,如工程效果图。标牌是施工现场的一个重要标志,其制作和挂设应规范、整齐、美观,内容应有针对性。施工现场应该设置的"两栏一报"主要指读报栏、宣传栏和黑板报。

(4)安全标志与警示标牌的布置与悬挂。

施工现场应当根据工程特点及施工的不同阶段,有针对性地设置、悬挂安全标志。

①安全标志的定义。

安全标志是指各种标牌、文字、符号以及灯光等,应当设置在醒目的位置,便于作业人员识别。灯光标志要求明亮显眼;文字图形标志要求简明易懂。

根据《安全标志及其使用导则》(GB 2894—2008),安全标志分禁止标志、警告标志、指令标志和提示标志。

《安全色》(GB 2893—2008)规定,安全色是表达安全信息含义的颜色,且规定用红、黄、蓝、绿四种颜色作为全国通用的安全色,分别表示禁止、警告、指令和提示。

②设置、悬挂安全标志的意义。

施工现场高空与交叉作业多、施工机械与机具种类多、临时设施多、不安全因素多、作业环境复杂、危险因素较大,容易造成人身伤亡事故。在危险部位和有关设备、设施上设置安全标志,可提醒和警示管理人员、作业人员及其他相关人员所处环境的危险性,随时保持清醒,避免事故发生。

③安全标志平面布置图。

施工单位应根据工程项目的规模、施工现场的环境、工程结构形式,以及设备、机具的位置等情况,确定危险部位,有针对性地设置安全标志。应根据不同施工阶段,及时设置、悬挂或增减安全标志,并在此基础上绘制安全标志布置总平面图。

④安全标志的设置与悬挂。

施工现场入口处、临时用电设施、施工起重机械、脚手架、出入通道口、电梯井口、楼梯口、桥梁口、孔洞口、基坑边缘、隧道口、爆破物及有害危险气体和液体存放处等危险部位,应当设置明显的安全标志,且应根据危险部位的性质,设置不同类型、数量的安全标志。例如,在爆破物及有害危险气体和液体存放处设置禁止烟火、禁止吸烟等禁止标志;在施工机具旁设置当心触电、当心伤手等警告标志;在施工现场入口处设置必须戴安全帽等指令标志;在通道口处设置安全通道等提示标志;在施工现场的沟、坎、深坑等处,夜间要设红灯示警。

安全标志设置后应当填写施工现场安全标志登记表,进行统计记录。

3. 施工现场塔式起重机的设置

(1)位置的确定原则。

塔式起重机的位置既要满足安装的需要,又要考虑混凝土搅拌站、料场位置,以及水、电管线的布置等。固定式塔式起重机设置的位置一般宜靠近路边,减少水平运输量。有轨式塔式起重机的轨道通常是沿建筑物一侧或内外两侧布置。

(2)应注意的安全事项。

有轨式塔式起重机的塔轨中心距建筑外墙的距离,一般应不少于 3.5 m;塔式起重机邻近高压线,应搭设防护架,并且应限制旋转的角度,以防止塔式起重机作业时造成事故;在一个现场内布置多台起重设备时,设备间应留有一定的空间,以确保上、下、左、右旋转时的交叉作业安全;有轨式塔式起重机的轨道基础与固定式塔式起重机的机座基础必须坚实可靠,周围设置排水措施,防止积水;起重机布置时应考虑安装与拆除所需要的场地;施工现场应留出起重机进出场道路。

4. 施工现场材料的堆放管理

(1)一般要求。

建筑材料应分期、分批进场,以减少堆场和仓库面积;各种工具、构件、材料的堆放按照总平面图规定的位置放置,堆放整齐;位置应便于运输和装卸,尽量减少二次搬运;堆场地势要高,且坚实、平坦,回填土应分层夯实,要有排水措施,符合安全、防火的要求;应当按照品种、规格堆放,并设标牌,标明名称、规格和产地等。

(2)主要材料半成品的堆放。

钢筋应堆放整齐,不宜放在潮湿和露天处,用方木垫起,以防锈蚀;砖应码成方垛,不准超高,距沟槽坑边不小于 0.5 m,防止坍塌;砂石应堆成方,且石子按不同粒径规格堆放;各种模板应按规格分类堆放,地面应平整坚实,叠放高度不宜超过 1.6 m;混凝土构件按规格、型号堆放,堆放场地应平整、坚实,多层构件的垫木要上下对齐,垛位不准超高;混凝土墙板宜设绑扎牢固、防止倒塌的插放架。

(3)场地清理。

作业区内要工完场地清,模板随拆随清,及时运走,不能马上运走的应码放整齐。

施工现场的垃圾应分类集中堆放。

5. 施工现场临时用水管理

(1)施工用水量的计算。

①施工工程用水量计算。

施工工程用水包含混凝土及砂浆搅拌、混凝土养护、砖石砌筑、管道及容器的试验、物件及设备清洗、场地及结构冲洗等用水。根据建设工程施工的工序,混凝土用水量为现场最大用水量。按照混凝土集中浇筑用水量考虑,施工工程用水量用 q_1 表示,其计算公式见式(2.1)。

$$q_1 = K_1 K_2 \frac{\sum(Q_1 N_1)}{8 \times 3600 T_1 t} \qquad (2.1)$$

式中:K_1——未预计的施工用水系数;K_2——用水不均衡系数;Q_1——年度工程量;N_1——施工用水定额;T_1——年(季)度有效工作日;t——每天工作班数。

②施工机械用水量计算。

施工机械用水量用 q_2 表示,其计算公式见式(2.2)。

$$q_2 = K_1 K_3 \frac{\sum(Q_2 N_2)}{8 \times 3600} \qquad (2.2)$$

式中:K_1——未预计的施工用水系数;K_3——施工机械用水不均衡系数;Q_2——同一种机械的台数;N_2——施工机械台班用水定额。

③施工现场生活用水量计算。

施工现场生活用水量用 q_3 表示,其计算公式见式(2.3)。

$$q_3 = K_4 \frac{P_1 N_3}{8 \times 3600 t} \qquad (2.3)$$

式中:K_4——施工现场生活用水不均衡系数;P_1——施工现场高峰昼夜人数;N_3——施工现场生活用水定额;t——每天工作班数。

④生活区生活用水量计算。

生活区生活用水量用 q_4 表示,其计算公式见式(2.4)。

$$q_4 = K_5 \frac{P_2 N_4}{24 \times 3600} \qquad (2.4)$$

式中:K_5——生活区生活用水不均衡系数;P_2——生活区居民人数;N_4——生活区昼夜全部生活用水定额。

⑤消防用水量计算。

根据规定,现场面积在 25 ha 以内者同时发生火灾一次,消防用水定额按 10~15 L/s 考虑。生活区消防用水量按照 200 人考虑发生火灾一次,按 10 L/s 考虑。

⑥现场总用水量 Q。

a. 当 $(q_1+q_2+q_3+q_4) \leqslant q_5$ 时,$Q = q_5 + 0.5(q_1+q_2+q_3+q_4)$。

b. 当 $(q_1+q_2+q_3+q_4) > q_5$ 时,$Q = q_1+q_2+q_3+q_4$。

当工地面积小于 5 ha,且$(q_1+q_2+q_3+q_4)<q_5$时,$Q=q_5$。最后计算出总用水量(以上各项相加),再加上 10% 的漏水损失。

(2)管径的选择。

总用水量确定后,即可据此计算给水管道管径 D。其计算公式见式(2.5)。

$$D = \sqrt{\frac{4 \times 1000 \times Q_总}{\pi V}} \tag{2.5}$$

式中:$Q_总$——水管总流量,L/s;V——水管流速,m/s。

6.施工现场临时用电管理

(1)用电管理概述。

安装、维修、巡检或拆除临时用电设施的工作,必须由电工完成。电工作业属于特种作业。电工作业人员必须经过国家相关部门组织的安全培训,在取得操作证后方能独立作业。

施工现场用电设备在 5 台及以上或设备总容量在 50 kW 及以上者,应编制用电施工组织设计方案。其步骤如下。

①现场勘测。

②确定电源进线、配电装置、变电所或配电室、用电设备位置及线路走向。

③进行负荷计算。

④选择变压器。

⑤设计配电系统。设计配电线路,设计配电装置,选择导线或电缆,选择电器,设计接地装置,绘制用电总平面图、用电图纸、配电系统接线图、配电装置布置图、接地装置设计图。

⑥设计防雷装置。

⑦确定防护措施。

⑧制订安全用电技术措施和电气防火措施。

(2)施工现场安全用电措施。

①施工临时用电应按总平面图规定架空。

②施工用电管理工作必须由取得上岗证的电工负责,严格按操作规程施工。

③工程所有机械设备一律采取接地保护和现场重复接地保护。

④配电箱一律选用标准箱,挂设高度为 1.4 m,箱前左右 1 m 范围内不准放置物品。

⑤移动电箱的距离不大于 30 m,做到"一机一闸一保护"。

(3)施工现场用电安全规范。

①布线安装必须由具有劳动部门颁发的电工证的师傅现场指导,按电工规范操作。

②严格按操作规程进行作业,严禁酒后违章作业。

③施工现场用火焊接、切割时必须有防火措施。

④工地临时用电要用电缆线。

⑤开关箱内有漏电保护器方可施工。

⑥施工现场利用原供电系统供电必须满足现场负荷要求。

⑦照明灯具与易燃易爆物品之间必须保持一定距离,当距离不够时,必须采取隔热措施。

⑧施工现场临时照明灯具离地面距离不小于 250 mm,用电设备接线安全、牢固、防水。

(4)施工现场临时用电防控措施。

建筑工地必须根据施工现场的特点建立临时用电管理责任制,施工现场临时用电为总承包单位负责制,施工现场的一切配电设备、用电设备(开关箱、分配电箱、电焊机、手持电动工具等)都须在总承包单位检查合格后方可进场使用。日常安全用电应建立分级检查机制,在具体落实时,应该做到以下几点。

①临时用电线路及设备的绝缘必须良好。电缆连接必须牢固,设备外壳必须良好接地。

②临时用电线路如架空敷设,应高于可能通过的各种车辆的最大高度;如地面敷设,应采取相应的保护措施。

③线路敷设应不靠近潮湿的场所和热力管道,与热力管道交叉时,应保持一定距离。

④临时用电设备应装设在紧急情况下会断开电源的带漏电保护装置的开关。

⑤220 V 照明灯禁止带电移动,如移动必须停电。

⑥行灯电压不得超过 36 V。在金属容器内或潮湿的场所,行灯电压不得超过 12 V。

⑦一个开关或插座只允许控制一台电动机具。

⑧开关、熔丝、行灯、变压器等在室外使用时应有防水措施。临时用电设备摆放应防止被高空落物砸伤。容易被人触及的电气设备周围应设围栏,挂有"止步,有电危险"的警告牌。

⑨设置安全电箱与用电线路。配电箱、开关箱应采用冷轧钢板或阻燃绝缘材料制作,钢板厚度应为1.2~2.0 mm,其中开关箱箱体钢板厚度不得小于1.2 mm,配电箱箱体钢板厚度不得小于1.5 mm,箱体表面应做防腐处理,外形结构应能防雨、防尘,应进行编号,并标明其名称、用途,配电箱内多路配电应做出标记。

第 3 章 公路工程项目进度管理

3.1 工程项目进度管理概述

3.1.1 工程项目进度管理的含义和内容

工程建设项目进度管理是指项目管理者围绕目标工期的要求编制计划,付诸实施,并且在实施过程中不断检查计划的实际执行情况、分析进度产生偏差的原因,并进行相应调整和修改;通过对进度影响因素实施控制并对各种关系进行协调,综合运用各种可行方法、措施,将项目的计划工期控制在事先确定的目标工期范围之内,在兼顾费用、质量控制目标的同时,努力缩短建设工期。

现代工程项目管理中,进度是一个综合性指标,它将项目的工期、成本、资源等有机地结合起来,能全面反映工程项目各活动(工作)的进展情况。

工程项目进度管理主要包括两大部分,即工程项目进度计划的编制和工程项目进度计划的控制。

工程项目进度计划是项目组织者根据工程项目目标的规定,对项目实施过程中的各项活动做出的周密安排,围绕项目目标系统地确定项目的任务,安排任务进度,表达项目中各项工作、工序的开展顺序,开始和完成时间及相互衔接关系,编制完成任务所需的资源、预算,从而保证项目能够在合理的工期内,以尽可能低的成本和尽可能高的质量完成。

工程项目进度控制是指在工程项目进度计划制订后,在项目实施过程中,对实施进展情况进行检查、对比、分析、调整,以确保项目进度总目标得以实现。

3.1.2 工程项目进度管理的措施

工程项目进度管理采取的主要措施有组织措施、技术措施、合同措施、经济措施、管理措施等。

1. 组织措施

组织措施是实现目标的决定性因素。为实现项目的进度目标,应充分重视项目管理的组织体系。

(1)落实工程项目中各层次进度目标的管理部门及责任人。

(2)进度控制主要工作任务和相应的管理职能应在项目管理组织设计分工表和管理职能分工表中标示并落实。

(3)应编制项目进度控制的工作流程,如确定项目进度计划系统的组成、各类进度计划的编制程序、审批程序、计划调整程序等。

(4)进度控制工作往往包括大量的组织和协调工作,而会议是组织和协调的重要手段,应进行有关进度控制工作会议的组织设计,以明确会议的类型,各类会议的主持人及参加单位和人员,各类会议的召开时间(时机),各类会议文件的整理、分发和确认等。

2. 技术措施

建设工程项目进度控制的技术措施涉及对实现进度目标有利的设计技术和施工方案。

(1)不同的设计理念、设计技术路线、设计方案会对工程进度产生不同的影响。在设计工作的前期,特别是在设计方案评审和择优选用时,应对设计技术与工程进度尤其是施工进度的关系进行比较分析。在工程进度受阻时,应分析是否存在设计技术的影响因素,以及为实现进度目标有无设计变更的可能性。

(2)施工方案对工程进度有直接的影响。在选择施工方案时,不仅应分析技术的先进性与合理性,还应考虑其对进度的影响。在工程进度受阻时,应分析是否存在施工技术的影响因素,以及为实现进度目标有无变更施工技术、施工流向、施工机械和施工顺序的可能性。

3. 合同措施

合同措施是指以合同形式保证工期进度的实现,即保持总进度控制目标与合同总工期相一致;分包合同的工期与总包合同的工期相一致;供货、供电、运输、构配件加工等合同对施工项目提供服务配合的时间应与有关进度控制目标相一致,相协调。

4. 经济措施

建设工程项目进度控制的经济措施涉及资金需求计划、资金供应的条件及经济激励措施等。

(1)应编制与进度计划相适应的各种资源(劳动力、材料、机械设备、资金等)需求计划,以反映工程实施各时段所需的资源。进度计划确定在先,资源需求量计划编制在后,其中,资金需求量计划非常重要,它是工程融资的重要依据。

(2)资金供应条件包括可能的资金总供应量、资金来源以及资金供应的时间。

(3)在工程预算中,应考虑加快工程进度所需要的资金,其中包括为实现进度目标将要采取的经济激励措施所需要的费用。

5. 管理措施

建设工程项目进度控制的管理措施涉及管理的思想、管理的方法、管理的手段、承发包模式等,以及合同管理和风险管理等。在理顺组织的前提下,科学和严谨的管理显得十分重要。

(1)在管理观念方面,下述问题比较突出。一是缺乏进度计划系统的观念,分别编制各种独立而互不联系的计划,形成不了系统;二是缺乏动态控制的观念,只重视计划的编制,而不重视计划执行中的及时调整;三是缺乏进度计划多方案比较和择优的观念,合理的进度计划应体现资源的合理使用、空间(工作面)的合理安排,有利于提高建设工程质量,有利于文明施工和缩短建设周期。

(2)工程网络计划的方法有利于实现进度控制的科学化。用工程网络计划的方法编制进度计划应仔细严谨地分析和考虑工作之间的逻辑关系,通过工程网络计划可发现关键工作和关键线路,也可以知道非关键工作及时差。

(3)承发包模式的选择直接关系到工程实施的组织和协调。应选择合理的合同结构,以避免合同界面过多而对工程的进展产生负面影响。工程物资的采购模式对进度也有直接影响,对此应进行比较分析。

(4)应分析影响工程进度的风险,并在此基础上制订降低风险的措施,以减少进度失控的风险。

(5)重视信息技术(包括各种应用软件、互联网及数据处理设备等)在进度控制中的应用。信息技术是一种先进的管理手段,有利于提高进度信息处理的速度和准确性,有利于增加进度信息的透明度,有利于促进相互间的信息统一与协调工作。

3.2 公路工程项目进度计划的编制

3.2.1 公路工程进度计划编制的依据、步骤及内容

1. 公路工程进度计划编制的依据

(1)合同规定的开工、竣工日期,里程碑事件或阶段目标。
(2)工程的设计文件和图纸。
(3)施工总体部署和主要工程的施工方案、施工顺序。
(4)各种有关水文、地质、气象和其他技术经济资料。
(5)各类定额数据。
(6)劳动力、材料、机械供应情况。

2. 公路工程进度计划的主要形式

(1)横道图。

公路工程的进度横道图是以时间为横坐标,以用工程分解结构(work breakdown structure,WBS)方法划分的各分部(项)工程或工作内容为纵坐标,按一定的施工顺序,用带时间比例的水平横线表示对应工作内容持续时间的进度计划图表。为便于计算资源需求,公路工程常常在横道图的对应分项的横线下方表示当月计划应完成的累计工程量或工作量百分数,横线上方表示当月实际完成的累计工程量或工作量百分数。

(2)工程管理曲线。

工程管理曲线呈S形,故又被称为S曲线。S曲线是以时间为横轴,以累计完成的工程费用的百分数为纵轴的图表化曲线。一般在图上标注有计划曲线和实际支付曲线,实际支付曲线高于计划曲线则表示实际进度快于计划进度。曲线的斜率也反映进度的快慢。

(3)斜率图。

以时间(月份)为横轴,以累计完成的工程量的百分数为纵轴,将各个分项工程的施工进度用不同斜率的图表化曲(折)线表示。斜率图主要是作为公路工程投标文件中施工组织设计的附表,以反映公路工程的施工进度。

(4)网络图。

采用网络图表达施工计划,工序之间的逻辑关系明确,可以反映出关键工序和关键路线。同时网络图能用计算机计算和输出图表,更便于对计划进度进行调整优化,但网络图不便于计算各项资源需求。目前,由于计算机技术的普及,通常先用网络图求得最佳优化计划,再整理成时标网络图(相当于横道图),最后对所需资源进行计算与平衡。

3. 公路工程进度计划编制的步骤及内容

(1)研究招投标文件和施工图纸、施工条件及相关资料。
(2)用WBS方法将工程分解为各个施工细目并计算实际工程量。
(3)确定合理的施工顺序。
(4)计算各个施工过程的实际劳动量。
(5)确定各施工过程的工种人数、机械规格与数量及班制,并确定持续时间。
(6)编制公路施工进度计划图(横道图、斜率图、网络图等)。
(7)检查与调整公路施工进度计划及评价。
(8)施工进度资源保障计划。

3.2.2 公路施工过程组织方法和特点

公路施工过程基本组织方法有顺序作业法(也称为依次作业法)、平行作业法、流水作业法。这三种基本组织方法可以单独运用也可综合运用,从而出现平行顺序法、平行流水法、立体交叉平行流水法。

1. 顺序作业法

顺序作业法的主要特点如下。
(1)没有充分利用工作面进行施工,(总)工期较长。
(2)每天投入施工的劳动力、材料和机具的种类比较少,有利于资源供应的组织工作。
(3)施工现场的组织、管理比较简单。
(4)不强调分工协作。若由一个作业队完成全部施工任务,不能实现专业化生产,不利于提高劳动生产率;若按工艺专业化原则成立专业作业队(班组),各专业队不能连续作业,劳动力和材料的使用可能不均衡。

2. 平行作业法

平行作业法的主要特点如下。

(1)充分利用工作面进行施工,(总)工期较短。

(2)每天同时投入施工的劳动力、材料和机具数量较大,影响资源供应的组织工作。

(3)如果各工作面之间需要共用某种资源,施工现场的组织管理就会比较复杂,协调工作量也会比较大。

(4)不强调分工协作,此点与顺序作业法相同。这种方法的实质是用增加资源的方法来达到缩短(总)工期的目的,一般适用于需要突击性施工的工程。

3. 流水作业法

流水作业法的主要特点如下。

(1)必须按工艺专业化原则成立专业作业队(班组),实现了专业化生产,有利于提高劳动生产率、保证工程质量。

(2)专业化作业队能够连续作业,相邻作业队的施工时间能最大限度地搭接。

(3)尽可能地利用了工作面进行施工,工期比较短。

(4)每天投入的资源量较为均衡,有利于资源供应的组织工作。

(5)需要较强的组织管理能力。

这种方法可以充分利用工作面,有效地缩短工期,一般适用于工序繁多、工程量大而又集中的大型构筑物的施工,如大型桥梁工程、隧道工程等。

3.2.3　流水施工组织

1. 公路工程常用的流水参数

(1)工艺参数:施工过程数 n(工序个数)、流水强度 V。

(2)空间参数:工作面、施工段、施工层。

(3)时间参数:流水节拍、流水步距、技术间歇、组织间歇、搭接时间。

2. 公路工程流水施工分类

按节拍分类,流水施工可分为有节拍流水施工和无节拍流水施工。有节拍流水施工又分为等节拍流水施工和异节拍流水施工。其中异节拍流水施工又分为等步距异节拍流水施工、异步距异节拍流水施工。按施工段的空间分布形式分类，流水施工可分为流水段法流水施工和流水线法流水施工。

3. 公路工程常用的流水施工组织

(1)路面工程的线性流水施工组织。

一般路面各结构层施工的速度不同，持续时间往往不相同。组织路面流水施工时应注意以下要点。

①各结构层的施工速度和持续时间。要考虑影响每个施工段的因素，如水泥稳定碎石的延迟时间、沥青拌和能力、温度要求、摊铺速度、养护时间、最小工作面的要求等。

②相邻结构层之间的速度决定了相邻结构层之间的搭接类型，前道工序的速度快于后道工序时选用开始到开始搭接类型；否则选用完成到完成搭接类型。

③相邻结构层工序之间搭接时距的计算。时距＝最小工作面长度/两者中较快的速度。

(2)通道和涵洞的流水段施工组织。

在实际的公路通道和涵洞施工中，全等节拍流水施工较少见，更多的是异节拍流水施工和无节拍流水施工。通道和涵洞主要以流水段方式组织流水施工，而流水段方式的流水施工往往会存在窝工(资源的闲置)或间歇(工作面的闲置)现象。根据流水施工的组织原理，异步距异节拍流水施工实质上是按无节拍流水施工组织，引入流水步距的概念就是为了消除流水施工中存在的窝工现象。消除窝工和间歇现象都可采用累加数列错位相加取大差的方法。当进行不窝工的流水施工组织时，其流水步距计算是同工序各节拍值累加构成数列；当进行不间歇的流水施工组织时，其施工段的段间间隔计算是同段各节拍值累加构成数列。

无窝工的无节拍流水工期＝流水步距和＋最后一道工序的节拍。无间歇的无节拍流水工期＝施工段间间隔和＋最后一个施工段的节拍。有窝工并且有间歇的无节拍流水工期一般无法计算，只能通过绘制横道图来确定。异节拍流水施工工期往往是不窝工或者不间歇流水施工工期中的最小值。

(3)桥梁工程流水施工组织。

多跨桥梁的桥梁基础或桥梁下部结构施工由于受到专业设备数量的限制，不宜配备多台设备进行平行施工，因此采取流水施工更适宜。桥梁的流水施工也属于流水段方式流水施工,应注意尽可能按照有节拍流水施工方式组织流水施工。工期计算与通道、涵洞相同。

3.2.4　网络计划技术

网络计划技术也称网络计划法,是20世纪50年代后期发展起来的一种计划管理的科学方法。我国从20世纪60年代开始应用网络计划技术,著名数学家华罗庚教授结合我国实际情况,在吸收国外网络技术理论的基础上,将其统一命名为统筹法。网络计划技术在我国已广泛应用于国民经济各个领域的计划管理中,而应用最多的还是工程项目的施工组织与管理,并取得了巨大的经济效益。

1. 网络计划的基本原理

网络计划是生产过程时间组织的一种科学方法,也是一种动态的计划。它既能统筹全局,又能明确关键;既能图示全貌,又便于平衡调整。计算网络计划时间参数,既可以找出关键工作和关键线路,又可以明确各项工作的机动时间。网络计划能够明确地反映出各项工作之间错综复杂的逻辑关系。

网络计划的基本原理:首先应用网络图的形式来表达一项工程中各项工作之间错综复杂的关系及其先后顺序;接着计算时间参数,通过计算能找出决定工期的关键工作和关键线路,再通过优化、调整,不断地改进网络计划,寻求最优方案并付诸实施;最后在计划执行过程中进行有效的监测和控制,以便合理使用资源,优质、高效、低耗地完成预定的工作。

2. 网络计划技术的分类

(1)按工序持续时间能否确定分类。

①肯定型网络计划。肯定型网络计划网络图中各工序的持续时间是固定的,整个网络计划有确定的计划总工期,它可以用制定定额的方法来确定,如关键线路法(critical path method,CPM)。

②非肯定型网络计划。非肯定型网络计划网络图中各工序的作业时间不能确定,只能采用估计值,整个网络计划无确定计划总工期,如计划评审法(program evaluation review technique,PERT)。

(2)按网络结构分类。

①单代号网络计划。单代号网络计划指以单代号表示法绘制的网络计划。

单代号网络图是用圆圈表示工序,用箭线表示各工序之间相互制约、相互依赖的关系。

②双代号网络计划。双代号网络计划指以双代号表示法绘制的网络计划。双代号网络图是用箭线表示工序、圆圈表示各工序之间的相互关系。

(3)按目标分类。

①单目标网络计划。单目标网络计划是指只有一个终点节点的网络计划,即网络图只有一个最终目标。

②多目标网络计划。多目标网络计划是指终点节点不止一个的网络计划。此种网络计划只有若干个独立的最终目标。

(4)按时间表示方法分类。

①时标网络计划。时标网络计划是用箭线在横坐标上的投影长度表示工序时间的网络图。

②非时标网络计划。非时标网络计划是指箭线长短与工序作业时间无关的网络图。

(5)按应用范围分类。

①总网络计划。总网络计划是以整个计划任务为对象编制的网络计划,如整条公路施工网络计划。

②局部网络计划。局部网络计划是以计划任务的某一部分为对象编制的网络计划,如一座小桥涵工程网络计划。

3. 网络计划技术在公路工程进度计划中的应用

(1)衔接网络图可应用于路基、路面、桥涵、隧道工程等。

(2)单代号搭接网络图可应用于路面、结构物流水的简化。

3.3　公路工程项目进度计划的实施与调整

3.3.1　进度计划的审批与检查

1. 进度计划的提交

(1)总体性进度计划。

中标通知书发出后,承包人应在合同规定的时间内向监理工程师提交以下书面文件:1份格式符合要求的详细的工程总体进度计划及必要的各项关键工程的进度计划文件;1份有关全部支付的现金流估算文件;1份有关施工方案和施工方法的总说明(可通过施工组织设计提出)文件。

(2)阶段性进度计划。

在临近开工或开工以后合理的时间内,承包人应向监理工程师提交以下文件:年、月(季)度进度计划及现金流估算,分项(或分部)工程的进度计划。

2. 进度计划的审查要点

施工单位编写完进度计划后,应组织有关人员进行审查,审查要点如下。

(1)工期和时间安排的合理性。

①施工总工期的安排应符合合同工期。

②各施工阶段或单位工程(包括分部、分项工程)的施工顺序和时间安排与材料和设备的进场计划相协调。

③易受低温、炎热、雨期等气候影响的工程应安排在适宜的时间,并应采取有效的预防和保护措施。

④对清场、假日及天气影响的时间,应有充分的考虑并留有余地。

(2)施工准备的可靠性。

①所需主要材料和设备的运送日期已有保证。

②主要骨干人员及施工队伍的进场日期已经落实。

③施工测量、材料检查及标准试验的工作已经安排。

④驻地建设已完成,道路、电、水等问题已经解决或已有可靠的解决方案。

(3)计划目标与施工能力的适应性。

①各阶段或单位工程计划完成的工程量及投资额应与设备和人力实际状况相适应。

②各项施工方案和施工方法应与施工经验和技术水平相适应。

③关键线路上的施工力量安排应与非关键线路上的施工力量安排相适应。

3. 进度计划的检查

(1)公路工程项目进度计划检查的内容。

①工作量的完成情况。

②工作时间的执行情况。

③资源使用及进度的互配情况。

④上次检查提出问题的处理情况。

(2)进度计划检查的方式。

①项目部定期收集由承包单位提交的有关进度报表资料。

②由驻地监理人员现场跟踪检查公路工程的实际进展情况。

③由监理工程师定期组织现场施工负责人召开现场会议。

④上次检查提出问题的处理情况。

(3)进度计划检查的方法。

①横道图比较法。横道图比较法是指将在项目实施中检查实际进度收集的信息,经整理后直接用横道线并列标于原计划的横道线处,进行直观比较的方法。

②S形曲线比较法。S形曲线比较法与横道图比较法不同,它不是在编制的横道图进度计划上将实际进度与计划进度进行比较,而是以横坐标表示进度时间,纵坐标表示累计完成任务量,绘制出一条按计划时间累计完成任务量的S形曲线,将施工项目的各检查时间实际完成的任务量与S形曲线进行实际进度与计划进度对比的一种方法。

③香蕉形曲线比较法。香蕉形曲线由两条同一开始时间、同一结束时间的S形曲线组合而成。其中,一条S形曲线是工作按最早开始时间安排进度所绘制的S形曲线,简称ES曲线;而另一条S形曲线是工作按最迟开始时间安排进度所绘制的S形曲线,简称LS曲线。除了项目的开始点和结束点,ES曲线都在LS曲线的上方,同一时刻两条曲线所对应完成的工作量是不同的。在项目实施过程中,理想的状况是任一时刻的实际进度都在这两条曲线所包的区域内。

④前锋线比较法。前锋线比较法是通过绘制某检查时刻工程项目实际进度前锋线,将工程实际进度与计划进度进行比较的方法,它主要适用于时标网络计划。前锋线是指在原时标网络计划上,从检查时刻的时标点出发,用点画线依次将各项工作实际进展位置点连接而成的折线。前锋线比较法就是通过实际进度前锋线与原进度计划中各工作箭线交点的位置来判断工作实际进度与计划进度的偏差,进而判定该偏差对后续工作及总工期影响程度。

检查能看出目前工作的进展情况,如工作是否正常,是否对整个工期有影响。如果有工作延误或可能会造成延期,则需要关注或采取措施进行处理。

3.3.2 工程施工延误的处理

处理延误事件可采用进度检查方法,以判断延误事件是否会造成误期影响,如有误期影响,计算出工期将拖延多少。对于无误期影响的延误事件一般无须处理,对延误较大但还未造成误期影响的准关键工作(即已接近关键工作的工作)要极为关注。应通过现场记录和有关文件或资料分析产生延误事件的原因或责任。由于延误原因或责任有两类,与之相对应的处理方式也有两种。

(1)施工单位自身原因或责任造成的延误引起误期影响的处理。

施工单位自身原因或责任造成的延误引起工期拖延:没有超过一定比例时,施工单位一般可通过加强内部管理来自我消化;达到或超过一定比例时,施工单位所提出和采取的加快工程进度的措施必须经过监理工程师批准。

(2)非承包人原因或责任造成的延误引起误期影响的延期申请条件。

①非承包人的原因或责任造成工程不能按原定工期完工。

②可获延期的情况发生后,承包人在合同规定期限内向监理工程师提交工程延期的意向通知书。

③承包人承诺继续按合同规定向监理工程师提交有关造成工期拖延的详细资料,并根据监理工程师需求随时提交有关证明。

④可获延期的事件终止后,承包人在合同规定的期限内,向监理工程师提交正式的延期申请报告。

3.3.3 进度计划的调整

如果发现工程现场的组织安排、施工顺序、人力、设备与进度计划上的方案有较大不同,应对原工程进度计划及现金流动计划予以调整,调整后的工程进度计划应符合工程实际,并应保证满足合同工期的要求。

进度计划的调整根据调整的原因可分为以下两种情况:一种是延期后应按新合同工期调整计划;另一种是延误了工期却又无权获得延期,因此需要调整计划,使后续计划的工作内容改变或缩短时间以符合合同工期。前一种相当于在给定的工期内以原来的计划为参考重新编制符合新合同工期的计划;后一种是在原计划的基础上压缩工期,使计划的计算工期符合合同工期。压缩工期就是网络计划优化中的工期优化,就是压缩关键线路,所以调整计划就是调整关键线路。

1. 压缩工期的主要途径与方法

(1)改变原计划中关键工作之间的逻辑关系:可将顺序施工关系改为平行施工关系或将顺序施工关系改为搭接施工关系。

(2)压缩关键工作的持续时间:通过网络图直接压缩工期很方便,在压缩时先要考虑的是,要选择哪个关键工作进行压缩以及压缩多少才合适。

2. 压缩关键工作持续时间的措施

(1)组织措施。
①增加工作面,组织更多的施工队伍。
②增加每天的施工时间(多班制或加班)。
③增加关键工作的资源投入(劳力、设备等)。
(2)技术措施。
①改进施工工艺和技术,缩短工艺技术间歇时间(如混凝土的早强剂等)。
②采用更先进的施工方法以缩短施工时间(如现浇改为预制装配)。
③采用先进的施工机械。
(3)经济措施或行政措施。
①用物质刺激和精神刺激的方法提高效率。
②对所采取的技术措施给予相应的经济补偿。
(4)其他配套条件。
①改善外部配套条件。
②改善劳动条件。
③实施强有力的调度等。

3. 调整计划,压缩工期的步骤

(1)用进度检查的方法计算出工期拖延量,以确定压缩天数。

(2)简化网络图,去掉已执行的部分,以进度检查日期作为新起始节点起算时间,并将尚需日的实际数据代入正施工的工作的持续时间,保留原计划后续部分。

(3)以简化的网络图及代入的尚需日为基础的网络图,计算各工作最早开始时间。

(4)以计算工期值反向计算各工作最迟结束时间。

(5)计算各工作的总时差和自由时差,以便于计算线路的长短。线路与关键线路长度之差称为线路时差,其数值在双代号网络图中等于该线路上各工作的所有自由时差和。

(6)借助自由时差来比较线路长短的方法:多次压缩关键工作的持续时间,保证做到关键工作每压缩一定值,工期也随之缩短一定值,一直压缩到符合合同工期为止。

3.4 加快公路工程施工进度的技术组织措施

施工进度技术组织措施是公路施工组织设计文件的重要内容之一,也是施工方案的补充内容。施工进度技术组织措施主要是确保施工质量,加快施工进度,保证安全、环保施工,降低工程施工成本的措施。它包括技术方面和组织管理方面的措施。编制施工进度技术组织措施能系统完整地反映承包商对工程施工的筹划水平和承诺,使业主更能全面学习承包商的现代化管理水平,增强业主对承包方完成项目的信心。同时,施工进度技术组织措施也是对企业和工程项目施工的一种约束,可减少或杜绝施工过程的随意性,避免施工过程中的重大失误。因此,编制施工进度技术组织措施是公路施工组织设计不可缺少的内容。

按期完成交付使用的工程,不但标志着投资方的投资已经见效,也标志着投资资金开始回收。未按期完成的工程,不但会增加工程的费用,甚至还会影响到工程的质量,因此制订措施保证工程进度就显得十分必要。制订施工进度技术组织措施首先要了解清楚影响施工进度的因素,这样才能制订出有效的技术组织措施。

3.4.1 影响施工进度的主要因素

(1)施工计划的贯彻与实施情况。

施工计划是对施工进度计划所做的细化,因此,施工计划的实施情况将直接影响工程的进展情况。

(2)物资供应情况。

物资供应不足或供应不及时,都会造成施工的中断,影响整个工程的进度。

(3)机械设备状况。

机械在施工过程中,因保养不善、未及时维修而造成机械设备损坏停机,或因机械设备陈旧、状况不佳而导致施工中断,这都将影响施工的进度。

(4)组织与协调因素。

施工单位未按施工方案中的顺序执行或现场施工协调不及时,造成各施工单位互相干扰或倒序;重点、难点工程的工期安排不当造成工期延误;延误工程的进度调整不及时造成局部工程施工不到位,所有这些都会减缓施工速度,甚至导致停工,从而影响施工进度。

(5)其他因素。

气候条件、地质条件、政治原因等,都会影响工程进度目标的实现。

3.4.2 施工进度技术组织措施的主要内容

针对影响施工进度的因素,可采用以下技术组织措施。

(1)实行施工进度的控制及动态管理。

利用网络计划编制施工进度,优化施工安排,制订最优的关键线路,确定出关键工作。充分利用工程的空间关系,在互不干扰的前提下,可以同步安排多个工程进行立体交叉的平行流水作业。因为施工组织设计方案是施工前制订的,所以在施工过程中应结合实际情况对网络计划进行及时调整和优化。

(2)正确处理质量和进度的关系。

在施工过程中,当质量和进度发生矛盾时,应将质量放在第一位,在保证质量的前提下加快进度。

(3)建立物资保障机构。

根据工程的进展情况,制订详细的材料供应计划,保证物资采购渠道的畅通,并且做好材料的检测试验,把好质量关,这样才能为工程的顺利实施提供充足、合格的物资保障。

(4)合理调度机械设备。

为加快施工进程,尽量使用先进的机械设备,合理调度,开展高效率的机械化生产。现场设立机械维修养护站,备足所需的机械配件,做好机械设备的日常保养及施工前的检修工作,以提高机械设备的完好率、出勤率和利用率。

(5)做好施工现场的组织与协调工作。

加强施工现场调度工作,对于现场出现的影响施工进度的情况,可通过调度协调解决;对于控制工期的重点工程,应优先保证物资供应和机械的使用,加强施工管理和控制;根据地域气候特点,尽可能在最有利季节加快施工进度。

(6)积极开展劳动竞赛,适时掀起施工高潮。

在施工中采取层层责任承包、重奖重罚等行政手段,调动职工生产积极性。必要时发挥政治动员作用,做到施工进度日保旬、旬保月,进而达到按期或提前完工的目标。

(7)实行施工进度的岗位责任制及管理制度。

为保证和加快施工进程、建立目标管理制度,各阶段的进度目标应落实到人,明确职责,实行严格的考核奖惩制度;实行技术保证制度,严格执行技术交底制度,使每个人在施工前都明确每项工程和每道工序的结构要求、质量要求、施工要领等,从而尽可能地避免误工、返工等现象的发生。

第4章　公路工程项目成本管理

4.1　工程项目成本管理概述

4.1.1　成本管理的内涵与原则

1. 成本管理的内涵

公路工程项目成本管理指的是在整个公路工程项目的施工过程中,在保证工期和质量满足要求的情况下,采取相应的措施,以最佳的方式进行管理,把成本控制在计划范围内并进一步寻求最大限度的成本节约。这个过程不仅需要项目全体参建人员的共同努力,而且还需要项目所在企业的各相关职能部门也参与其中。总体而言,成本管理就是一个组织体系用系统工程的原理,应用先进的管理方式,在一个项目从开始到完成的全过程内,采取组织措施、经济措施、技术措施和合同措施,着眼于既定的管理目标并实现这个目标的活动。

2. 成本管理的原则

(1)成本最低化原则。

公路工程项目成本管理的根本目的在于,通过成本管理的各种手段,促进施工项目成本不断降低,以达到实现最低目标成本的要求。但是,在实行成本最低化原则时,应注意研究降低成本的可能性和合理的成本最低化方法。一方面要挖掘各种降低成本的潜力,使可能性变成现实;另一方面要从实际出发,找到通过主观努力可能达到的合理的最低成本水平,并据此进行分析、考核、评比。

(2)全面成本管理原则。

全面成本管理是全企业、全员和全过程的管理,也称"三全"管理。长期以来,在施工项目成本管理中,存在"三重三轻"问题,即重实际成本的计算和分析,轻全过程的成本管理和对其影响因素的控制;重施工成本的计算分析,轻采购成本、工艺成本和质量成本;重财会人员的管理,轻群众性的日常管理。因此,为了确保不断降低施工项目成本,达到成本最低化的目的,必须实行全面成本管理。

(3)成本责任制原则。

为了实行全面成本管理,必须对施工项目成本进行层层分解,以分级、分工、分人的成本责任制作保证。施工项目经理部应对企业下达的成本指标负责,班组和个人对项目经理部的成本目标负责,以做到层层保证,定期考核、评定。成本责任制的关键是划清责任,并要与奖惩制度挂钩,使各部门、各班组和个人都来关心施工项目成本。

(4)成本管理有效化原则。

成本管理有效化主要有两层意思:一是促使施工项目经理部以最少的投入获得最大的产出;二是以最少的人力和财力完成较多的管理工作,提高工作效率。提高成本管理有效性的方法:一是采取行政方法,通过行政隶属关系,下达指标,制订实施措施,定期检查监督;二是采用经济方法,利用经济杠杆、经济手段实行管理;三是用法制手段,根据国家的政策方针和规定,制定具体的规章制度,使人人照章办事,用法律手段进行成本管理。

(5)成本管理科学化原则。

成本管理是企业管理学中的重要内容,企业管理要实现科学化,必须把有关自然科学和社会科学的理论、技术和方法运用于成本管理。施工项目成本管理可以运用预测与决策方法、目标管理方法、量本利分析方法和价值工程分析方法等。

(6)工期、质量与成本均衡原则。

在整个工程施工过程中,成本、质量、工期三者的关系是辩证统一的。适当加快施工进度可以减少间接费的支出,对降低成本起一定的作用,但是,如果盲目追求高速度,必然会增加直接费用,而且会损害工程质量,也会增加质量成本,从而使总成本开支加大。同理,如果不考虑工程建设项目的合理寿命,过分片面追求高质量,同样也会导致成本的增加。因此,加强公路施工项目成本管理必须遵循工期、质量与成本均衡的原则,正确处理三者的关系,寻找最佳质量成本与最佳工期成本,在合理的工期内,达到质量高的要求,并努力提高资源的利用率,始终把总成本目标控制在最低点。

4.1.2 成本构成与成本管理影响因素

1. 成本构成

(1)概述。

公路工程建筑安装费由直接费、间接费、利润和税金四部分组成,项目施工成本仅包括直接费和间接费两部分。直接费中,其他工程费和间接费需要先依据不同的工程类别分别确定计算费率,再进行计算。公路工程项目工程类别划分如下:①人工土方;②机械土方;③汽车运输;④人工石方;⑤机械石方;⑥高级路面;⑦其他路面;⑧构造物Ⅰ;⑨构造物Ⅱ;⑩构造物Ⅲ;⑪技术复杂大桥;⑫隧道;⑬钢材及钢结构。购买路基填料的费用不作为其他工程费和间接费的计算基数。

(2)直接费。

直接费由直接工程费和其他工程费组成,包括人工劳务的费用、购买各类材料的费用、购买各类工程设备的费用和施工措施费。

(3)间接费。

间接费由规费和企业管理费组成,是指用于施工准备、组织和管理的费用,是不能直接归结于任何工程对象的费用,是为进行工程施工所必须发生的间接费用,比如贷款利息、各类办公费用等。

2. 成本管理影响因素

一般而言,公路工程项目的成本往往受到各种因素的影响,主要包括以下几点。

(1)公路工程项目主体建设规模。

公路工程项目主体建设规模决定了项目实施的主要工程量及内容,也决定了所需原材料的消耗数量,同时还决定了项目建设主要成本的内容。

(2)施工质量。

质量与成本密切相关。但是要注意,质量对成本也有着反作用,比如在施工过程中没有达到质量要求而进行返工作业的时候,无疑导致了成本的二次增加。

(3)施工工期。

施工工期就是项目从开始建设到交工的时间。这个时间是在建设初期由合同规定的,并且是由工程的进度决定的。

(4)物资市场价格波动。

物资材料的价值约占建筑安装工程造价的60%~70%,价格波动对项目成本的影响不言而喻。材料市场价格的竞争虽然很激烈,但也有两面性。这就要求公路施工企业必须随时观察市场动态,广泛开展经营性活动,充分了解最佳采购时间,避开价格高峰,以尽可能少的资源消耗和最低的成本来完成公路工程项目的任务要求。同时仔细研究合同条款,在合同允许的合理范围内,做好因材料价格上涨而导致成本增加的索赔工作。

(5)项目管理水平。

公路工程项目中标后,公路施工单位还必须结合项目的实际情况,组织制订技术可行、经济合理、先进高效的施工组织计划。施工组织计划所涉及的内容十分广泛,涵盖了项目施工的全过程,因此其中有任何一项不合理,都会对工程成本产生影响。施工组织计划在很大程度上决定了施工成本,所以施工单位必须重视施工组织计划的编制,并在编制好后保证按照既定计划在过程中实施。

(6)安全生产施工。

安全管理存在于项目施工的每一个环节,从安全工作重要程度角度出发,必须投入合理的安全生产费用。国家已经制定相关政策,将安全生产费用作为一项专项资金投入施工,这一部分费用是不可盲目节省和压缩的,不然会埋下安全隐患,导致发生更大的生产事故,这样会增加额外的施工成本,得不偿失。安全生产就是最大的节约。

4.1.3　成本管理方法

1. 责任成本法

责任成本是将项目预算成本目标按照经济责任制度的要求,层层分解到项目组织内部的各个组成部分和职能部门,确定每个部门、岗位、人员的责任目标,形成成本目标的每个责任主体,每个责任主体将对责任目标成本负责的管理方法。责任目标成本明确了各个责任主体的成本责任,便于对责任预算的执行情况进行记录和评价,定期做出成本责任报告,将目标成本落到实处,有利于项目成本的纵向管控,根据责任主体的控制区域和责任范围可以确定主体的成本目标、利润目标和投资目标。

工程管理部要制订技术上先进、经济上合理、操作上可行的施工方案,而且在施工过程中应当不断对各种施工工艺和技术方案进行优化改善,控制施工进度,不得超过责任成本和工期计划;设备材料部对项目的设备选用、调度、维修保养负责,最大限度提高设备的利用率,不得超出设备计划成本;对材料的价格和用量进行整体把握,不得超出预算单价和数量;质检部必须把好质量关,对材料进场严格验收,对施工现场加强质量跟踪监控,不得因出现质量问题而导致返工;安全环保部门合理运用建设资金,制订项目开支计划并按月、季、年对计划进行对比分析;预算合约部加强预算、合同、结算管理,每月联合其他部门进行成本核算和分析,组织对比责任成本计划并纠偏。

2. 作业成本法

作业成本法又叫作业量基准成本计算法(activity based costing,ABC),是一种比传统成本核算方法更加精细、准确的成本核算方法。

(1)作业成本法计算的基本原理。

过去的传统办法是将产品作为核算对象,用作业成本法计算成本时,则应将重点从传统的"产品"转移到"作业",即以作业为核算对象。这意味着在作业的过程中一定会伴随着资源的消耗,即导致资源消耗的直接原因是作业;然后,根据作业的动因把作业产生的成本具体分配到成本对象,而成本对象耗用了作业,具有价值的产出的必要条件是有作业的实施。用成本归集与分配的术语来说:①由于作业需要消耗资源,资源价值归集到作业活动;②由于产出需要作业的消耗,才将作业成本分配给成本计算对象。

总之,作业成本计算的原理就是控制成本对象的成本,把成本发生的原因和后果作为侧重点,作业成本法的核心是作业。作业成本法的计算范围很广,能把所有作为产品消耗的作业成本都计算出来,并且计算结果准确可靠。

(2)作业链与价值链。

作业链是指企业在生产产品的过程中所有作业活动的链接体。企业的实质其实就是一个环环相扣、息息相关的作业链。价值链是指开发、生产、营销和向顾客交付新产品和劳务所必需的一系列价值的集合。企业要在作业链中采取动因分析,找出增值价值和非增值价值,尽量将非增值作业消除,不使其占用消耗资源;同时还要找出降低增值作业的资源消耗的途径,以此节约资源,降低成本。这种不断完善企业"作业链—价值链"的过程,就是"作业链—价值链"的优化过程。这种不断优化的方式是降低企业成本和节约资源的有效方法,能使企业的市场竞争力得到提升并获得良好的经营成果。

3. 目标成本法

目标成本管理是一种全过程、全方位、全人员的成本管理方法,现在已经广泛应用于企业管理。目标成本管理的原理是将作业活动进行规划和计划,形成一个目标值,然后在整个作业过程中管理、控制实际工作,将成本偏差控制在目标范围之内。为了实现供应链管理目标,在作业过程中应尽量少占用资源,可以制订成本目标计划,用来对作业过程进行指导、控制费用的支出,最终达到为企业管理增值的目的。

成本管理目标一旦确定,就不能轻易因各种因素的影响而变动。有了目标,就能调动全体参建人员的工作积极性和自律性,一切工作都以目标为衡量标准,这样就能起到节约资源、降低成本的作用,自然而然就可以提高利润。

目标成本管理可以分为以下几个步骤实施,如图 4.1 所示。

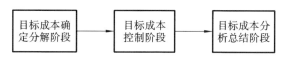

图 4.1 目标成本管理步骤

工程项目在施工初期确定的成本目标,从项目伊始就发挥效力,这样可以从源头上限制成本和支出,在项目施工实施阶段,直到项目结束都在进行指导和监督。从目标确定、目标分解实施到目标完成一直通过作业活动来进行成本控制,所以目标成本管理是一个相对完整的综合管理体系,是一个很好的量化项目建设运营作业活动的工具。

目标成本法的优缺点如下。

优点:进行事前控制,可以将计划落实到位,并且对成本进行实时监督跟踪,通过对比分析实际情况来优化和改善生产状态,在考虑各项生产指标的前提下统一调整生产计划,最后达到预期目标。

缺点:目标成本的分解工作量大,不易分清,分解不到位会影响整个目标的合理性和可靠性。而且目标成本作为指导性的计划,一旦确定就不能改变,这一点对于项目施工变更来说很难进行协调。

4. 赢得值(挣值)法

赢得值法(earned value managment,EVM)作为一项先进的项目管理技术,是一种能全面分析工程进展情况和费用成本状况的方法。其核心思想是将实际的工程量转化为货币量,以成本指标的形式体现出来。项目管理者在施工前期通过设定预算成本和任务计划,将施工过程中的实际成本和预算成本作比较得出成本差异,然后将实际任务和计划任务作比较得出进度差异,由此可以准确掌握成本费用的超支状况和进度计划的实施情况,并能对剩余成本进行预测和调控。总体而言,赢得值法能很好地为项目实施提供指标对比依据,便于项目决策者对施工项目总体进行掌握和控制,是一种高效率、高水平的成本管理工具。

赢得值法的基本变量有如下三个。

(1)计划工作量的预算费用(budgeted cost of work scheduled,BCWS):项目实施过程中某阶段计划完成的工作量所需的预算费用,其主要体现的是计划任务所对应的预算成本,用式(4.1)表示

$$BCWS=计划工作量\times 预算单价 \tag{4.1}$$

(2)已完成工作量的预算费用(budgeted cost of work performed,BCWP):项目实施过程中某阶段实际完成工作量按预算单价计算出来的费用,其主要体现的是实际完成任务所对应的预算成本,用式(4.2)表示

$$BCWP=已完成工作量\times 预算单价 \tag{4.2}$$

(3)已完成工作量的实际成本(actual cost of work performed,ACWP):项目实施过程中某阶段实际完成的工作量所消耗的费用。实质上,在BCWP的基础上增减工程变更、不可预见事件所引起的索赔或其他费用就得到了ACWP,其主要体现的是项目实施过程中成本费用的实际消耗额,用式(4.3)表示

$$ACWP=已完成工作量\times 实际单价 \tag{4.3}$$

在定义了三个变量之后,得到赢得值法的四个评价指标,利用这些指标可测量某一检测时点成本和进度的具体情况。这些指标及其含义如表4.1所示。

表4.1 赢得值法指标体系

指标	计算方法	指标值	含义
成本偏差CV	CV=BCWP−ACWP	CV<0	实际成本超过计划成本,成本超支的绝对额
		CV>0	实际成本少于计划成本,成本节约的绝对额
		CV=0	计划成本与实际成本正好相符
进度偏差SV	SV=BCWP−BCWS	SV<0	实际进度慢于计划进度,进度延误的时长
		SV>0	实际进度快于计划进度,进度提前的时长
		SV=0	计划进度与实际进度正好相符

续表

指标	计算方法	指标值	含义
成本绩效指标 CPI	CPI=BCWP/ACWP	CPI<1	超支程度,实际成本高于计划成本的偏差率
		CPI>1	节约程度,实际成本低于计划成本的偏差率
		CPI=1	计划成本与实际成本正好相符
进度绩效指标 SPI	SPI=BCWP/BCWS	SPI<1	进度延误程度,即进度滞后的偏差率
		SPI>1	进度提前程度,即进度提前的偏差率
		SPI=1	计划进度与实际进度正好相符

在以横坐标表示时间、纵坐标表示成本的坐标图中,BCWS、BCWP 和 ACWP 实际上是 3 个关于时间的函数,其基本的曲线形态如图 4.2 所示。

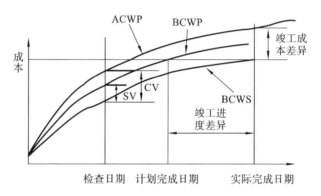

图 4.2 赢得值法基本曲线形态示意图

图 4.2 中三个基本变量随时间的增加而增大。在理想状态下,上述三条函数曲线如果呈平稳上升趋势,并且三条曲线无限接近甚至重合,则说明整个工程计划执行情况比较好,项目按照预定计划进行,项目成本、进度控制效果较好。但在现实中,这几条增长曲线往往会出现偏差。当曲线两两之间的差异较大时,例如 BCWP 在 BCWS 曲线之下,表明进度已经滞后,计划执行出现异常,此时需要及时分析产生偏差的原因并采取对应的措施。

5. 层次分析法

层次分析法(analytic hierarchy process,AHP)是美国萨蒂教授提出的。其核心思想就是将一个复杂问题按其本身固有的内部关系分解成若干组成因素,并按其固有的支配关系形成层次结构。层次分析法的整个分析过程是基于人的决策思维的基本特征来进行的,即分解、判断和综合,并通过一定模式,使决策思维过程规范化。层次分析法把定性判断和定量分析进行融合,将处理人的主观偏好通过数量的形式表达出来,从而为科学决策提供依据。层次分析法使决策分析者与决策者之间沟通更加容易。层次分析法建模的基本步骤如下。

(1)建立层次结构。将复杂问题构造出一个层次分析的结构模型。在模型中,复杂问题被分解为诸多元素。这些元素又按属性分成若干组,以形成不同的层次。层次可分为以下三类。

①目标层 A:它是分析问题的预定目标或理想结果。

②准则层 B:它包括实现目标所需要的中间环节所需考虑的准则。

③方案层 C:它是为实现目标而供选择的各种措施、决策方案。

(2)构造判断矩阵。对于准则层 A,对 n 个元素的重要性进行比较,得到一个两两比较判断矩阵 $\boldsymbol{A}=(a_{ij})_{a \times a}$,其中 a_{ij} 是准则层元素 B_i 与 B_j 相对于目标层的重要性的比例标度。

(3)层次单排序与一致性检验。层次单排序的具体方法:先求判断矩阵 $\boldsymbol{A}$ 的最大特征值 $\lambda_{\max}$,利用 $\boldsymbol{AW}=\lambda_{\max}\boldsymbol{W}$,解出 $\lambda_{\max}$ 对应的特征向量 $\boldsymbol{W}$。$\boldsymbol{W}$ 经过标准化后,即为同一层次中相应元素对于上一层次中某个因素相对重要性的排序权值。判断矩阵应进行一致性检验。用来衡量判断矩阵不一致程度的数量指标叫作一致性指标,记作 CI,见式(4.4)

$$\mathrm{CI} = \frac{\lambda_{\max} - n}{n - 1} \tag{4.4}$$

CI 的值越大,判断矩阵 $\boldsymbol{A}$ 不一致的程度越严重。完全达到一致性的要求是很高的,为使一致性程度在一定范围内仍可使用 AHP 法,引入随机一致性指标 RI,见式(4.5)

$$\mathrm{RI} = \frac{\lambda - n}{n - 1} \tag{4.5}$$

随机一致性指标 RI 值见表 4.2。

表 4.2　随机一致性指标 **RI** 值

不同阶数 n	RI
1	0.00
2	0.00
3	0.58
4	0.90

续表

不同阶数 n	RI
5	1.12
6	1.24
7	1.32
8	1.41
9	1.45

因此可求得一致性比率 CR,见式(4.6)

$$CR = \frac{CI}{RI} \tag{4.6}$$

当一致性比率 CR≤0.1 时,其不一致性仍可接受,否则须调整判断矩阵。

(4)层次总排序与一致性检验。层次总排序是从上到下逐层进行的,假定上一层次 A 含有 m 个元素 $A_1,\cdots,A_m$,它的层次总排序权值分别为 $a_1,\cdots,a_m$,下一层次 B 含有 $B_1,\cdots,B_n$ 共 n 个元素。它们对于 A_j 的层次单排序权值分别为 $b_{ij},\cdots,b_{nj}$(当 B_k 与 A_j 没有联系时,$b_{kj}=0$)。此时,B 层的总排序权重由式(4.7)给出

$$B \text{ 层的总排序权重} = \sum_{j=1}^{m} a_j b_{ij} \tag{4.7}$$

层次总排序需从高层到低层进行一致性检验。设 CI_j 和 RI_j 是与 a_j 对应的 B 层次中判断矩阵的一致性指标和随机一致性指标,则 B 层总排序的一致性指标与随机一致性指标分别为式(4.8)与式(4.9)

$$CI = \sum_{j=1}^{m} a_j\, CI_j \tag{4.8}$$

$$RI = \sum_{j=1}^{m} a_j\, RI_j \tag{4.9}$$

B 层总排序的一致性比率见式(4.10)

$$CR = \frac{\sum_{j=1}^{m} a_j\, CI_j}{\sum_{j=1}^{m} a_j\, RI_j} \tag{4.10}$$

当 CR<0.1 时,认为层次总排序结果具有满意的一致性,否则,必须对 B 层次各判断矩阵进行调整。

4.1.4 成本管理考核与加强成本管理的策略

1. 成本管理考核

成本管理考核就是在施工过程中和施工项目竣工时,通过定期对比分析成本指标和成本效益指标,对目标成本和成本计划以及成本效益指标的完成结果进行全面审核、评价。考核经济责任是手段,实现成本控制是目的,而进行奖惩又是考核经济责任的有效措施,因此施工项目考核的过程也是成本控制的过程。

(1)成本管理考核的依据。

①以国家的方针政策、法规和成本管理制度为考核前提。

②以施工项目成本计划为考核依据。

③以真实可靠的施工项目成本核算资料为考核的基础。

④以项目成本岗位责任为评价标准。

(2)成本管理考核的内容。

施工项目成本考核一般可以分为两个层次:一是企业对项目经理部完成各项经济指标情况的考核;二是项目经理对所属各职能部门、作业队和班组的考核。以上考核可以督促项目经理、责任部门和责任者更好地控制责任成本,从而形成实现项目成本目标的保证体系。

2. 加强成本管理的策略

(1)树立成本管理全局战略意识。

战略成本管理是指企业成本管理与战略管理相结合,在提高企业市场竞争优势的同时开展的成本管理。为使企业能够灵活自如地适应外部持续变化的环境,管理人员应能够运用专门、专业的方法为企业提供竞争对手的分析资料,帮助管理者全面评价企业战略决策,使竞争优势得到激发和充分应用。它与我国现行成本管理的最大区别是:企业可以在进行成本管理的同时关注自身在市场中的竞争地位,更好地适应变化的外部环境。

项目部通过编制、分解成本计划,明确各部门、各作业队、各班组应承担的成本控制指标,各部门根据成本计划编制本部门的作业计划、资源消耗计划和费用控制计划,明确个人应承担的消耗量和费用指标,实现多级多次预算、多级多层控制、全员承担责任、全过程监控、全方位管理的互动的预算管理体系,以达到以月度保季度、以季度保年度、以年度保项目总成本、以项目总成本保施工预算核定的各项经营目标和各项经济指标全面实现的目的。

(2)建立和完善组织结构。

贯穿于整个施工建设全过程的成本控制的各项指标有着广泛性和群众性。所有的项目管理人员,尤其是项目经理,都应按照自己的职能分工做到在其位司其责,齐心协力,共同管理才能有效达到成本控制的目的。故而建立一个以项目经理为核心的项目成本控制体系是不可或缺的。项目管理的主要特征是项目经理负责制,只有项目经理对项目建设的质量、进度、安全、成本、组织、风险等全面负责,尤其是把成本控制放在首位,项目经理负责制才能得到真正的实行。

项目成本计划是项目经理部对项目管理层绩效考核的标准和依据,成本计划一旦制订下发,就要对其执行情况进行动态分析和总结,通过分析总结找出项目管理过程中存在的弊端,以便及时提出改进措施,为下一步成本控制提供更有效的手段。

(3)建立成本控制责任制。

全部参建人员在项目施工管理工作中都应该在原有的工作基础上进一步明确成本管理的责任。当每一个人都形成了为企业和集体负责的主人翁意识时,才能对降低成本精打细算,对节约开支严格把关。所以为了保证施工项目达到预期的经济收益,就要建立一个缜密的成本控制责任体系,用统一的规范和责任来对工程参建人员的工作进行约束和指导。

将项目目标成本与施工预算成本进行对比分析,找出两者的偏差,找出原因,从而确定项目的经营思路和可能承担的实际风险。降低生产过程中的各种生产消耗和各项费用,将项目的成本控制风险降到最低,确保实现施工预算总目标。

(4)建立完整的成本控制体系。

①建立完整的组织结构图。

施工企业为实现相应的成本管理总目标,按照其相应的管理机构在各项工作中所负担的工作任务分工合作,在职责、权益方面形成有机结构体系,即所谓"高效完整的组织结构成本管理体系"中的组织结构。职权分配和工作人员相互协作的关系是组织结构的实质。在组建、运行"成本管理体系"的过程中,最高管理者应被授权为整个"成本管理体系"工作的实施者,其作用是分析每个部门的工作任务、工作性质,并结合有效提高工程质量、严格控制成本的核心任务,协同每个部门的责任人结合其部门的职责设立条款,将任务、责任落实到每一岗的个人。只有这样,才能达到持续地控制和降低成本的目的。

项目管理组织结构按任务可以分为三个层次。

a.管理决策层:整个项目的中心就是管理决策层,它拥有所有施工要素的决策权、人事的调配权,可以整体把握整个项目的生产和成本管理。管理决策层在项目出现重大生产问题和重大施工事故时,应该立刻做出明确、正确的判断与决策,同时迅速指挥相应负责人找出快速有效的方法第一时间排除危机,尽量将损失降到最低,确保项目的利益。

b.中级管理层:中级管理层是由土建专业技术人员、财会人员和其他管理人员等具有一定施工、生产管理经验的施工和专业技术方面的综合性人才组成的。他们的职责是管理决策,通过一定的定向反馈对劳务作业层的操作过程进行严格的控制,与此同时,把项目决策层施工任务实施到工程中。众所周知,中级管理层构成特殊,专业性强,各个部门分工明确,故而部门沟通交流的机会相对较少,但是在这样的情况下项目却能够更好地运营发展。例如工作之间的相互合作、技术交流、管理上有交错的地方,都使各部门之间的交流更加受到重视。因此想为中级管理层的交流沟通创建机会,就需要建立一个有名有实、定时定期的沟通会议。

c.劳务作业层:它包括施工队管理人员和具体的操作人员,是直接为整个工程项目的施工付出劳动的组织,是对各自的任务目标负责的现场任务的实际操作者。

②制订切实可行的成本管理制度。

成本管理工作要正常运行,就不能缺少严格的管理制度和清楚的运行程序的支持。制订严密的成本管理制度是使任何一个独立的工程项目能够有序、有效运行的前提。项目成本管理制度是为了规范所有员工,要求他们遵守一定的准则,编制项目成本管理制度时必须遵循相应的规律。编制项目成本管理制度要注意以下几点:

a.明确合理的权职分工;

b.简单明了、考虑全面的工作程序;

c.采取与实际紧密结合、操作性强的措施;

d.制订可实现的目标,界定合理的成本范围;

e.制订一定的奖惩办法,以调动员工的积极性。

③建立完善的信息体系。

项目部所获得的信息的真实性绝大部分决定了一个成本管理体系的合理性。信息来源非常广泛,企业内部、市场、对手企业、客户、材料供应商甚至政府等都能提供各种各样的信息。然而光获得信息是不够的,对信息的质量也要有全面性、多样性、准确性和实时性等要求,既要包括企业外部环境信息,又要包括企业内部生产经营信息;既要包括诸如市场供求量、顾客满意度等与企业战略管理相关的非财务信息,又要包括货币性的财务成本信息。归根结底,成本管理的过程也是对所获得的各类信息进行综合处理的过程。要发挥建立的强成本管理体系的最大作用,增强公司的竞争力,提高企业效益,建立一个完善的信息体系是必要的前提。

4.2 公路工程项目成本管理体系的建立与运行

4.2.1 成本管理体系的内涵与特征

1. 成本管理体系的内涵

施工项目成本管理(construction project cost management)必须要具有整体思维,要把成本管理看成达到项目盈利目标的全流程控制系统,成本管理是贯穿整个项目进程的重要组成部分。

项目成本控制构成一般可分为3个层次。第一个层次:成本控制决策系统,其作用是研究决定成本控制要达到的最终目标。第二个层次:控制管理系统,其作用是在已确立的控制目标下,研究制订成本控制计划。第三个层次:成本控制执行系统,结合项目实际,通过相应的措施和做法,又快又好地实现各项子计划、子目标。

成本管理体系可以增强项目成本控制手段,进一步减少没必要的成本支出来增加项目的利润,所以公路施工项目成本管理系统的建立具有非常大的必要性。完善和高效的成本管理系统需要项目领导指挥推进、各工种及机械协调配合,体现了全流程、全方位、全过程的系统管理方法。成本管理系统涉及管理的各个环节和阶段,需要各部门负责人责权明晰,根据项目成本管理目标建立项目管理体系,在确保符合工程进度计划、质量要求和造价成本的总体目标下,做到质量合格、按期完工,以达到降低项目管理成本的目标。

2. 成本管理体系的特征

施工项目成本管理体系具有以下几个特征。

(1)保证工程项目结构的完整性,可以使项目在成本管理上有更大的优势。

(2)明确运行的程序,包括成本管理流程和方法等方面。程序主要起到指导作用,负责指导施工过程中的成本管理工作,让成本管理更加具体化。

(3)保证施工项目成本核算的规范性。将成本控制在目标范围内,准确地组织项目成本核算,去反馈项目成本耗费的过程,这是施工项目成本经营的重点部分。

(4)精确岗位的任务和成本的指标。要使各部门都有精确的岗位任务和成本指标,这样才能让项目各单位和员工明确自己的任务,才能各司其职。

(5)严谨考核。考核内容包括项目的体制与质量,是全过程的考核。

4.2.2 成本管理体系的内容

成本管理是企业为降低建筑产品成本而对成本的计划、控制、分析等进行的各项管理工作的总称。施工企业内部的各项管理工作,如生产、材料供应、机械设备及劳动管理等工作,都与成本管理有着紧密的联系,都会反映到成本上,成本管理直接影响企业创造的利润,影响企业的经济效益。

根据公路工程项目成本管理的各个环节,成本管理体系的内容一般包括成本预测、成本计划、成本控制、成本核算、成本分析与考核等。

(1)成本预测。

成本预测是根据掌握的各类信息资料,采用科学的预测方法,对未来生产经营活动进行定性研究和定量分析,从而预测未来的成本水平及变动趋势。成本预测按内容可分为制订成本计划阶段的成本预测和成本计划实施进程中的预测。因此,根据施工企业的经营管理需要,可分类、分项或对某一重大经济业务进行成本预测,如对工程投标进行单项成本预测,通过预测技术,衡量得失,作为该工程投标报价的依据。

(2)成本计划。

成本计划是以货币形式,来确定企业完成计划期内预定的施工生产任务的生产耗费水平。成本计划是企业财务计划的重要组成部分。施工企业应当在认真总结上期成本计划完成情况的基础上,根据企业计划期内计划完成的施工生产任务和相应的技术组织措施、施工组织设计以及成本预测等资料,制订既切实可行又具有先进性的成本计划。编制成本计划,既要以有关计划为依据,又要与有关计划特别是与利润计划相衔接。成本计划的实现,对于实现企业提高经济效益的要求具有重要意义。因此,成本计划提出的降低成本目标,对于动员企业广大职工挖掘潜力、控制消耗、降低成本具有指导作用。

(3)成本控制。

成本控制是按成本计划制订的成本水平和降低成本目标,对成本形成过程的生产耗费进行严格的计算、调节和监督,及时发现与预定成本目标之间的差异,并采取措施解决存在的问题,使工程的实际成本被控制在预定的目标范围内,促使成本降低的一项管理活动。施工企业进行成本控制,必须确定成本控制的标准。同时,为了有效地发挥成本控制的作用,施工企业应当建立事前控制、事中控制和事后控制的成本控制体系。成本的事前控制是指通过成本的预测和决策,确定计划期的目标成本的活动;成本的事中控制是在成本的形成过程中,用具体的成本控制标准加以衡量,及时解决存在的问题,以控制生产耗费为目标的一种管理工作;成本的事后控制又称反馈控制,它主要是在一定时期内将各类生产的实际成本与计划成本加以比较,检查成本计划的执行情况。

成本费用涉及企业生产经营活动的各个方面和各个环节,因此,必须实施全面的成本控制。全面的成本控制是指在生产经营全过程实施成本控制,对全部生产耗费实施成本控制和全体职工都参与成本控制。实施成本控制还必须采取一定的组织形式,建立有效的成本责任制,即将构成成本的生产耗费、降低成本任务按生产耗费发生的范围进行分解,具体落实到有关职责部门或个人,实行责任成本,采取责、权、利相结合,成本控制与业绩考核相结合的办法,促进成本得到控制,实现降低成本、提高经济效益的目标。

(4)成本核算。

成本核算是对企业工程施工所发生的生产费用进行事后核算,以便确定产品实际制造成本和归集期间费用,及时反映成本目标和成本计划的完成情况。在进行工程成本核算时,首先应对发生的费用进行审核,确认其是否属于生产耗费,能否计入工程成本,应计入哪类产品的成本等;其次,还要将确认的生产费用按用途进行归集、分配,按既定的成本核算对象分别计算其制造成本,确定最终产品的成本。

(5)成本分析与考核。

成本分析是利用成本核算以及有关计划、统计、定额和技术资料,运用一定的分析方法,研究影响成本升降的诸因素及其形成的原因,挖掘降低成本的潜力的一种管理活动。成本分析按其用途可分为成本预测分析、成本控制分析和成本计划执行情况的综合分析。进行成本预测分析可提出获得最佳经济效益的降低成本方案,为制订成本计划提供依据。成本控制分析是成本计划实施过程中的分析,通过分析及时发现差异,采取措施,使生产耗费控制在预定的限额内,保证成本计划的实现。成本计划执行情况的综合分析,是计划期末对成本的终结分析。综合分析成本计划执行情况,可以对其做出客观评价,既肯定加强管理、降低成本的成绩和经验,又揭示存在的问题和不足,指出进一步降低成本的潜在途径。在分析成本计划执行情况的基础上,按成本责任制的有关规定,体现责、权、利相结合的原则,进一步推进成本管理工作。

上述成本预测、成本计划、成本控制、成本核算、成本分析与考核,互为条件,紧密联系,构成施工企业成本管理的完整体系。成本预测为制订成本计划提供依据;成本计划为成本控制提出目标和要求;成本控制和成本核算为成本分析与考核提供分析、考核的依据;成本分析与考核的结果又可用于新的成本预测,并且为制订下阶段的成本计划提供参考。如此互相作用,促使企业不断提高成本管理工作。

4.2.3 成本管理体系的运行

按照建设的指标和需求,成本管理体系可以分为三个层次,分别是公司、项目和岗位。

(1)公司管理层次是施工项目的主导,其主要职责是:①制订项目的总指标和子指标来进行项目成本管理;②制订项目的运营状况监督和项目成本管理体制;③制订相关的管理办法;④承担赏罚分明的审核工作。

(2)项目管理层次主要职责有:①制订项目本身的管理方法,前提是依照公司管理的制度方法,来使它正常运作;②设定项目本身的成本指标以及具体完善办法,前提是依照公司项目成本的施工指标来设定;③需要对成本目标进行解析,落实到个人。

(3)岗位管理层次起到至关重要的作用,各部门的管理岗位负责人要认真完成工作职责范围内的工作,主要职责如下:①责任落实到每个岗位上的员工;②及时汇报项目的完成情况;③让成本向劳务拓展,一起完成成本的管理任务。

4.3 公路工程项目成本计划的编制

4.3.1 成本计划的编制程序

工程项目的成本计划工作是一项非常重要的工作,不应仅仅把它看作几张计划表的编制,它是项目成本管理的决策过程,即选定技术上可行、经济上合理的最优降低成本方案。同时,成本计划把目标成本层层分解,落实到施工过程的每个环节,以调动全体职工的积极性,有效地进行成本控制。编制成本计划的程序,因项目的规模大小、管理要求不同而不同,大中型项目一般采用分级编制的方式,即先由各部门提出部门成本计划,再由项目经理部汇总和编制整个项目工程的成本计划;小型项目一般采用集中编制方式,即由项目经理部先编制各部门成本计划,再汇总编制整个项目的成本计划。工程项目成本计划的编制程序如图4.3所示。

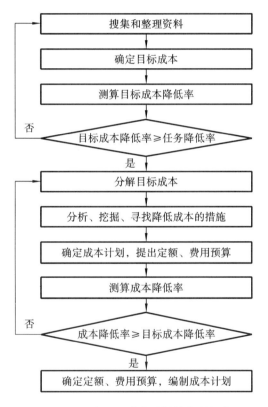

图 4.3 工程项目成本计划的编制程序

(1)搜集和整理资料。

广泛搜集资料并进行归纳整理是编制成本计划的必要步骤。所需搜集的资料也是编制成本计划的依据。这些资料主要包括国家和上级部门有关编制成本计划的规定;项目经理部与企业签订的承包合同及企业下达的成本降低额、成本降低率和其他有关技术经济指标;有关成本预测、决策的资料;施工项目的施工图预算、施工预算;施工组织设计;施工项目使用的机械设备生产能力及其利用情况;施工项目的材料消耗、物资供应、劳动工资及劳动效率等计划资料;计划期内的物资消耗定额、劳动工时定额、费用定额等资料;以往同类项目成本计划的实际执行情况及有关技术经济指标完成情况的分析资料;同行业同类项目的成本、定额、技术经济指标资料及增产节约的经验和有效措施;本企业的历史先进水平和当时的先进经验及采取的措施;国外同类项目的先进成本水平情况等资料。

此外,还应深入分析当前情况和未来的发展趋势,了解影响成本升降的各种有利和不利因素,研究如何克服不利因素和降低成本的具体措施,为编制成本计划提供丰富、具体、可靠的成本资料。

(2)确定目标成本。

根据收集的资料,进行成本预测,并根据公司所要求的目标利润额,计算出目标成本。项目目标成本可根据式(4.11)计算。

$$项目目标成本 = 预计结算收入 - 税金 - 项目目标利润 \quad (4.11)$$

(3)测算目标成本降低率。

目标成本降低率可根据式(4.12)计算。

$$目标成本降低率 = \frac{目标成本降低额}{项目的预算成本} \quad (4.12)$$

目标成本降低额为项目的预算成本减去项目的目标成本,如果目标成本降低率小于指定的任务降低率,则需要进行相应的调整,如增大项目的目标利润。

(4)分解目标成本。

如果项目目标成本降低率不小于任务降低率,则进入分解目标成本环节。分解目标成本即将总目标进行分解并落实到各相关部门或班组,大多采用工作分解法。

工作分解法又称工程分解结构,在国外被简称为 WBS(work breakdown structure),它的特点是以施工图设计为基础,以本企业做出的项目施工组织设计及技术方案为依据,以实际价格和计划的物资、材料、人工、机械等消耗量为基准,估算工程项目的实际成本费用,据以确定目标成本。具体步骤如下。

①把整个工程项目逐级分解为内容单一,便于进行单位工料成本估算的工序。

②按工序自下而上估算、汇总,从而得到整个工程项目的估算成本。

③估算汇总后还要考虑风险系数与物价指数,对估算结果加以修正。

利用上述 WBS 方法进行成本估算时,工作划分得越细、越具体,价格的确定和工程量的估计就会越容易,工作分解自上而下逐级展开,再自下而上将各级估算成本逐级累加,便得到整个工程项目的估算成本。在此基础上,分级、分类计算的工程项目的成本,既是投标报价的基础,又是成本控制的依据,也是与甲方工程项目预算做比较和估计盈利水平的基础。估算成本可根据式(4.13)计算。

估算成本＝可确认单位的数量×历史基础成本×

现在市场因素系数×将来物价上涨系数 　　(4.13)

式中:可确认单位的数量——钢材的数量、木材的数量、人工工时等;历史基础成本——基准年的单位成本;现在市场因素系数——从基准年到现在的物价上涨指数。

例如,估算某分项工程的人工成本:估算成本＝完成工程所需要的人工工时×基准年工资×工资上涨率×将来可能上涨率。

(5)分析、挖掘、寻找降低成本的措施。

分解任务后,各职能部门将针对所负责的工作进行分析,挖掘降低成本的有效技术手段。例如:根据估算成本的计算公式,我们可以知道估算成本主要由两个因素决定,即可确认单位的数量和历史基础成本,也就是通常所说的消耗量与单位成本。因此,挖掘降低成本的有效方法,也需要从这两个方面着手。一是降低材料消耗,二是降低价格。通常,可以通过改进生产施工工艺、引入新型材料、引入新技术等手段来达到降低材料消耗的目的。价格则可以通过集团采购等手段来降低。另外,资源的合理调度、工序的合理安排等也可以缩减工期,从而达到降低成本的目的。

(6)确定成本计划,提出定额、费用预算。

在各职能部门上报了部门成本计划和费用预算后,项目经理部应先结合各项技术经济措施,检查各计划和费用预算是否合理可行,并进行综合平衡,使各部门计划和费用预算之间相互协调、衔接。

(7)测算成本降低率。

根据汇总的成本计划,计算其成本降低率。如果大于或等于目标成本降低率,则该成本计划达到要求,可以最终定稿。如果不满足目标成本降低率的要求,则需要返回分解目标成本环节,重新思考,认真挖掘降低成本的有效方法和技术。

(8)确定定额、费用预算,编制成本计划。

如果经测算成本降低率满足要求,则确定定额、费用预算,项目经理部将按照这些数据,正式编制成本计划。

4.3.2 成本计划的编制方法

工程项目成本计划编制工作主要是在项目经理的负责下,在成本预、决策的基础上进行的。成本计划编制工作的关键前提是确定目标成本,这是成本计划的核心,是成本管理所要达到的目的。目标成本通常以项目成本总降低额和降低率来定量表示。项目目标成本的方向性、综合性和预测性,决定了必须选择科学的确定目标成本的方法。成本计划的编制方法有以下几种。

(1)施工预算法。

施工预算法是以施工图中的工程实物量套施工工料消耗定额,计算工料消耗量,并进行工料汇总,然后统一以货币形式反映施工生产耗费水平。以施工工料消耗定额所计算的施工生产耗费水平,基本是一个不变的常数。一个施工项目要实现较高的经济效益,就必须在这个常数的基础上采取技术节约措施,以降低消耗定额的单位消耗量和价格,从而达到成本计划的目标成本水平。因此,采用施工预算法编制成本计划时,必须考虑结合技术节约措施计划,以进一步降低施工生产耗费水平,用式(4.14)来表示。

$$施工预算法计划成本 = 施工预算法施工生产消耗水平 - 技术节约措施计划节约额 \quad (4.14)$$

(2)技术节约措施法。

技术节约措施法是指以该施工项目计划采取的技术组织措施和节约措施所能取得的经济效果为施工项目成本降低额,然后求施工项目的计划成本的方法,用式(4.15)表示。

$$施工项目计划成本 = 施工项目预算成本 - 技术节约措施计划节约额(降低成本额) \quad (4.15)$$

(3)成本习性法。

成本习性法是固定成本和变动成本在编制成本计划中的应用,主要按照成本习性,将成本分成固定成本和变动成本两类,以此作为计划成本。具体划分可采用费用分解法。

①材料费。

材料费与产量有直接联系,属于变动成本。

②人工费。

在计时工资形式下,生产工人工资属于固定成本。因为不管生产任务完成与否,工资照发,与产量增减无直接联系。如果采用计件超额工资形式,其计件工资部分属于变动成本,奖金、效益工资和浮动工资部分,亦应计入变动成本。

③机械使用费。

机械使用费之中的有些费用随产量增减而变动,如燃料费、动力费,属于变动成本,有些费用不随产量变动,如机械折旧费、大修理费、机修工和操作工的工资等,属于固定成本。此外还有机械的场外运输费和机械组装拆卸、替换配件、润滑擦拭等经常修理费,由于不直接用于生产,也不随产量增减成比例变动,而是在生产能力得到充分利用、产量增长时,所分摊的费用就少一些,在产量下降时,所分摊的费用就要多一些,所以这部分费用是处于固定成本和变动成本之间的半变动成本;可按一定比例划归固定成本与变动成本。

④其他直接费。

水、电等费用以及现场发生的材料二次搬运费,多数与产量发生联系,属于变动成本。

⑤施工管理费。

大部分施工管理费在一定产量范围内与产量的增减没有直接联系,如工作人员工资、生产工人辅助工资、工资附加费、办公费、差旅交通费、固定资产使用费、职工教育经费、上级管理费等,基本上属于固定成本。检验试验费、外单位管理费等与产量增减有直接联系,属于变动成本。劳动保护费中的劳动保护服装费、防暑降温费、防寒用品费,劳动部门都有规定的领用标准和使用年限,基本上属于固定成本。技术安全措施费、保健费,大部分与产量有关,属于变动成本。工具用具使用费中,行政人员使用的家具的费用属于固定成本,工人领用的工具的费用,随管理制度不同而不同,有些企业对机修工、电工、钢筋、车、钳、刨工的工具按定额配备,规定使用年限,定期以旧换新,属于固定成本,而对民工、木工、抹灰工、油漆工的工具采取定额人工数、定价包干,则属于变动成本。

在成本按习性划分为固定成本和变动成本后,可用式(4.16)计算。

$$施工项目计划成本=施工项目变动成本总额+施工项目固定成本总额 \quad (4.16)$$

(4)按实计算法。

按实计算法中,施工项目经理部有关职能部门(人员)会以该项目施工图预算的工料分析资料作为控制计划成本的依据。根据施工项目经理部执行施工定额的实际水平和要求,各职能部门相应计算各项计划成本。

①人工费的计划成本由项目管理班子的劳资部门(人员)计算,见式(4.17)。

$$人工费的计划成本=计划用工量×实际水平的工资率 \quad (4.17)$$

式中:计划用工量＝Σ(分项工程量×工日定额),工日定额可根据实际水平,考虑先进性,适当提高。

②材料费的计划成本由项目管理班子的材料部门(人员)计算,见式(4.18)。

$$
\begin{aligned}
材料费的计划成本 = &\Sigma(主要材料的计划用量 \times 实际价格) + \\
&\Sigma(装饰材料的计划用量 \times 实际价格) + \\
&\Sigma(周转材料的使用量 \times 时间 \times 租赁价格) + \\
&\Sigma(构配件的计划用量 \times 实际价格) + \\
&工程用水的水费 \quad (4.18)
\end{aligned}
$$

③机械使用费的计划成本由项目管理班子的机管部门(人员)计算,见式(4.19)或式(4.20)。

机械使用的计划成本＝Σ(施工机械的计划台班数×规定的台班单价) (4.19)

$$
\begin{aligned}
机械使用的计划成本 = &\Sigma(施工机械计划使用的台班数 \times 机械租赁费) + \\
&机械施工用电的电费 \quad (4.20)
\end{aligned}
$$

④措施费的计划成本由项目管理班子的施工生产部门和材料部门(人员)共同计算。

计算内容包括现场二次搬运费、临时设施摊销费、生产工具用具使用费、工程定位复测费、工程交点费及场地清理费等。

⑤间接费用的计划成本由工程项目经理部的财务人员计算。

间接费用的计划成本一般根据工程项目管理部内的计划职工平均人数,按历史成本的间接费用以及压缩费用的人均支出数进行测算。

4.3.3　工期-累计计划成本曲线(S形曲线)

1. 概述

在施工项目网络计划的基础上,将计划成本分解落实到工程项目结构分解的各个项目单元,并将这一计划成本在相应的项目单元(工作任务)的持续时间上进行分配,这样可以获得工期-累计计划成本曲线,从整个工程项目进展全过程的特征看,一般在开始和结尾时,单位时间投入的资源、成本较少,中间阶段单位时间投入的资源量较多,与其相关单位时间投入的成本或完成任务量也呈同样变化,因而开始、中间和结束时曲线的斜率不相同,总是呈"S"形,故称S形曲线。它亦被人们称为该项目的成本模型。计划成本在项目单元持续时间上的分配必须作假设,可以作平均分配,或根据实际工程进展情况大致定出分配比例。

利用S形曲线可以进行不同工期(进度)方案、不同技术方案的对比,工程项目实施中,按实际工程成本和实际工程进度还可以做出项目的实际成本模型,可以进行整个项目的计划成本与实际成本以及计划进度与实际进度的对比,这对把握整个工程进度、分析成本进度状况、预测成本趋势十分有用。使用S形曲线对工程项目进行成本与进度控制的方法又被称为"赢得值原理"。在实践中,标准S形曲线预测可能有10%~20%的误差,但这样比完全依靠个人猜测或判断要好得多。

2. 绘制方法

(1)在网络分析的基础上,确定项目名称,按各个工作任务的最早开始时间绘出横道图,并确定相对应项目单元的工程量及工程计划成本(可按委托合同价、预算成本价等进行分解)。

(2)确定工程成本在相应工作任务持续时间内的分配比例(一般平均分配),则可得活动的计划成本强度。

(3)按项目总工期将各期(如每周、每月)各活动的计划成本在时间—成本坐标中进行汇集,得到各时间段的成本强度。

(4)绘制成本—工期图,这是一个直方图。

(5)计算各期期末的计划成本累计值,并在时间与成本坐标中——标出这些点,两点之间以直线段连接后连成一条连贯曲线。

上述步骤只是说明S形曲线的生成原理。事实上在计算机高度发达的今天,已没有必要采用描点描迹的方法来测绘S形曲线,很多项目管理软件都有自动生成S形曲线的功能,例如广联达。

4.4 公路工程项目成本计划的优化

工程项目在保证质量、安全的前提下,考虑节约成本投入,创造出满意的经济效益,并使其最大化,是建设完成好项目的关键。因此,工程项目的成本计划优化就显得尤为重要。工程项目成本计划的优化包括进度成本优化和质量成本优化。

4.4.1 工程项目进度成本优化

工程项目进度成本优化的目的是寻求最低成本的进度安排,是从降低工程成本的角度来优化工程进度计划的。

工程项目进度计划所涉及的费用主要包括直接成本和间接成本。直接成本是指工程建设过程中耗费的、构成工程实体和有助于工程形成的各项费用,包括人工费、材料费、机械设备费和措施费;间接成本包括规费和企业管理费。一般而言,直接成本随工期缩短而增加,而间接成本随工期的缩短而减少,如图4.4所示。直接成本和间接成本之和为总成本费用,总成本费用的最低值所对应的工期,就是进度成本优化所寻求的目标。基于这样的工期来安排进度成本计划,实际上是追求了成本最低的进度优化,它是进度成本优化的实质,即以安排优化好的工期反过来考虑与之相应的成本计划。

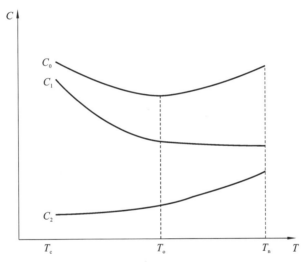

图 4.4 工期(T)－成本(C)优化曲线

注:C_1—直接成本;C_2—间接成本;C_0—总成本费用;
T_c—最短工期;T_n—正常工期;T_o—最优工期。

寻求最低成本费用和最优工期的基本思路:从网络计划的各活动持续时间和成本费用的关系分析入手,依次找出能使计划工期缩短而又能使直接成本增加最少的活动,不断地缩短其持续时间,同时考虑其间接成本的叠加,即可求出工程成本费用最低时的最优工期和工期确定时相应的最低费用。以最优工期为基准来安排进度成本计划,就实现了进度成本的最优化。

4.4.2 质量成本优化

工程项目管理不是追求最好的质量和最完美的工程,而是追求符合预定目标、符合合同要求的工程。分析工程项目质量成本的目的是寻求最佳的质量成本。

工程项目质量成本是指工程项目组织为了保证和提高产品质量而支出的有关费用,以及未达到预先规定的质量水平而造成的一切损失费用的总和。工程项目质量成本包括以下4个部分。

①内部损失成本(内部故障成本):交付产品前因产品未能满足质量要求所造成的损失(如重新提供服务、重新加工、返工、重新试验、报废)。

②外部损失成本(外部故障成本):交付产品后因产品未能满足质量要求所发生的费用(如产品维护和维修费、担保和退货费、直接费用和折扣、产品回收费、责任赔偿费)。

③预防成本:为确保项目质量而进行预防工作所耗费的费用,也就是指为使故障成本和鉴定成本降到最低所需要的费用(如质量工作计划、工序能力控制及研究,质量情报,质量管理教育,质量管理活动等费用)。

④鉴定成本:为评定是否符合质量要求而进行的试验、检验和检查的费用。

质量成本4个部分的比例,不同施工项目之间是不相同的,但它们的发展趋势总带有一定的规律,如在开展质量成本活动初期,质量水平不高,一般鉴定成本和预防成本较低;随着质量要求的提高,这两项质量管理费用会逐渐增加;当质量达到一定水平后,如需再提高,这两项质量管理费用将增长较高。内部损失成本和外部损失成本的情况正好相反,当合格率较低时,内部损失成本和外部损失成本较高,随着质量要求的提高,内部损失成本和外部损失成本会逐步下降。因此,当四项成本之和最低时,即为最佳质量成本,如图4.5所示。

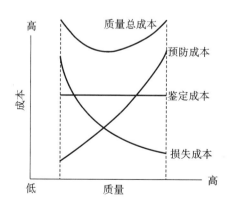

图 4.5 最佳质量成本

4.5　公路工程施工成本控制措施

降低施工项目成本是施工企业关心的重要问题之一,也是施工企业增加收益、提高市场占有率的主要途径。降低施工项目成本的途径,应该是既开源又节流,或者说既增收又节支。只开源不节流,或者只节流不开源,都不可能达到降低成本的目的,至少是不会有理想的降低成本的效果。控制施工项目成本的措施从强化现场施工管理方面归纳起来有事前计划、事中控制与事后分析三大方面。

4.5.1　事前计划

在项目开工前,项目经理部应做好前期准备工作,认真会审图纸,研究合同细节,选定先进的施工方案,选择合适的材料供应商,制订每期的项目成本计划,做到心中有数。

1. 认真会审图纸,积极提出修改意见

在项目施工过程中,施工单位必须按图施工。但是,图纸是由设计单位按照业主要求和项目所在地的自然地理条件设计的,其中起决定作用的是设计人员的主观意图,很少考虑为施工单位提供方便,有时还可能会给施工单位出难题。因此,施工单位在接到图纸后,首要的、基本的工作就是认真审查图纸。根据图纸要求,在满足业主要求和保证工程质量的前提下,结合企业自身条件,项目所处的自然、经济、技术环境,综合分析、评价项目实施的难度,并提出积极的修改意见,在取得业主和设计单位的同意后,修改设计图纸,同时办理增减账手续。在会审图纸的时候,对于结构复杂、施工难度高的项目,更要加倍认真,并且要从方便施工、有利于加快工程进度和保证工程质量、降低资源消耗、增加工程收入等方面综合考虑,对设计中的不合理之处,提出有科学根据的合理化建议,争取业主和设计单位的认同。

2. 加强合同管理,控制工程成本和增创工程预算收入

合同管理是施工项目管理的重要内容,也是降低工程成本、提高经济效益的有效途径。项目施工合同管理的时间范围应从合同谈判开始,至保修日结束为止。施工过程中的合同管理应特别注意以下方面。

(1)根据工程变更资料,及时办理增减账手续。

由于设计、施工和业主要求等,工程变更是项目施工过程中经常发生的事情,是不以人们的意志为转移的。工程的变更必然会带来工程内容的增减和施工工序的改变,从而也会影响成本费用的支出。因此,施工单位应就工程变更对既定施工方法、机械设备使用、材料供应、劳动力调配和工期目标等的影响程度,以及为实施变更内容所需要的各种资源进行合理估价,及时办理增减账手续,并通过工程款结算取得补偿。

(2)认真研究合同条款,强化索赔观念,加强索赔管理。

在竞争日趋激烈的市场中,施工企业面临着施工风险,特别是承包国际工程时,更离不开索赔。索赔可以弥补承包商不应承受的风险损失,使承包工程的合同风险分担程度趋于合理。因此,寻找一切有力证据进行合理索赔,变不利为有利,争取最佳收益,这就需要加强索赔意识、合同意识、时间观念和成本观念,培养索赔的管理能力,提高合同管理水平。

(3)用好调价文件,正确计算价差,及时办理结算。

随着市场经济的不断完善,各种价格要素由市场调节,在工程建设活动中,价格变化对成本的影响,在工程结算时必须及时、客观、全面地予以考虑。目前国内工程主要采用调价系数和实际价格差价方法,这种方法相对简单一些,国际工程大都采用调值公式法进行调价。

3. 制订先进可行的施工方案,拟订技术组织措施

(1)施工方案的选择。

项目施工是形成最终建筑产品全过程的主要环节。每一个施工企业必须对施工过程进行科学的计划、组织、控制,充分利用人力和物力,以保证全面、均衡、优质、低消耗地完成施工任务。施工方案不同,工期就会不同,所需机具也不同,因而发生的费用也会不同。因此,正确选择施工方案是降低成本的关键所在。

制订施工方案要以合同工期和施工图设计为依据,结合项目的规模、性质、复杂程度、现场条件、装备情况、人员素质等因素综合考虑。可以同时制订几个施工方案,倾听现场施工人员的意见,以便从中选择最合理、最经济的。同时,施工项目的施工方案应该同时具有先进性和可行性。如果只具有先进性不具有可行性,不能在施工中发挥有效的指导作用,那就不是最佳施工方案。

(2)拟订技术组织措施。

为了全面完成施工任务,在施工之前应先做好施工准备阶段的管理工作,如编制施工组织设计、编制工程预算、落实施工任务和组织材料采购工作等。从降低工程成本角度来说,不仅在施工过程中要大力节约施工费用,在施工准备阶段也要十分注意经济效益。具体地说,项目应在开工之前根据工程情况制订技术组织措施计划,作为降低成本计划的内容之一列入施工组织设计。在编制月度施工作业计划的同时,可按照作业计划的内容编制月度技术组织措施计划。

为了保证技术组织措施计划的落实,并取得预期的效果,应在项目经理的领导下明确分工:由工程技术人员制订措施,材料人员供应材料,现场管理人员和生产班组负责执行,财务成本员结算节约效果,项目经理根据措施执行情况和节约效果对有关人员进行奖励。必须强调,在结算技术组织措施执行效果时,除要按定额等进行理论计算外,还要做好节约实物的验收,防止"理论上节约,实际上超用"的情况发生。

4. 做好项目成本计划

成本计划是项目实施之前所做的成本管理准备活动,是项目管理系统运行的基础和先决条件,是根据内部承包合同确定的目标成本。公司应根据施工组织设计和生产要素的配置等情况,按施工进度计划,确定每个项目月(季)成本计划和项目总成本计划,计算出保本点和目标利润,作为控制施工过程生产成本的依据,使项目经理部人员及施工人员无论在工程进行到何种进度时,都能事前清楚知道自己的目标成本,以便采取相应手段控制成本。

4.5.2　事中控制

事中控制是指在项目施工过程中,按照所选的技术方案,组织均衡施工,加快施工进度,同时加强质量管理,控制质量成本,减少返工损失;在施工过程中时刻按照成本计划进行检查和控制,在管理上坚持现场管理标准化,堵塞浪费漏洞;定期开展"三同步"检查,防止项目成本盈亏异常。

1. 节约材料消耗

材料成本在公路施工项目中占有很大比重,一般占60%～70%,有较大的节约潜力。因此,加强材料的采购、运输、储存、使用等各个环节,可以减少材料损耗,从而降低工程成本。对公路施工项目而言,节约材料消耗应从以下几个方面入手。

(1)建立健全项目材料管理责任制,项目经理全面负责,包干到人,定期组织检查和考核。

(2)加强现场平面管理。根据不同施工阶段供应材料品种和数量的变化,调整存料场地,减少搬运,降低堆放仓储损耗。同时还要考虑资金时间价值,减少资金占用,合理确定进货批量和批次,尽可能降低材料储备。

(3)认真执行现场材料收、发、领、退、回收管理标准,建立健全原始记录及台账,定期组织盘点,抓好业务核算。

(4)严格进行使用中的材料管理,采取承包和限额领料等形式,监督和控制班组合理用料,加强检查,定期考核,努力降低材料消耗。

2. 组织材料合理进出场

一个项目往往有上百种材料,因此合理安排材料进出场的时间特别重要。应当根据定额和施工进度编制材料计划,确定好材料的进出场时间。若材料进场太早,就会早付款给材料供应商,增加贷款利息,还可能增加二次搬运费,有些易受潮的材料还可能因堆放太久而不能使用,需重新订货,增加成本;若材料进场太晚,不但影响进度,还可能造成误期罚款或增加赶工费。

应把好材料领用关和投料关,降低材料损耗率。材料的品种、数量、使用位置不同,其损耗也不同。为了降低材料损耗率,项目经理应组织工程师根据现场实际情况与分包商确定一个合理的材料损耗率,由其包干使用,节约双方分成,若超额则扣工程款,这样可使材料用量与每一个分包商或施工人员的经济利益挂钩,从而降低整个工程的材料成本。

3. 节约间接费用

公路施工项目的间接费为现场管理费。对现场管理费的管理,应抓好以下工作:①精简项目机构,合理配置项目部成员,减少管理层次,提高设备器具的使用效率,提高工作质量和效率,实行费用定额管理;②工程程序及工程质量的管理,一项工程在具体实施中往往受时间、条件的限制而不能按期顺利进行,这就要求合理调度,循序渐进;③建立质量控制小组,促进管理水平不断提高,减少管理费用支出。

4. 组织均衡施工,加快施工进度

凡是按时间计算的成本费用,如项目管理人员的工资和办公费、现场临时设施费和水电费,以及施工机械和周转设备的租赁费等,在加快施工进度、缩短施工周期的情况下,都会有明显的节约。除此之外,还可能从业主那里得到一笔提前竣工奖。因此,加快施工进度也是降低项目成本的有效途径之一。

加快施工进度将会增加一定的成本支出。例如,在组织两班制施工的时候,需要增加夜间施工的照明费和工效损失费;同时,还将增加模板的使用量和租赁费。因此,在签订合同时,应根据合同和赶工要求,将赶工费列入工程预算。如果事先并未明确,而在施工中临时提出赶工要求,则应请监理签证,费用按实结算。

5. 加强质量管理,控制质量成本,减少返工损失

建筑产品使用时间长,造价高,又是国民经济中固定资产的重要组成部分,因而其质量对社会经济和人民生活有着重大的影响。在施工过程中,如果能够高度重视工程质量,控制质量成本,不仅能减少返工损失,降低工程成本,而且工程竣工交付使用后能够延长使用寿命,保障人民的安全。如果在施工过程中经常发生工程质量事故,就会造成人力、物力、财力的浪费,增加工程成本,甚至还可能给国家和人民生命财产造成重大损失。因此,应十分重视提高工程质量水平,降低质量成本,避免返工。

6. 坚持现场管理标准化,堵塞浪费漏洞

现场管理标准化的范围很广,比较突出而又需要特别关注的是现场平面布置管理和现场安全生产管理,稍有不慎,就会造成浪费和损失。

(1)现场平面布置管理。施工现场的平面布置,是根据工程特点和场地条件,以配合施工为前提合理安排的,有一定的科学根据。但是,在施工过程中,往往会出现不执行现场平面布置,造成人力、物力浪费的情况。

(2)现场安全生产管理。现场安全生产管理的目的,在于保护施工现场的人身安全和设备安全,减少不必要的损失。要达到这个目的,就必须按规定的标准去管理,不允许有任何细小的疏忽。否则,将会造成难以估量的损失。

7. 定期开展"三同步"检查,防止项目盈亏异常

项目经济核算的"三同步",就是统计核算、业务核算、会计核算的"三同步"。统计核算即产值统计,业务核算即人力资源和物质资源的消耗统计,会计核算即成本会计核算。根据项目经济活动的规律,这三者之间有着必然的同步关系。这种规律性的同步关系,具体表现为:完成的产值、消耗的资源、发生的成本,三者应该同步。否则,项目就会出现盈亏异常情况。

开展"三同步"检查的目的,在于查明不同步的原因,纠正项目盈亏偏差。

"三同步"的检查方法,可从以下3个方面入手。

(1)时间上的同步。产值统计、资源消耗统计和成本核算的时间应该统一。如果在时间上不统一,就不可能实现核算口径的同步。

(2)分部分项工程直接工程费的同步。检查产值统计与施工任务单的实际工程量和形象进度是否相符;资源消耗统计与施工任务单的实际消耗人工和限额领料单的实际消耗材料是否相符;机械和周转材料的租赁费与施工任务单的施工时间是否相符。如果不符,应查明原因,予以纠正,直到同步为止。

(3)其他费用是否同步。其他费用需要将报表与财务付款逐项核对才能查明是否同步。

4.5.3 事后分析

事后分析是下一个循环周期事前科学预测的开始,是成本控制工作的继续。在坚持每月(季)综合分析的基础上,采取回头看的方法,及时检查、分析、修正、补充,以达到控制成本和提高效益的目标。

(1)根据项目部制订的考核制度,对成本管理责任部室、相关部室、责任人员、相关人员及施工作业队进行考核,考核的重点是完成工作量、材料费、人工费及机械使用费4大指标,根据考核结果决定奖罚和任免,体现奖优罚劣的原则。

(2)及时进行竣工总成本结算。工程完工后,项目经理部将转向新的项目,应组织有关人员及时清理现场的剩余材料和机械,辞退不需要的人员,支付应付的费用,以防止工程竣工后继续发生包括管理费在内的各种费用。同时,由于参加施工人员的调离,各种成本资料容易丢失,应根据施工过程中的成本核算情况,做好竣工总成本的结算,并根据竣工总成本的结算结果,评价项目的成本管理工作,总结得与失,及时对项目经理及有关人员进行奖罚。

对工程施工过程的三个阶段实施成本控制措施,可以最大限度地降低工程的成本,提高项目的盈利能力。

4.6 案例分析——以 S14 滁合、S16 合周高速公路合肥段工程为例

4.6.1 工程概况

滁州至合肥、合肥至周口高速公路合肥段路线起点位于合肥市与滁州市交

界处,即古城镇枣林村南侧,顺接 S14 滁州至合肥高速公路,向西与在建 S09 明巢高速公路交叉后,经陈集南、龙山、王城北,于八斗镇南侧下穿拟建的合青高速铁路,经杨店乡北侧后于白龙镇东南与 G3 京台高速公路交叉,继续向西在元疃镇义和村附近进入长丰县;经海宝水库北侧至罗集水库北侧孙巷村附近,在下塘南侧与合蚌客专及商合杭高速铁路交叉,上跨蒙城北路北延段后至陶楼南,继续向西与 S17 合蚌高速公路交叉,经吴山镇北侧,在吴山镇薛店村附近进入淮南市寿县,终点顺接 S16 合肥至周口高速公路寿县刘岗至保义段起点,路线全长 85.911 km。本项目路线起点至在建明巢高速公路,约 7.4 km,采用双向四车道标准建设,路基宽 27 m;明巢高速公路至合肥段终点,约 78.5 km,采用双向六车道标准建设。项目全线设计速度 120 km/h,沥青混凝土路面结构,桥涵设计汽车荷载等级采用公路－Ⅰ级,其余技术指标按《公路工程技术标准》(JTG B01—2014)执行。

全线设大桥 6 座、中小桥 19 座;设分离式立交 42 座,设岱山湖、古城(枢纽)、龙山(预留)、八斗、杨店、团结(枢纽)、白龙、路集(枢纽)、淮南北路、下塘、陶楼、龙门寺(枢纽)、分水岭路等 13 处互通立交;设匝道收费站 8 处、服务区 2 处、养护工区 1 处、管理分中心 1 处、交警营房 1 处。

滁州至合肥至周口高速项目是《安徽省高速公路网规划修编(2020—2035 年)》规划的 S14 扬州至合肥高速公路、S16 合肥至周口高速的组成部分,项目建成后可以形成合肥至滁州、扬州、泰州、南通、上海的第二通道,加强合肥与滁州、苏中、苏北地区的联系,对完善安徽省高速公路网、加强合肥都市圈与长三角其他地区的互联互通有重要意义。

4.6.2 项目成本管理影响因素

1. 项目外部环境因素

影响工程进展的外部环境因素主要如下:与县政府、乡政府,以及交通运输厅、公路局、业主、监理单位、第三方检查机构等的沟通不协调,没有创造良好的施工环境。

2. 项目内部管理因素

(1)无成本控制目标。

绝大部分亏损的项目部,根本没有成本控制的总目标,有的虽有但却没有严格执行,因而使项目部的成本处于失控状态,在工程开工后,对工程进行了成本预测,并确定了分项工程成本、分类成本和工程总成本目标,待工程竣工时,除了固定成本(包括上交的管理费、提取的固定资产折旧费、大修费)等项目未超出测算的成本,人工费、材料费、燃料费、配件费和项目间接费等变动成本全部出现超支。其中最主要的是材料费和配件费的超支,其比测算成本高出50%以上。即使考虑变更设计增加成本的因素,并将变更增加的预算费用全部计算为成本,实际成本也比测算成本高出30%以上。

为什么固定成本可以控制,而变动成本却得不到控制？其问题就在于没有严格执行成本控制的总目标,分项工程成本和分类成本的控制没有落实,从而导致总成本超支。比如招待来宾、项目就餐、维修车辆、采购零星的办公用品和五金材料等,都动用了项目资金。

(2)材料、构配件制度不全。

①超额采购或者采购现场剩余。

在亏损的项目部中,购买材料、配件(以下简称为"材料")无计划的现象比比皆是。如果是有经验的材料采购人员执行采购任务,则材料的采购数量还不至于超出太多,不会造成太大的损失和浪费;部分项目部特别是亏损项目部的材料采购人员毫无经验可谈,采购材料非常随意,超定额购买习以为常,采购数量完全取决于项目材料采购人员,其结果必然是材料的积压、超支。

②人为操纵价格。

在材料采购阶段,价格偏高和部分材料的质量达不到标准,是工程项目亏损的又一个因素。由于市场经济的发展,材料的价格千变万化,无论多么有经验的材料采购人员都难以掌握相对合理的价格信息,项目部也就难以购买到价格相对合理的材料,从而增加了工程项目的材料成本。如果个别材料采购人员有意舞弊,将材料价格故意提高从中牟利,项目部的损失会更大。另外,由于一些企业信用等级的降低和现金周转的需要,材料销售商十分在意是否以现金购买材料,使得现金购买材料与非现金购买材料的价格相差较大,最高时能相差10%。而项目部由于资金紧张,或者采购人员不会计算采购材料过程中的资金成本,最终购买了高价材料,从而增加了工程项目的成本。

③质量不达标。

部分材料采购人员对材料的质量标准知之甚少,购买了一些达不到质量标准的材料,使得实际消耗的材料数量增加,造成成本超支。

④收发制度形同虚设。

在材料验收、保管、出库阶段,一些项目部根本没有收发制度,材料采购人员购买的材料无人验收,更无实物账,因而就谈不上保管和出库;或者是虽有收发制度,但验收不及时、不认真,保管形同虚设,账物不相符,有的项目部自始至终没有专门的部门进行管理,以购代耗;情况严重的甚至用虚假的材料发票报销。

⑤不按定额发料。

在材料消耗阶段,大部分亏损的项目部不按定额发料,施工人员要多少就给多少,致使多发的材料不是被浪费扔在工地,就是被工地的人员偷偷卖掉,许多可以回收的废料更是无人管理。

(3)承包措施不配套。

有的项目部在承包方案中规定完成多少任务发多少工资,但对材料的消耗和设备的使用、维修没有明确要求,形成包工不包料、包盈不包亏的现象,最后的结果是任务完成了,但材料费超支了,设备性能下降了,整个工程亏损了。有的项目部虽然在承包方案中明确了单位工程量所包含的材料和机械费用,但材料价格比承包方案中的材料价格高,从而导致承包项目失败;有的项目部虽然承包方案合理,但计价不及时或者不能按照承包方案进行兑现,使承包无法进行下去。

(4)分包工程存在漏洞。

①对劳务分包队伍,没有实行严格的定额发料制度,导致随意使用材料,造成材料超支。

②对分包队伍施工的部分工序的工程量重复计价,导致多拨工程款。

③对分包工程的价格非常随意,没有重新按照定额和预算标准进行计算,仅随便定一个提取管理费的比例,最终提取的管理费还不够补偿投标所开支的费用。

④不考虑中标价格,把工程以高于中标价的价格分包出去(并不是中标价偏低的原因),形成巨额亏损。

⑤大量使用分包队伍,导致超拨款、分包队伍欠款等现象不断发生。

⑥挂靠多个外部单位,审查资质证书不严格,仅象征性地收取一点管理费,最后挂靠单位一走了之,所有的善后费用(如工期、质量、挂靠单位以项目部的名义购买材料所欠的货款等)全部由被挂靠的项目部承担。

(5)出现严重的质量问题。

亏损严重的项目部几乎都存在比较严重的质量问题,从而导致返工、修复、推倒重来等重复施工的现象发生。这些现象导致了无效工程量增加,加大了人力、材料、设备的投入,最终增加了成本支出。

(6)施工设备利用率不高。

一些项目部对所承担的工程了解不足,为保证施工不间断,盲目购置或从其他项目调入大量设备备用,甚至购入一些项目不需要的设备,从而造成设备长期停用,既占用了资金,使施工生产所急需的人、物不能及时到位,增大财务费用支出,又增加了折旧费和设备维修费,造成项目部的成本急剧增加。

(7)施工组织不合理。

①不能合理地配置人力、材料、设备等资源,导致窝工。

②施工安排不合理,能够一步完成的,实际进行了两次、三次才完成,从而造成返工。

③施工顺序颠倒,增加了许多无效的人力、物资和资金投入,导致成本大幅度增加等。

④征地拆迁不到位,施工队伍进场太早,对现场整体把关不准确,导致窝工。

(8)安全事故较多。

在亏损的项目部中,多数项目部均发生过程度不同的安全事故。轻伤影响员工上班,增加人工费支出;重伤既影响员工上班,增加人工费支出,又需要开支医疗费,增加间接费。死亡事故既增加了巨额抚恤费,直接增大成本,又可能影响员工情绪,降低生产效率。

(9)技术管理薄弱。

①技术管理年轻人员偏多,对图纸、技术规范、验收标准不熟悉。

②技术方案单一,没有经济型方案用于比选,方案照搬照抄,经济效益只字不提。

③对技术不熟悉,不能及时发现图纸的错误,或者理解有偏差,对图纸的会审不到位。

④进行工程变更时,只停留在"变更"层次,没有真正做到有利变更,没有做到创新、创效变更。

⑤对新技术、新工艺、新材料、新设备的应用不太了解。

⑥技术人员不了解施工控制要点、质量控制要点,返工现象比较严重。

(10)合同管理混乱。

在亏损的项目部中,大多数项目部没有合同管理的意识,对购货、雇用人员、提供服务、分包工程、承包工程等合同知识知之甚少,合同管理混乱。与对方签订只有小写金额的合同,在对方篡改小写金额诉至法院时,因企业证据不足而败诉;与对方签订只有数量没有单价、只有单价没有数量,或只有数量、单价没有总价的合同,致使官司不断,严重影响了企业的信誉。

(11)间接费控制不力。

在亏损的项目部中,几乎都存在间接费控制不力的问题,其中最主要的是办公费、差旅费、交通工具费和业务招待费失控。办公费开支无计划,差旅费无标准,擅自扩大业务招待费开支范围,提高开支标准,致使招待费逐年增加。

(12)财务管理混乱。

①没有完整的财务管理制度。

一些亏损项目部的所有收支业务和财务、计划、物资等不关联,不是靠制度来决定开支、靠监督来约束开支,从而导致所有开支无计划,工程盈亏无人知。

②资金管理混乱。

开设多个银行存款账号,但又不及时核对清理,银行收付凭证不及时入账,白条不入账而抵现金,其结果是材料不能及时入库,个人欠款不能及时清理,银行存款和现金账款不符,巨额成本隐匿在银行存款和现金余额里,从而造成工程前盈后亏或整个工程亏损。

③债权债务的确认不准确,结算不及时。

有的项目部对销货和分包单位,既在债权方记录预付的货款和工程款,又在债务方记录应付的货款和工程款,但在结算时由于记账不及时或不认真核对,最后多付了货款和工程款,造成损失。有的项目部对应收款项不及时清理,后因欠款单位无款、破产或超过追索时效,导致应收款无法收回,造成损失。

④收入、成本的计算不准确。

有的项目部不知道如何计算工程结算收入,把合同金额计算为计价收入,然后计算盈亏,形成前盈后亏;把拨款当成计价收入,使项目部各期的盈亏不实,如果建设单位欠款数额较大,则项目部会形成虚假的亏损。有的项目部不知道如何计算成本,把应当计入成本的费用漏列,如应提未提的固定资产折旧费和职工福利费,应缴纳的税金、养老保险费、医疗保险费、失业保险费、住房公积金和上级管理费,已经使用但尚未支付的材料费,应发未发的职工工资等,从而导致成本不实、盈亏不准。有的项目部不按规定结转成本,把应由后期负担的成本提前计入成本,或者把应由本期负担的成本转到后期,影响了成本的真实性。

⑤会计基础工作差。

审核会计凭证不认真、不仔细,凭证的手续不完备,报销依据不充分,登记账簿不及时。会计科目使用错误,各项会计数据的记录不真实、不准确,失去记账的意义,影响成本计算。

(13)项目经营指标预判分析不实。

未分析每月施工产值、计量产值、材料成本、营业收入等11项指标偏差,未每月定期展开经营活动分析会,未严格执行项目经营合同,影响成本控制。

4.6.3 项目规划工作

(1)优化设计,降低总价,以使利润额度最大化,减量不减项。

(2)要建立技术亮点、技术创新、新技术、新材料、新工艺、新课题、首件工程认可制,编制标准化施工指南与分项工程施工控制要点,制订施工日志范本,探索变更管理办法,做好施工方案经济效益比选工作。

(3)在进行安全环境保护管理时,要结合《中华人民共和国安全生产法》,落实项目平安工地的建设,落实产业工人培训工作,要对工人进行岗前教育,做好视频教育宣传。采用信息化管理,做好工人日常考勤与工资发放的工作,评选安全文明小分队。

(4)可利用软件平台进行项目材料管理。按"同一分项工程设计量→(工区负责人)分批采购→主管副经理复核→材料部复核→动态分析材料盈余情况"的步骤来做好项目材料管理工作。

(5)做好经营管理、全预算管理、施工定额测算。

(6)梁场、钢筋场、拌和站施工要做到标准化、信息化、可视化。

(7)设置现场安全文明施工迎检点,落实首件制,树立标杆,使现场施工标准化,加强对标学习。

(8)加大项目宣传力度,学会宣传创新、创优、创效等项目,以及科技发明专利、节点计划等。

(9)及时收集可提质增效的合理化建议。

(10)党工团要组织搭建平台,开展劳动竞赛与评优活动。

(11)监督品质工程落实执行。

(12)开展"师带徒"活动,通过"帮扶"提升团队素质,打造一支懂技术、会施工、重经营的人才队伍。

(13)落实好混凝土、水泥稳定碎石层、沥青混合料的配合比优化工作,参照其他在建项目,开展优质混凝土配合比优化研究工作。

(14)对材料进行自加工,对母材进行调查,利用路基段石方进行加工。

(15)建立目标产值、施工产值、节点计划、人均产值、人均利润、安全管控、质量管控等方面的考核机制。项目副经理为现场成本管控中心主任,组员为各工区技术员。

(16)为了管理好劳务队伍,各副职要牵头,从生产、安全、经营、技术、质量、计量、结算、付款、履约保证金等方面讨论介绍标准、范本等。

(17)全面推行"制度管人、流程管事"的管理机制。所有班子成员分级管理,抓落实、抓执行、抓定量,定期考核。因为业务部门负责人精通局、公司、总承包、项目的相关制度,所以各部门负责人以及工区负责人要成为制度的宣讲者,承担好自己的责任。

(18)设立员工积分考核机制,使员工的积分与绩效挂钩,根据岗位职责制订考核细目,打分后计算加权平均数,把员工分为优、良、中、差几个等级。

(19)探索 BIM 技术在施工环节的适用点,与智慧工地经验相结合,与 AutoCAD 和信息化技术关联,培养 BIM 技术人才。

(20)高度重视项目所在地区的信用评价,以现场保市场,打造品质工程。

(21)严格落实好"领导班子带班+两横一纵"安全监管体系建设实施方案,内容包括工作完成情况、施工日志、质量控制、材料使用情况、创新创效情况、业主监理通报情况、定额测算、成本管控等。

4.6.4 项目扭亏、减亏措施

(1)通过技术创新等手段,创造有利变更项。

(2)增加线外引线工程量(改变涵洞位置,导致线外绕路工程增加)。

(3)增加一些清单暂停量,查处虚报隐蔽工程工程量的问题,改变软地基处理措施以及路基回填量,原地面隐蔽工程(如改沟、改渠等)要与清单进行对比,严格控制成本,责任到人。

(4)业主新增变更项要先定价,再施工,先出图,再修正清单。

(5)利用石方挖方段加工石料,先测算好需要外购的石料量再加工碎石,核算好填石路基材料量,石方段要超深开挖。

(6)统筹安排,优化施工组织,避免窝工、路基超宽、涵洞附属工程工序不衔接。

(7)要熟悉合同、招标文件、投标文件、投标施工组织文件,还有安徽省交通运输厅、公路局以及业主出具的红头文件,找出变更立项与原合同不符的地方,找出变更依据。

(8)做好预算费用申报,严格控制额外成本支出,针对地质资料、勘测报告与实际不符,以及地形地貌发生变化等情况,提出有利变更。

(9)若业主因"三通一平"(通水、通电、通路、平整场地)工作而导致施工不连续,如拆迁受阻、发现国防光缆、发现文物遗址等,应提前谋划,采用清单销号管理的方法,避免设备闲置、施工人员窝工。要及时与业主进行文件往来,保存好文件及影像资料,完善签字手续,帮助业主进行征拆工作,让业主签发文件,了解清楚费用,确认申报计量和审计有哪些风险。

(10)根据季度材料,动态分析材料价格趋势,做好预判分析,价格低时增加库存。

(11)严格控制材料质量,要做好配合比优化工作,利用机制砂代替河砂。

(12)材料部门要关注材料价差、量差,做好实际所有材料用量与设计量对比工作,白灰、钢筋、路面材料经营部等要对现场情况进行严格的核查。

(13)必须按照"七抓七重"的标准加快施工进度,狠抓关键线路、控制性工程。

(14)要求严格控制五厂、一部、一便、一电、两室的建设费用,通过施工便桥改变施工工艺,争取利用便桥节约工程费用。

(15)要合理利用安全费以及交通组织费。

(16)进行路基土石方施工时,避免"南水北调",按就近原则进行置换。

(17)要根据清单进行盈亏分析,继续做好优化设计工作,做好对标优化工作和深化设计工作。

(18)三大主材与源头对接要减少中间环节,要为现场碎石加工创造条件,如矿粉、机制砂、玄武岩的自加工,寻找满足技术要求、规范允许的石料进行替代。

(19)要认真做好合理限价以及招标工作,要做好合同策划以及合同管理工作,做好合同风险评估工作,避免审计风险,降低间接管理费,统一招标,以合同形式严格控制临时和零星采购物资数量。

(20)要做好设备优化及配套的其他设施的优化工作,提高产量。

(21)全面做好项目部开源节流工作,办公用品、电、水、生活用品等无计划不购买,若购买需审批,严格控制间接费。

(22)要落实"运营质量十二项评价指标"和"现场成本管控十必须"。

(23)抓好施工重点,优化施工组织。

(24)要注意隐形成本支出的问题,避免燃料费用、大型临时设施费用、措施费、环保费的增加。

(25)要整合资源,做好合同策划,做到无缝对接,杜绝出现"零工零机",同时严格把控项目管理人数,降低管理费用。

(26)要做好征地预算谈判以及第三方咨询费用(如复耕费、税费、特种设备检查费、安全风险评估费)谈判工作。

(27)要规划好施工便道,利用地方道路作为便道,一劳永逸。

(28)全面抓好项目质量管理与安全管理工作。用心打造品质工程,落实首件制和全员安全责任制,落实好每日岗前安全教育工作。

(29)项目所有部门要以公司标后预算为准,个别部门采用承包模式。

(30)要严格控制劳务队伍在合同之外增加成本,从现场施工管控角度考虑,务必做到进度、质量、效益相结合。

(31)要抓好钢筋加工工作,控制钢筋损耗量,规范钢筋加工工作,确保钢筋保护层厚度合格率符合要求。

(32)要提前做好税务、资金(现金、票据)管理工作,尽量做到进项和销项完全抵扣。

(33)多召开经济活动分析会,讨论现场、实验室、后勤、办公室、工程部等的费用成本问题(产值、计量、应收、结算等)。

第 5 章　公路工程项目质量管理

5.1　工程项目质量管理概述

5.1.1　质量管理的内涵与原则

1. 质量管理的内涵

在相关标准中,质量管理是一个指导、控制及组织与质量有关的活动相互协调,以确保实现质量目标的。对质量活动进行管理,就是对项目质量策划、质量目标、质量方针、质量程序性文件及质量记录的管理,也就是对与质量有关的一系列活动进行管控和落实。

与质量有关的名词定义如下。

(1)质量方针:对于企业,质量方针是企业文化的重要组成部分;而对于项目,质量方针就是一种指引,项目要建成何种规格,方针占主导地位。

(2)质量目标:施工项目最终形成的质量目标,而这些目标必须经过一定的程序或步骤才能够达到。项目伊始,目标就存在,随着项目的运行,目标在不断调整。

(3)质量策划:为了实现质量目标,有针对性地制订实施措施和施工方案,就是质量策划。

(4)质量控制:以质量管理为基础,确保质量目标得以实现。

(5)质量保证:为达到一定的质量目标,实施单位通过书面形式形成的一种保证措施,该保证直接影响实施单位在建筑市场的信誉评价。

(6)质量改进:质量目标的实现不是一朝一夕的,而是一个循序渐进的可持续发展的过程,需要通过不断改进来保证质量目标最终实现。

对于质量管理的定义,可从以下四个方面进行深入了解。

(1)质量管理是一个项目的核心任务,可通过工作任务分工表和管理职能分工表将目标分解并分配,它必须由整个项目的参与人员共同管理。

(2)质量管理是一个企业的核心工作,占比很大。质量管理的最终目的是保证质量目标的实现,其工作包括建立质量目标、设立质量方针、做好质量记录和程序性文件,通过质量管理实现目标,而如何将质量管理工作做好,如何高效地实现质量目标,这就必须与施工紧密结合。

(3)质量计划和保证措施的建立,要合理和完善,这样才能保证质量管理目标的发展及实现。

(4)必须建立健全质量管理体系,通过质量管理体系不断对质量进行管理控制,通过质量管理体系来保证管理职能最大化。

2. 质量管理的原则

通过计划来实现目标是目标实现的根本,通过制订的质量管理计划来实现质量管理目标,也是实现最终质量目标的根本。质量管理有以下 7 条原则。

(1)以顾客为关注焦点。公路工程的实施,必然存在的两个主体是业主、施工方,施工方的最终目标是以满足业主方的各个目标为前提,也就是说,工程的整个建设过程都是以业主方为关注焦点,通过不断优化实施,确保业主方的相关利益得以实现。

(2)领导作用。凡事都要有牵头者、领导者,在公路工程施工中更是这样。领导者可以指引大家更快、更好地实现质量目标、进度目标、成本目标。而项目经理作为施工单位的领导者,其重要性更是不言而喻,领导作用在质量管理中有着举足轻重的作用。

(3)全员积极参与。质量管理除领导外,其余建设人员也都必须参与,要形成全员参与的局面,如质检员、工区主任、技术员、施工人员等,这些都是质量管理中必不可少的直接参与人员。质量目标的最终实现也是建立在全员参与的基础上的。

(4)过程方法。全员参与对于质量管理而言还不够,就如同影响质量的因素一样,在质量管理过程中,人、机、料、法、环一个也不能少。选用合理的方法是实现管理目标的前提。采用过程方法可以更快、更准确、更高效地实现质量目标。

(5)管理系统方法。过程方法的选择最终导致系统方法的形成,在系统方法成型后,就可以将过程方法进行分析、处理、纠偏,可以将质量管理中的问题及管理方法形成一个系统,然后在管理中将系统集中化,集中管理,提高效率。

(6)循证决策。在质量管理问题层出的情况下,采用正确的方法处理质量管理中的问题也是一个不断循环的过程。

(7)关系管理。质量管理中问题与方法、经验与水平、投资方与施工方等,都是既对立又统一的关系。质量管理的过程就是不断协调的过程。

5.1.2 质量管理的内容及相关理论

公路工程质量管理有以下理论:零缺陷质量管理理论、全面质量管理理论、PDCA循环法管理理论、质量保证体系管理理论、主动控制理论、被动控制理论等。这些理论从建立到推广使用,已经在公路工程建设领域取得了良好的实践成果。本节主要针对以下4种理论进行讨论。

1. 全面质量管理理论

全面质量管理(total quality management,TQM)理论是以企业或项目全员参与为基础的质量管理形式,是质量管理发展的最新阶段。全面质量管理理论以全员参与、全要素控制及全面质量控制为基础,以质量目标为载体,不断提升项目质量目标和业主满意度,最终实现公司的可持续发展。全面质量管理理论的三大核心特征分别是全员参与质量管理、全过程质量管理和全面质量管理。

(1)全员参与质量管理:工程项目由项目经理确立质量总目标、质量方针及质量保证措施,再将质量目标逐级分解,建立工作任务分工表和管理职能分工表,组织全员参与,保证参与成员的作用最大化,以实现全员参与质量管理。

(2)全过程质量管理:质量管理从工程开始抓,循序渐进,不断探索和发现质量的形成规律,并利用质量管理办法进行过程控制。

(3)全面质量管理:从决策阶段到运营阶段工序繁多,步骤复杂,涉及的管理单位多,这就要求各参与方(包括政府单位、业主单位、设计单位、监理单位、施工单位等)都要参与项目的质量管理,将质量被影响的概率降到最低。

2. PDCA循环法管理理论

PDCA循环法的英文全拼为plan,do,check,action。这是质量管理的基本方法,在质量管理实施过程中,可把工作分为制订计划阶段、实施计划阶段、检查计划阶段和纠偏阶段4个阶段。

(1)制订计划阶段(plan):将项目进行分解,包括确定质量目标和制订目标实现计划。

(2)实施计划阶段(do):将质量的目标值通过一系列措施转换为质量的实际值或目标值。

(3)检查计划阶段(check):对过程及结果进行检查,包括自检、专检和交接检。检查一方面是检查计划的执行过程,主要是看实施条件是否变化,计划执行是否顺利;另一方面是检查执行结果,主要是检查结果是否实现,是否产生偏差。

(4)纠偏阶段(action):该过程是对执行结果的一种反馈,分析结果产生偏差的原因,采取有针对性的纠偏措施,提高目标值和实际值的实现概率,降低偏差对项目产生的影响。

3. 质量保证体系管理理论

质量保证体系(quality assurance system,QAS)是指施工单位以提高工程质量为目标,在确保工程质量的前提下,运用系统方法,结合项目自身机构,把项目各职能部门、各工序的质量管理活动组织起来,将项目立项、项目设计、项目实施、项目交验及项目运营整个过程中影响工程质量的因素全部控制起来,形成的一个有明确目标的有机整体。

4. 主动控制理论

主动控制是在目标启动前预先分析各种质量因素可能导致目标偏离的概率和产生严重后果的程度的基础上,采用有针对性的预防措施,以此来减少或者纠正目标偏离,使之按照既定的目标行进。它是事前控制机制,是前馈控制机制,更是一种面对未来的控制机制。主动控制必须是在目标启动前或实施过程中提前预判后采取措施,以此来调整目标实现的可能性,或者降低目标偏离所产生的后果的严重程度,起到防患于未然的作用;可以用以指导计划工程的实施;可以解决在质量管理过程中存在的负面影响,最大限度地纠正或者避免偏差造成的被动局面,降低质量事故发生的概率,确保目标实现。

5.1.3 质量管理中的生产要素分析

我国公路工程专业的发展已经具有一定的模式及特点,这分别表现在立项、实施、投资(成本)、运行、养护等方面。公路工程项目的质量直接影响到施工企业的核心竞争力。随着公路工程项目的不断发展,其建设工期漫长、建设成本高昂、实施环境恶劣、建设技术复杂等特性具有了普遍性,而这些特性使得公路工程项目具有影响因素多和影响范围广的特点。针对现有公路的影响因素,应以影响工程的五大因素——人、机、料、法、环(简称"4M1E")为出发点,分析五大因素,找到主要因素,再合理运用"主动控制"理念及体系,解决问题,提升工程质量。

公路工程建设过程中,涉及的生产要素主要包含以下几个方面。

(1)人员。项目质量管理往往需要相关管理人员对相应的资料进行整理、保存。这就使得管理人员的状态在一定程度上对项目的工程质量产生了影响,从而对项目的运行方向产生了一定的影响,可见,人员与质量管理相互关联。人员对质量的影响主要体现在以下方面:①员工的个人能力不足;②员工的认知水平不足;③员工的道德素质不足;④员工对资料的自检能力不足。

(2)设备。在高速公路建设过程中,所需要的机械设施也是不容忽视的一个方面,毕竟好的机械设备是项目运行符合规划、满足要求的基本保障。这也使得项目的执行方需要对相关的机械设施进行妥善的安排,从而降低偶然性因素对项目质量的影响,尤其需要注意保护好数据测量仪器,以免测量数据出现问题。设备对质量的影响主要体现在以下方面:①设备过于复杂,人员对设备的使用熟练程度低;②设备的型号规格不正确;③设备的安装与审核不合格。

(3)材料。在公路项目的施工过程当中,材料在购买、使用时,往往会出现一系列不可控因素,从而对企业工程项目的质量产生相应的影响,造成项目质量与设计标准质量产生偏离。材料对质量的影响主要体现在以下方面:①原材料的选择不合适;②原材料的质检不合格;③半成品的测验不合格;④成品的应用不正确。

(4)方法。在公路项目的建设过程中,如果想要确保工程的方案合理,就要尽可能地控制项目执行过程中的不良因素,即采用先进的技术经验降低工程质量隐患,与此同时,也说明了方案对工程项目尤为重要。方法对质量的影响主要体现在以下方面:①工程项目的资料收集不全面;②工程项目的重点工程规划不合理;③工程项目的布局方案不合理;④工程项目的新技术方案不合理;⑤工程项目的环境预估不合格;⑥工程项目的管理计划不合理。

(5)环境。公路项目在建设过程中所面临的环境往往是多变的,容易造成危害的气候环境主要包括天灾、地灾、水灾等一系列无法人为控制的因素,这就需要在项目运行前进行相应的预测。环境对质量的影响主要体现在以下方面:①对气候灾害的预测能力不足;②没有做好施工现场的环境控制工作;③施工现场的作业环境差。

5.1.4 "主动控制"理论对工程质量核心问题的管控

公路工程施工项目质量管理影响因素多、影响范围广、影响概率大,造成了质量管理问题的多样性。而项目在实施中的任何环节出现纰漏都会造成质量目标的不合格,应通过全面、全员、全要素的质量管理方针落实质量管理的各个基础环节,尤其对于公路工程项目,在明确质量管理重点后,再通过主动控制将质量管理的核心或者是重要因素进行分析控制,进一步确保质量问题得以解决,质量目标得以实现,如图 5.1 所示。

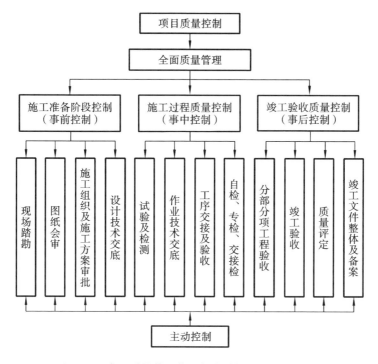

图 5.1 全面质量管理体系与主动控制体系的关系

准备阶段、施工阶段和验收阶段的质量管理体系,实际上是质量管理的全过程管理。每一个阶段存在的不同问题都可以用 PDCA 循环法进行分析解决,同时在每一个阶段又都可以继续分为主动控制和被动控制,对每一个影响因素,通过 PDCA 循环法进行问题分解,再通过鱼刺图找出问题原因,通过排列图法找到主要因素,最终通过主动控制解决问题。由此可见,大部分的问题在发生前即可解决。而这也就说明主动控制在工程施工质量控制中的重要程度,工程质量标准在不断提高,问题也在不断变化,而通过 PDCA 循环法对存在的问题进行不断修正,不断改变,在不断纠偏的同时,最终达到质量管理的持续改进。

目前我国的公路领域已经建立了一套完整的管理体系及制度,但是质量事故仍然不可避免,很明显我国的管理体系及措施还存在疏漏,需要继续完善。通过对质量影响五因素的对比分析可以看出,我国的施工方法、施工环境、施工机械等因素是可以满足现行施工标准需求的,施工方法已成熟。近年来,我国新建的大桥隧道、新修的进藏公路、高铁等都处于世界前列;施工环境对于公路工程因地域不同而改变,较为先进的天气预测手段及较为固定的人文地理环境再加上标准化建设对施工环境而言更加有利;施工机械设备的不断更新,可以进一步提高施工质量;制订完善的试验检测程序及配置标准化的工地试验室,在缩短试验检测时间的同时,更大化地保证了材料质量。由此可见,工程质量问题的频繁发生,其主要原因就在于"人",人是质量管理的关键因素,而"主动控制"的核心就是"人"。人的主观能动性决定了质量管控的质量,如图 5.2 所示。

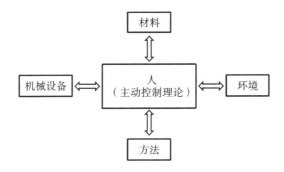

图 5.2　主动控制理论与生产要素关系

5.2　公路工程项目质量管理体系的建立与运行

5.2.1　质量管理体系的构建目标和原则

1. 质量管理体系的构建目标

为提高公路工程质量,提高项目管理水平,有效预防和及时应对影响项目质量的突发事件,使项目能够在规定工期内达到上述质量目标要求,顺利交付验收并如期竣工,同时为今后其他公路工程项目储备管理经验,奠定管理基础,就必须建立全面的、可操作的、可复用的质量管理体系。质量管理体系的构建目标:

单位分项工程竣工验收合格率达到100%,质量信誉达到行业先进水平,确保达到优质工程标准,确保公路工程质量符合设计和国家现行有关质量验收评价标准规范的合格标准要求。

2. 质量管理体系的构建原则

(1)科学施工、安全第一原则。

从制度、管理、方案、资源等方面制订切实可行的安全施工要求及保障措施,服从建设单位及监理工程师的监督、监理,严肃安全纪律。

(2)统筹规划、综合治理原则。

质量管理体系应贯穿整个公路工程项目,分别设计质量管理体系内容、体系实施方案和体系保障措施时,应纵观全局,统筹规划,把握综合控制和治理的原则。

(3)强化控制、预防为主原则。

在公路工程中,分项、分部工程质量要求较高,各工序衔接紧密,工艺质量环环相扣。为确保整个工程达到预期要求,质量管理体系就必须依照预防为主的原则进行建设,对整个工程实施全过程的质量控制,特别是事前控制。

(4)减少干扰、避免污染原则。

公路工程建设不可避免地会产生扬沙、污水(无化学污染)和噪声等污染,因此要求工程项目在设计质量管理体系和实施方案时,充分考虑和控制污染源,对施工过程中产生的污染妥善处理和回收,保护施工现场环境。

5.2.2　质量管理体系的构建依据和框架

1. 质量管理体系的构建依据

(1)管理理论依据。

管理是使组织和活动得以顺利运行的动力,以保障质量或提高质量为目标的管理活动即质量管理。质量管理体系在任何质量管理活动中,都能起到明确质量职责、实现质量目标、提高管理活动效率,从而提高顾客对组织满意程度的作用。国际标准化组织制定的 ISO 9000 族质量标准,可帮助任何组织实施并有效运行质量管理体系,是质量管理体系通用的要求和指南。随后我国将 ISO 9000 族中的 ISO 9001 转换为国家标准,即《质量管理体系　要求》(GB/T 19001—2016),它是我国公路工程项目构建质量管理体系的主要依据。

（2）技术依据。

公路工程是集测量、公路桥涵隧道施工、养护、给排水等技术于一体的综合性工程项目，为使构建的质量管理体系切实可行，就必须以相关行业技术规范为依据，如《工程测量标准》(GB 50026—2020)、《公路桥涵施工技术规范》(JTG/T 3650—2020)、《公路桥涵养护规范》(JTG 5120—2021)、《公路路基路面现场测试规程》(JTG 3450—2019)、《公路交通安全设施施工技术规范》(JTG/T 3671—2021)、《沥青路面施工及验收规范》(GB 50092—1996)等各类参考资料10余项。

2.质量管理体系的结构框架

《质量管理体系 要求》(GB/T 19001—2016)对各组织建立质量管理体系的总要求中指出，完整的质量管理体系构建过程应包括构建体系、形成文件、加以实施和持续改进四部分。公路工程项目质量管理体系构建的目标和原则及相关规范，决定了质量管理体系共分为两大部分：构建体系和体系运行。其中，构建体系包括建立质量管理组织机构、准备阶段质量管理、施工阶段质量管理和验收阶段质量管理；体系运行涵盖了形成文件、实施方案、实施保障和持续改进四方面，详见图5.3。

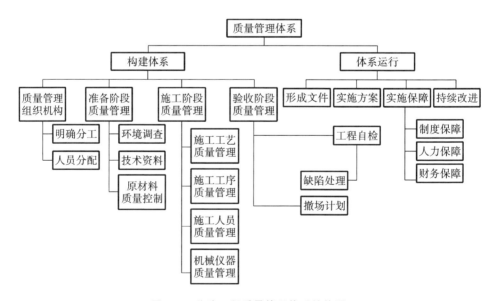

图5.3 公路工程质量管理体系结构图

5.2.3 质量管理体系的内容

1. 公路工程项目准备阶段质量管理

(1)项目准备阶段质量管理工作流程。

公路工程准备阶段的目标是将施工所需的一切条件准备就绪,回避或消除影响施工的固有负面因素,为施工阶段的质量控制做前序准备。核心工作如下:①工程项目资料交接;②图纸和设计文件复核;③补充必要的现场调查资料;④建立机构,划分单位、分部、分项工程;⑤制订控制测量计划;⑥建立项目实验室,并提前做好先期工程试验及配合比相关工作;⑦为重要材料和机械设备制订进场计划;⑧开工前的技术培训和学习。

围绕上述目标和工作内容,公路工程项目质量管理体系的准备阶段部分应包括以下内容:①根据项目资料要求,制订项目质量管理组织结构;②向公司或上级提出申请,按制订的组织结构成员要求,组建项目质量管理小组;③以文件或会议等形式,为项目管理小组成员明确项目管理质量总体要求、分项要求及各自责任分工;④建立保障项目质量管理工作运行的制度总则;⑤勘察现场,以项目质量管理体系可操作为基本要求,整理完善基础资料;⑥根据项目质量管理方针和标准,结合相关资料,制订质量管理的具体计划(包括测量计划、试验计划、机械和原材料进场计划等);⑦以普及项目质量管理体系为目标,组织前期人员培训,详见图5.4。

(2)施工现场周边环境调查与平面布置。

①施工现场周边环境情况调查。

对施工现场周边进行地理环境调查与社会环境调查。

②施工现场平面布置。

a. 总体布置。

项目经理部及钢筋、木工、电焊加工等主要生产设施均设在施工道路旁。施工区只考虑现场办公及值班用房。施工驻地按照办公区、生活区、加工区、周转料厂分别设置。

b. 临时围墙。

根据场区实际情况,沿场区周边、生活办公区、材料堆场及加工厂设置临时围墙,围墙厚度一般为240 mm,采用烧结实心砖砌筑,墙体一般高2 m,场区其他部位采用彩钢板临时围挡。

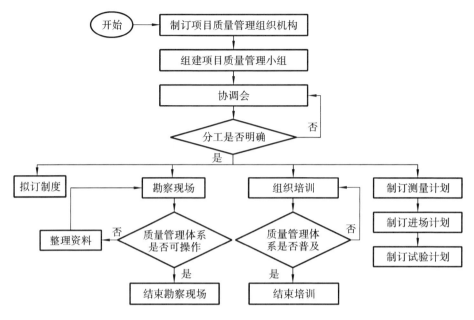

图 5.4 项目准备阶段质量管理工作流程

c.施工道路。

利用周边现有道路作为各种机械设备及物资进出场的主道路并向现场及临设区延伸,形成环状施工便道,保证现场及临设区的畅通。

d.临时生产、生活区。

生活、办公区域安排:办公区、生活区、工人宿舍、食堂等与施工区分开;项目办公区、管理人员生活区与工人生活区分别用围墙各自独立分开。

项目办公、生活区包括总包办公室、会议室、监理室、业主办公室、分包办公室、食堂、宿舍、活动中心等。

(3)工程前期资料准备过程的质量管理。

在公路工程建设过程中,工程前期的测量工作质量是项目施工的基础,更是关键,测量数据的精度将直接对工程设计和建设质量产生影响。随着公路施工行业技术在我国的不断发展、革新、成熟,监理方和业主对工程的精度要求也越来越高。工程前期测量相关资料,如施工现场的原始基准点、基准线、参考标高及施工控制网等数据资料,是施工前进行质量管理的一项基础工作,这些数据资料是重要的前期工程测量内容。为保障公路工程项目质量,制订工程测量方案应作为该工程项目质量管理体系的前期部分。

①工程测量管理要点。

a.组织机构:公路工程项目施工前要成立测量组,全面负责工程测量及其质量监督管理工作。测量组设测量工程师1人,班长1人,测量员3人。

b.项目进场前,制订工程测量方案和工作流程。测量工作流程见图5.5。

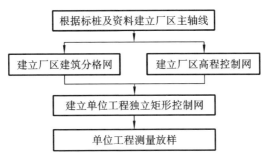

图 5.5　测量工作流程

c.严格按照标桩数据布置施工测量控制网。

d.对工程资料(甲方提供)中的测量坐标桩、水平高程桩及有关的测量资料进行复测检查,并提出复核报告。

e.所有的测量资料按《质量管理体系 要求》(GB/T 19001—2016)相关要求进行整理、编号、存入工程档案。

f.测量仪器保障:公路工程项目前期测量所需要的主要仪器和设备要准备好,其测量精度要合格。

②图纸审核。

设计图纸是公路工程项目施工过程中进行质量监督和管理的重要依据,也是直接依据。换言之,如果图纸出现问题,按照错误图纸施工,后果可想而知。所以,在公路工程项目前期准备阶段,审核图纸是确保工程项目质量的前提和基础。为更好地熟悉工程相关设计图纸,充分了解公路工程项目的设计质量要求,应按如下两个方面对项目图纸进行审核。

a.文档审核:图纸的文档审核主要是以图纸设计规范为参考,校对公路工程项目的图纸,主要包括图纸图例、说明文档、比例、跨图纸数据的同步性等。

b.技术审核:图纸的技术审核是根据公路工程项目的质量要求,从施工工序技术指标角度出发,结合施工现场和项目实际情况,审核图纸是否切实可行。

(4)原材料质量管理与保障。

材料是公路工程项目的质量之本,原材料质量是对项目质量影响最大、最直接的因素,同时,原材料质量又是波动较小,易于掌控的。所以,制订并实现原材料质量目标,是项目质量管理的基本要求。

①对原材料生产厂家的考核。

a.准备工作:熟悉与其有关的法规、规范、标准、合同等资料文件;熟悉图纸和相关技术条件;熟悉生产过程的主要工艺方法及相应标准;熟悉生产厂家的质量保证大纲及相应的程序。

b.考核的主要内容:审查生产厂家质量管理和质量保证体系;审查生产厂家质检人员资格;检查生产厂家的生产设备;检查生产厂家实验室;监控生产过程,形成质量记录;监督检查材料出厂质量,不合格的材料不允许进场。

②原材料进场的检验措施。

a.材料质量必须从源头进行控制。材料供货方确定后,在材料进场前,材料试验工程师会与承包人的试验人员、材料采购管理人员共同到供货方抽查取样,按《公路桥涵施工技术规范》(JTG/T 3650—2020)的要求做各项试验,全部合格后方批准材料进入工程施工现场。

b.对不同材料、不同规格、不同来源的相同材料,按照相关规范中的检验标准,分别抽取样本进行检验。凡被抽检的试件、样品均送交施工项目管理中心实验室进行试验,并整理记录试验结果。材料监理工程师对工程材料进场台账、材料供应月报、现场材料使用动态,连同材料保证书(原件)进行检查确认。

c.工地实验室管理。原材料进场的检验之源在于工地实验室,实验室若无法保障检测结果的准确性,则原材料质量控制就无从谈起。所以,工地实验室资质必须经质量监督站认定,发放资质证书方可进行实验工作。材料监理工程师应对实验室的布局、规模,以及实验设备及仪器的种类、规格、数量、工作状况等进行监督和检查。此外,还应确保实验室工作人员配备齐整,各工作人员的资历、资质、经验、工作能力满足工程要求。实验室规章制度、管理办法建立完整,人员分工及职责范围明确,使用的实验操作规范、标准和实验方法科学、合理、准确。同时,还应监督实验室管理人员实时整理实验资料,并定期检查。

2. 公路工程项目施工阶段质量管理

(1)面向施工工艺的质量管理。

要产出高质量的产品,就必须通过以往经验的积累,遵循事先制定的一系列制作标准或行为规范,这样的标准或者规范称为工艺。而对于施工工艺的质量管理,要确保施工方法符合预先制定的规范或行业标准的要求,此外,还要根据现场情况,适当调整施工工艺来适应实际情况,从而确保产品质量符合要求。公路工程项目中所涉及的各工艺都要进行质量管理。

(2)面向施工工序的质量管理。

面向施工工序的质量管理,即找出影响公路工程项目质量的重点工序和质量波动点,并对其做出有针对性的质量保证、质量控制和修正计划,并实施修正。

①对工序展开系统分析,抓住重点工序。

工序分析即对工程项目全过程进行分析,在各工序环节中找出重要的或关键的质量制约因素,再结合制约因素对各工序进行系统分析评价,参照以往同类工程项目的经验,总结出当前工程项目的重点工序,以便在施工过程中针对这些重点工序及关键因素制订相应的控制措施,进行主动的、预防性的重点控制,严格把关。公路工程项目中的重点工序有路基回填、混凝土配合比、面层摊铺与路面养护等。

②制订重点工序质量控制计划。

为重点工序制订质量控制计划前,必须先按照工程设计和相关资料,完善质量检查制度。工序质量控制计划应包含明确的质量监控工作程序、质量监控负责人员、质量检查制度和检查标准等。

③设置工序质量控制点。

设置工序质量控点即对计划拟订的重点工序再次深入分析,将工序中的重要节点、关键施工部位设置为重点检查、监督的对象或节点。同时,还应通过分析或总结历史经验资料,标识出该位置可能出现的质量隐患、产生问题的原因和解决方案。设置工序质量控制点是工序质量管理的重点环节。根据工程的特点,工序质量控制点可以是操作人、施工设备、原材料、实验数据等固定的对象,也可以是关键点位的施工工艺、工法、施工顺序、施工间隔时间、质量通病等施工操作单元。

④过程跟踪,随时纠偏。

面向工序的质量管理计划中,设置的每个控制点都有各自的 PDCA 循环。实施工序质量管理,就是对关键工序和关键点按照预定的 P,进行一次或往复的 DCA,即以"改进施工工序过程,提高施工工作质量和施工产品质量"为目标,进行测量、检验、纠偏和再测量的跟踪循环。

(3)面向工序和工艺的质量监控方法。

项目质量监控不同于项目质量控制。事实上,项目质量控制包括控制系统和控制对象。根据控制系统的不同阶段,项目质量控制可以分为事前控制、事中控制和事后控制。而这里所指的质量监控应近似于事前质量控制,目标是能够在项目进行过程中,实时判断项目是否存在异常现象或偏差趋势,以便及时按预先制订的纠偏计划调整工作。

一般公路工程项目采用的监控方法有直方图分析法、工序能力调查法、控制图分析法等。

公路工程项目工期较长,工序繁杂,工艺众多,因此,在对公路工程项目实施质量监控的过程中,出现质量偏差的可能性较大,必须事前制订必要的调节方案。

当某项子工程或工序已被发现产生质量偏差,且发现足够及时(即未对后续或关联工序产生联动影响)时,应采取相关措施消除偏差。

当通过直方图分析法或工序能力调查法分析数据,发现某分部工程或工序存在较为明显的异常趋势,追查原因查明干扰因素后,应采取相关措施消除异常影响因素,从而间接修正工序异常或偏差。

(4)面向人员的质量管理。

施工配合协调是工程管理的一个重要内容,是决定工程顺利进行和确保工期的关键因素之一,同时也是确保工程施工质量的重要环节。施工配合协调涉及各个方面,重点是要做好下面几项工作。

①强化各级管理和施工人员的质量责任意识。

施工中由技术负责人向工长交底,工长向下属逐一交底,工长、技术员、质检员共同在现场控制施工质量,各级人员要尽职尽责,质检员有否决权。施工中严格执行"三检制度",即"自检""互检""专业检",技术负责人支持质检员开展工作,收集整理质量原始记录,每道工序必须由质检员签字、主管领导批复、现场监理认证后,方可进行下道工序施工。操作人员选择有经验、技术过硬的人员,上岗前对其进行技术交底和技术培训,施工时随时进行质量监督,特殊工种要持证上岗。

②加强与业主、监理的协调。

施工过程中,要经常与监理工程师(或业主)联系,有问题及时提出并征求意见,对于监理工程师提出的合理化建议认真遵守,对不合格的施工工序坚决执行监理意见,在保质保量的前提下,共同把工程完成。《质量管理体系 要求》(GB/T 19001—2016)中提出的质量管理八项原则中,第一条是以顾客为关注焦点,最后一条是保持互利。这两条原则说明了协作共赢的意义。所以,在公路工程项目实施过程中,应以人为本,从实际出发,在严格按施工计划实施的基础上,注重沟通、协调,向项目组全体成员传达以"顾客满意"为最终目标的服务意识,确保工程顺利完成。

③与设计单位密切联系。

较重要的工程项目一般会将整个施工的设计工作委托给某专业设计单位,公路工程项目亦然。对于工程质量的影响,设计和实施同等重要,换句话说,是工程质量要求与设计、工程质量要求与实施、设计与实施的同步程度,直接决定工程质量。为此,公路工程项目应指定熟悉工程质量要求、掌握设计知识的专业人员,负责与设计单位随时沟通与协调,确保设计和施工信息互相传递畅通。在设计需要改变施工方案,或施工需要细化设计时,明确责任人,防止因人员消极或沟通不畅影响工程质量。

④取得有关政府部门的支持配合。

为确保工程质量,必须在公路工程项目前、中、后各阶段与相关政府职能部门做好沟通协调工作。在项目概念设计阶段,应在上述各单位建立联系人,以确保工程实施过程中及时获得政府部门的支持和协助。

(5)面向机械设备和料场的质量管理。

①机械设备质量管理。

a.机械配套。

按照公路工程项目质量要求,基于工程项目成本,为工程项目选配符合工程施工要求的优质的机械设备,如称量、搅拌、运输和摊铺等机械设备。此外,需要彼此配合的各机械设备的规格型号应协调配套。

b.合理使用机械设备。

首先,应按要求选定合格的机车机械司机,并进行上岗培训,包括技术培训、项目和现场情况培训及质量责任意识培训。其次,合理计划安排各机车机械的进场时间,为每个机车机械确定唯一操作手,并登记记录。最后,明确各机车机械的施工现场环境要求,由指定的操作员进行上车前检查,避免发生意外。

c.机械设备的保养与维修。

在制订机车机械进场计划的同时,辅以维修和保养计划,按时按期指定专人负责保养或维修。机械设备进出场做交接手续,确保在任何环节都有具体责任人。

②料场管理。

单从项目质量保证和控制的角度来看,对公路工程项目质量产生直接影响的因素主要如下:项目材料、施工设计、组织机构、施工工艺工序、原材料等。与上述因素比较,料场似乎对工程质量不会产生直接影响。路面工程的料场主要是对工程项目原材料进行验收、储存、搅拌和计量发放的场所,直观上看,路面工程料场的管理似乎对工程项目不会产生直接或较重要的影响。其实不然,首先,对于大多数路面摊铺工程项目,其70%的成本支出用于物资材料的采购、管理,而所有物资材料的管理都发生于料场。再由项目管理的三要素(质量、进度、成本)间的关系可知,三者之间是相互作用、相互联系的。此外,路面摊铺工程项目的主要分项分部工程,都是由原料进场、原料验收、原料拌和、原料出厂和原料摊铺几部分组成的,显然,料场管理所占比重不可忽视。在公路工程项目中,料场的妥善管理可从以下几点入手。

a. 勘察施工现场,合理规划料场。

首先,应充分考虑现场环境、工程项目内容、规模、要求、环境保护等因素,结合混凝土运输、摊铺施工标段位置,确定本工程项目的料场面积,并选定适宜的料场位置。其次,公路工程项目料场,以搅拌混合沥青混凝土和碎石混凝土为主要拌和工作,所以选定料场时还要考虑拌和站的摆放、拌和站地面硬度、储料车进场和出场空间等因素。最后,为了预防不同规格原料混合堆放,须在确定料场面积和位置后,设计若干堆料区,并用分隔墙浇筑分隔。

b. 选定责任意识强的料场工作人员。

公路工程项目的施工料场是各种规格原料或物资进出的集散地,是原料标准数据的源头。料场管理工作质量不单会直接影响工程项目成本,还会间接影响项目进度(原料进出场协调或误工)和质量(原料成分质量参数)。其管理工作任务繁杂,涉及面广,直接控制整个工程项目大部分原料物资,且工作细节在不同工程项目、在同一项目的不同阶段各有不同,无法用制度和固有数据衡量。所以,选择料场工作人员,必须以责任心强、素质过硬、熟悉整个工程项目为基本条件。同时,还要对料场所辖各项工作实施必要的监督,公布相应处理措施。

c. 料场管理的制度保障。

在实施料场管理时,要以验收、堆放、拌和、发料出厂等关键环节为主线,建立全面、细致、严格的料场内工作流程,建立完善的管理制度和处理措施。原料计量和抽样化验检测成分质量工作必须分开进行、依序逐一签字。计量员必须看到验收员签字方可计量,验收员必须看到合格质检报告方可签字。同时,应建立健全各种物资、材料的收发手续和制度,建立标准通用的物资进出料场登记卡,由料场总管理员定期检查料场物资和记录卡的相符情况。

3.公路工程项目验收阶段质量管理

(1)成立工程自检工作小组。

项目验收阶段是整个项目生命周期的最后一部分,是检测项目产品是否符合预先制定的(项目合同)要求或标准的阶段。项目验收阶段的工作重点是质量检查、验收及评定。在公路工程项目中,应组建自检工作小组,以工程项目的各路段(区域)工程为单元任命负责人,对每一工序进行全面的质量检查评定,判断其是否达到预期的质量目标,对不合格者提出处理办法,以保证项目最终产品符合质量要求。

(2)检验批、分项工程自检方案及缺陷处理。

①检验批。

严格按照公路工程相关验收规范,按进场的批次拟订检验批验收方案和抽样检验方案。预先准备"基坑开挖检验批质检报告""回填土检验批质检报告""碎石层检验批质检报告""基础混凝土检验批质检报告""钢筋成型与安装检验批质检报告""路缘石安砌检验批质检报告""排水管口检验批质检报告"等。同时,对原材料、构配件等的质量证明文件(质量合格证、规格、型号及性能检测报告等)、施工过程中重要工序的自检和交接检验记录、平行检验报告、见证取样检测报告和隐蔽工程验收记录等资料进行检查。

②分项工程自检。

在公路工程中,可按施工路段将整个工程项目划分区段,参考每一区段工程的重点施工工序和工艺,任命自检责任人,在项目交付验收前,按照项目合同、相关资料及工程标准规范,分别组织完成自检工作,填写统一格式的自检报告表。

③合格标准及缺陷处理自检方案。

合格标准:公路工程项目主体路段的质量经抽检应全部合格。一般项目的质量经抽检全部合格。当采用计数检验时,有允许偏差的抽查点,除有特殊要求外,抽查点合格率不低于80%,且不合格点的最大偏差不高于50%。

缺陷处理方案:在路面摊铺类工程项目中,质量缺陷即项目某区段或部分的核心属性符合工程计划书及行业相关规范要求,但仍存在一项或几项影响产品形态和产品使用的、未达标的不足之处。对于公路工程,其项目目标是达到市政金杯奖工程标准,所以对待缺陷的原则是坚决及时处理,确保工程创优。按照缺陷对工程质量的影响程度,缺陷可分为一般性缺陷和事故性缺陷。一般性缺陷主要指偏差轻微、仅会带来局部影响的质量问题。由于路面施工时所处环境难以控制,环境条件浮动较大,此类缺陷较为常见,不易发现却易于处理,适当修整即可。事故性缺陷主要指在较大程度影响项目质量的指标上,出现严重偏差且无法通过修补(修整)来纠正的质量缺陷。对于此类缺陷,必须根据实际情况,以及发现缺陷的日期距离工期截止日期的时间,拟订返工计划,若需要对相关联的其他分项工程拆除返工,应立即联系业主(监理)、公司负责人,召集项目小组全体成员开会讨论整改方案,在最小化成本和工期额外支出的情况下,尽量靠近工程质量建设标准,最大化满足业主要求。

(3)撤场计划。

公路工程项目撤场阶段质量管理的主要目标之一是保护已产出的产品(即各路段道路的养护),因公路工程项目周期较长,且各种工艺、技术交互混杂,使得在撤场阶段保护各阶段的各部分成品(道路)显得格外重要。每个分项工程或每项工艺的产品,只是项目最终产物的一小部分,任何一个小部分遭到破坏,不但会因修补增加成本、延误工期,还会直接影响工程质量。公路工程项目应先撤离余料、废料,再撤离机械设备、检测仪器,然后拆除部分临时建筑,全过程都由产品养护(保护)人员跟踪监督,配合撤场,防止项目产品被二次破坏。在项目施工结束后,根据项目实际情况,进一步制订撤场计划。

公路工程项目撤场阶段质量管理的主要目标之二是降低环境污染,实现项目争先创优。在设备及车辆离开现场时,将现场清洗干净,运输车辆用挡板和顶盖,以防止运输过程中撒漏泥土或其他材料。拆除现场临时建筑物时,应适当洒水,防止扬尘。施工人员撤场前,现场附近的道路安排专人全面清扫,恢复道路原貌。

5.2.4　质量管理体系的运行与保障

1.质量管理机构

(1)质量管理工作的组织体系。

组织机构和配套制度是实现任何管理的刚性需要。在公路工程项目中,为实现质量管理体系的目标,建立完整的质量管理体系,首要工作就是成立项目质量管理机构(项目质量管理小组),由项目经理担任组长,两名副组长分别是一名负责技术的总工程师和一名负责质量监督检查的项目副经理;同时制订相应的管理制度,使各层级明确管理职责,建立严格的考核制度,并配套奖惩机制。

项目质量管理小组下设两个部门：技术质安部和施工管理部。为切实保障项目质量，项目质量管理小组应贯穿项目全过程，且深入项目的每个具体细节，统一管理，明确分工，在工程项目组所有成员中，形成创优争先的共识。公路工程项目质量管理组织结构见图5.6。

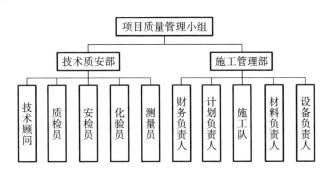

图 5.6　公路工程项目质量管理组织结构

(2)质量管理工作职责划分和人员安排。

①质量管理小组组长：由项目经理担任项目质量管理小组组长，与业主、总包进行协调，负责施工全过程的施工管理工作，对工程全面负责；负责施工现场的整体施工管理，协调各专业施工，对工程质量、安全负责。

②技术质安部部长：由项目副经理担任技术质安部部长，受项目经理领导，全面负责工程质量保障、施工技术、计量测试和安全生产等的监督、检查工作。

③施工管理部部长：由总工程师担任施工管理部部长，负责工程项目的施工组织设计，勘察施工现场，组织制订施工推进计划和施工技术管理办法，组织施工，控制施工过程，组织实施竣工工程保修和后期服务。

④技术顾问：负责解决现场重大施工技术问题，负责现场的技术协调工作，合理组织各专业之间交叉施工，负责设计图纸的确认及现场的技术管理工作；组织推广应用新技术、新工艺、新设备、新材料，努力开展新成果的应用。

⑤质检员：负责施工全过程的质量监督、检查、控制及质量内业资料管理。

⑥安检员：负责施工全过程的安全监督、检查；负责内业资料管理；负责施工现场保卫及消防工作的检查、监督工作。

⑦化验员：负责原材料入场检测，配合施工放样相关化验工作，提供标准和实验数据，分析重要数据产生偏差的原因。

⑧测量员：负责工程项目重要数据的监测、实时测量、施工测量和施工放样工作，在施工管理部的指导下，对合格产品进行验工量测计量。

⑨财务负责人：负责工程项目的财务管理相关工作，参加工程项目验工计价，为项目质量提供资金保障，协助工长完成为保证质量而做出的项目变更。

⑩计划负责人：负责制订施工推进计划、机械进场计划、竣工撤场计划等；负责管理工程项目承包合同；同时负责监控各计划实施情况，执行进度控制，必要时按计划调整变更。

⑪施工队：主要工种包括钢筋工、木工、混凝土工、电焊工、管道工、抹灰工、电工，同时辅以力工等。

⑫材料负责人：负责施工现场材料的验收入库、发放、保存内业资料及现场文明施工管理等工作。

⑬设备负责人：负责机械设备、电器设备、起重设备、起重机械、受压容器及自制机械的安全运行，严格按照《建筑机械使用安全技术规程》（JGJ 33—2012）经常进行检查，并监督各种设备的维修保养工作。对于租赁的机械设备，要建立安全管理制度，签订安全管理协议。对于新购进的机械，大修、维修后的设备，必须进行检查和验收。设备使用前应组织专业技术培训，向使用人员进行书面交底。

(3)质量管理工作人员的培训。

培训就是向项目组(企业)员工传授其完成本职工作所必须具备的相关知识、技能、价值观和行为规范等的过程。对于公路工程，从项目经理到"工长五大员"，以及施工工序各阶段所需要的技术工人，其相关知识储备、经验积累和操作技能，应按工程计划要求，符合条件方可被批准加入工程项目组。所以，人员培训主要包括以下内容。

①项目核心(管理层)成员的团队协作会议。

项目经理(project manager)是整个项目的核心，公路工程的质量、安全、进度、成本管理的保证体系，都将在项目经理的领导下完成。按照公司的用人制度和原则，为统筹协调全公司的技术和管理力量，丰富项目管理经验，提高公司承载项目的管理水平和创新能力，项目经理与核心成员的搭配以项目要求为主要参照，且尽量横向轮换不固定，避免定势思维的禁锢。项目经理是团队的领导者，是整个项目的大脑。项目经理对质量的认识、项目经理认同的质量管理体系，应协同于副经理、工长、质检员、技术员等核心成员之间。所以，为确保质量管理小组的执行力，应由项目经理组织召开团队协作会，使项目质量管理小组核心成员能够步调统一，协同一致。

②项目全体成员的质量意识培训。

在项目质量管理小组成立之初,即由项目经理或公司指定的质量管理培训专员,组织项目小组初期全体成员进行培训,主要培训内容应包括项目质量管理的意义,项目质量与项目工期、成本的关系,项目质量管理体系的主要内容和项目质量管理相关制度等,使初期项目成员增强质量意识,且彼此明确质量责任,从而确保项目质量管理体系起作用。

由项目内业资料人员将初期质量意识培训资料整理归档,形成文件,作为项目进行过程中新入场成员的必读资料,并由质检员做扼要解读。确保项目质量管理意识无盲区,从而保障项目质量管理体系的持续性和延续性。

③项目基层(执行层)成员的工程背景培训。

有效的项目质量管理体系不应仅停留于管理者层面,而应深入贯彻到执行者,做到"我做我管我负责",只有这样,才能真正打造出高质量的工程项目产品。对于公路工程,基层施工者必须明确整个工程项目的背景、工程项目的总体要求,以及涉及本职工作的具体质量标准,才能完成对本职工作相关内容或产品的质量控制和自我检测。所以,会影响项目质量的纲领性背景材料,应集中整理,作为施工队各工种入场培训的主要内容。

2. 质量管理体系的运行

(1)实施原则。

①以人为本,强化责任。

在影响项目质量的五大因素(人、机、料、法、环)中,人占首位,且可以直接影响其他四个因素。在多数失败的项目中,失败原因既不是人员的素质能力不足,也不是条件设施不够,而是管理者或执行者缺乏质量责任意识,或质量意识疏忽。所以,实施公路工程项目质量管理体系时,必须把人员作为一切管理活动的中心,强化责任,以人为本,落实体系设计的内容,从而保障和提高工程项目质量。

②灵活运行,面向实际。

公路工程项目质量管理体系是以工程项目原材料、工程项目设计为基础,从工程质量要求出发,参考以往公路工程施工经验,依据《质量管理体系 要求》(GB/T 19001—2016),于项目开工前研究制定的。该体系具有科学性、合理性、可行性,同时其实施必然存在不确定性。所以在体系实施时,应根据项目实际进展情况,灵活运用体系内容,切忌生搬硬套。

③见微知著,防患于未然。

公路工程项目的每道工序都有严格的操作规程,彼此紧密衔接。若某一环节出现质量偏差,便会直接影响后续工序的工期,从而影响整个工程项目。所以最理想的质量管理应当是避免失败,而不是改正错误或不再发生。所以,实施公路工程项目质量管理体系时,须坚持事前控制、预防为主的原则,通过可能产生偏差的异常现象,及时判断并调整质量偏差。

④基于数据,持续改进。

《质量管理体系 要求》(GB/T 19001—2016)引言中提出的以过程为主的质量管理体系模式见图5.7。

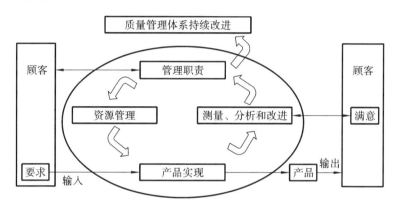

图 5.7　以过程为主的质量管理体系模式

事实上,无论是服务型还是产品型企业,若想在竞争日益激烈的市场中立足,就需要持续获得顾客的反馈信息。科学、技术、市场、管理概念都在不断发展和变化,所以质量管理体系与项目之间的关系必将是匹配→错位→匹配的往复循环过程。所以,在公路工程项目施工前,应事先建立规范合理、公开透明的技术数据、工程数据和质量数据参照表。在实施质量管理体系时,应参照各项标准数据,根据实际情况适当调整,使质量管理体系持续改进。

(2)责任分工。

公路工程项目质量管理体系贯穿项目全过程,遍布每个施工环节,实时掌控体系运行状态是其实施的基本要求。而掌控体系运行状态,则必须确保管理信息传输畅通,管理信息应由管理层人员负责组织、收集、分析、检测和识别等工作。在《质量管理体系 要求》(GB/T 19001—2016)中指定的质量管理标准,共包含质量管理体系、管理职责、资源管理、产品实现和测量分析改进五个部分。

(3)数据采集与质量控制。

在公路工程项目中,实时监控路基、路面、桥涵、隧道的施工材料的质量对道路施工尤为重要。应先计算与综合分析相关数据,确定抽样检测数据存在的问题,再加以改进,处理问题。

(4)调整与改进。

持续改进是质量管理体系国际标准的明确要求,在质量管理体系实施过程中,要及时发现问题并按计划处理。在后续施工中,仍将发现其他管理或施工问题,因此,应及时制订并公布质量管理体系实施的改进流程。当遇到(发现)质量管理体系与实际情况不符时,首先应考虑由质量生产或管理部门立即独立改进,或在其他部门的协同下解决问题并改进体系。因可能存在异议需要协调处理的,应逐级上报至公司高层,直至体系得以改进,详见图 5.8。

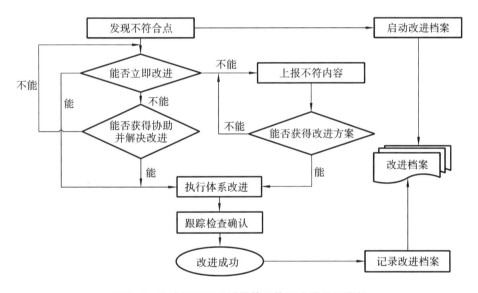

图 5.8　公路工程项目质量管理体系改进处理流程

3. 质量管理体系的运行保障

(1)制度保障。

制度是一个团体完成共同目标的有效保证,是要求团体成员共同遵守的行为准则。同时,制度还能够明确行为边缘,提高行为效率和目标性。所以,为使公路工程质量管理体系有效实施,必须建立健全管理制度。

①作息制度。

a.考勤管理制度:项目质量管理小组实行全员考核,由各部门负责人记录出勤情况,月底统一汇总上报,配以考勤奖惩措施。

b.请销假制度:公路工程为全市重点交通工程,时间紧任务重,项目组副经理以上不准请假,一般成员原则上不请假。重大事项必须向副经理以上主管领导说明,扣除当日工资。

c.后勤物资保障制度:后勤部门应严格按购置计划清单采购,并及时补充。采购的物资应做到"逢交必接",交接双向记录。

②会议制度。

项目质量管理组、各施工组定期组织召开工作例会,有关公司总部或业主(监理方)的指导性文件或精神,应召开全体会议进行传达。

所有召集的会议,要具体明确指定参会人,于会议开始前24 h通知参会人。参会人无故不得缺席会议,不准泄露会议内容,妥善保管会议资料。

③项目质量管理主要制度。

a.质量管理小组各成员职责。

项目经理:明确项目质量管理小组主要成员职责。

总工程师:全面负责技术类管理工作,全面把关技术质量。

项目副经理:全面负责安全生产和项目创新工作。

工长:组织技术类施工,组织安装施工现场质量监控仪器设施。

工程科长:组织进行现场测量,向管理小组定期提交报告。

质量监督员:按工程资料,监控现场正在进行的重要施工工序,巡查监测施工现场。

实验员:按施工要求,协助工长对施工前、中、后各期的不同工序进行及时试验,并提交报告,存在异常的试验数据应给出原因分析。

b.绝对质量制度。

绝对禁止不合格或较大偏差工序工艺过渡或关联到下一工序。对影响工程质量的分部工程责任人或质量意识疏忽的员工要追究责任。重点工序质量检查以"零容忍"为尺度。

(2)人力资源保障。

施工前选定适合的项目经理,由项目经理接收工程文件后,制订项目组用人初步计划,公司人力资源部全力配合。

管理团队由公司统一协调安排,人员自项目启动至项目交付验收完成,在无特殊情况下成员及职责固定。为预防项目施工需要增补质量管理团队成员时,公司人力资源管理部无法及时协调,应在项目启动前,与公司高层明确人力资源部配合义务。同时,为保障施工整个过程,面向各个工序的各施工技术队伍顺利组建,应在开工前掌握应急人力来源,并制订具体施工队伍组建计划,由工长助理按下一阶段施工要求提前招募,组建队伍。

(3)信息化保障。

首先,在公路工程项目质量管理工作中,由领导层人员全面负责信息管理,这是信息传递树的顶端节点,负责保存、整理、监督、检验各分部分项工程的信息管理工作,并对优秀信息管理工作小组及成员予以奖励。其次,要强化项目组信息管理的技术能力,不应仍然停留于由内业人员整理、修改、再整理的状态,而要使用信息容量大、处理效率高的电子信息管理平台。最后,为使体系内信息反馈渠道畅通,反馈机制敏感,必须依托电子信息平台或移动通信设备监理通畅稳定的信息传递网,同时配以相应的信息反馈管理制度作为保障措施。

5.3 公路工程项目质量控制

5.3.1 工程质量检查控制方法

工程质量检查控制的方法主要是测量、试验、观察、分析、记录、监督、总结改进。

1. 审核与分析有关技术文件、报告或报表

审核与分析技术文件、报告、报表是全面控制工程质量的重要手段,项目经理应负总责,各相关部门应恪守职责,做好本职工作,确保控制有效。

2. 现场工程质量检查控制

现场工程质量检查分为开工前检查,施工过程中检查,施工后检查,停工后复工前的检查,分项、分部工程完后的检查,巡视检查。

(1)开工前检查。

开工前应先对上一道工序的完成情况进行检查,主要检查上道工序是否经过验收,验收手续是否齐备,上道工序中是否有尚未处理的质量问题。只有上道工序的所有工作全部完成后才能开始下道工序的施工。针对拟开工工序的开工前检查一般包括5个方面的内容。

①人员准备检查：劳动力需求是否满足要求，是否需要特殊工种，特殊工种有没有证件，质量管理人员是否有相应资格并熟悉相关规范；操作班组是否经过交底，必要时还应检查是否经过相关培训。

②机械设备检查：拟进行工序所需机械设备是否齐备，设备性能是否满足施工规范和施工方案要求，状态是否完好。

③材料检查：现场材料准备是否充足，需经试验才能使用的材料是否经试验合格。

④施工方案和施工方法检查：施工方案是否经过审批，是否经过三级交底，交底手续是否齐全，必要时与现场监理沟通，要了解关键质量控制点的参数。

⑤施工环境检查：现场是否具备足够的工作面，特别是冬、雨期施工时，条件是否满足施工工艺参数的要求。

(2)施工过程中检查。

施工过程中检查的内容同施工前检查，除了落实开工前检查的各项内容，还要重点检查以下各方面的内容。

①各项技术参数是否正常，操作时是否有误操作。

②过程中应该做的试验检验工作是否完成。

③是否存在可能影响施工质量的紧急突发情况。

(3)施工后检查。

施工后检查除按工艺标准或规范要求必须进行的检查、检测外，检查重点为对后续验收、检验评定和下道工序的支持作用及成品保护工作，同时要注重施工过程中可追溯性资料的收集整理工作。

(4)停工后复工前的检查。

因处理质量问题或某种原因停工后再复工时，均应检查认可后方可复工。

(5)分项、分部工程完工后的检查。

应按规定的程序和要求，经检查认可并签署验收记录后，才允许进行下一工程项目施工。

(6)巡视检查。

对施工操作质量应进行巡视检查，必要时还应进行跟踪检查。

3. 工程质量评定方法

公路工程质量评定方法是根据建设任务、施工管理和质量检验评定的需要将工程划分为单位工程、分部工程和分项工程，依据质量检验评定标准对分项工程进行评分,采用加权平均值计算方法确定分部或单位工程相应的评分值。

工程质量依据得分情况按照分项工程、分部工程、单位工程、合同段和建设项目逐级评定,工程质量等级分为合格、不合格两个等级。

5.3.2 工程质量控制关键点的设置

公路工程质量控制关键点要根据设计文件、项目专用技术规范和施工质量控制计划的要求设置,通过设置公路工程质量控制关键点确保建造出符合设计和规范要求的工程。公路工程质量管理必须以预防为主,加强因素控制,确定特定、特殊工序的质量控制关键点,实施公路工程施工的动态管理。

(1)质量控制关键点的设置。

质量控制关键点应根据不同管理层次和职能,按以下原则分级设置:①施工过程中的重要项目、薄弱环节和关键部位;②影响工期、质量、成本、安全、材料消耗等重要因素的环节;③运用新材料、新技术、新工艺的施工环节;④质量信息反馈中缺陷数量较多的项目。关键点应随着施工进度和影响因素的变化而调整。

(2)质量控制关键点的控制。

①制订质量控制关键点的管理办法。②落实质量控制关键点的质量责任。③开展质量控制关键点 QC(quality control,质量控制)小组活动。④在质量控制关键点上开展一次抽检合格管理和检查上道工序、保证本道工序、服务下道工序的"三工序"活动。⑤认真填写质量控制关键点的质量记录。⑥落实与经济责任相结合的检查考核制度。

(3)质量控制关键点的文件。

质量控制关键点的文件如下:①质量控制关键点作业流程图;②质量控制关键点明细表;③质量控制关键点(岗位)质量因素分析表;④质量控制关键点作业指导书;⑤自检、交接检、专业检查记录及控制图表;⑥工序质量统计与分析文件;⑦质量保证与质量改进措施与实施记录;⑧工序质量信息。

(4)质量控制关键点实际控制效果的考察。

质量控制关键点的实际控制效果表现在施工质量管理水平和各项指标的实现情况上。要运用数理统计方法绘制工程项目总体质量情况分析图表,该图表要反映动态控制过程与施工项目实际质量情况。各阶段质量分析要纳入施工项目方针目标管理。

(5)土方路基工程施工中常见质量控制关键点。

①施工放样与断面测量。②路基原地面处理,按施工技术合同或规范规定

处理,并整平、压实。③使用适宜材料,必须采用设计和规范规定的适用材料,保证原材料合格,正确确定土的最大干密度和最佳含水量。④每层的松铺厚度、横坡。⑤分层压实,控制填土的含水量,确保压实度达到设计要求。

(6)路面基层(底基层)施工中常见质量控制关键点。

①基层施工所采用的设备组合。②路面基层(底基层)所用结合料(如水泥、石灰)掺量。③路面基层(底基层)材料的含水量、拌和均匀性、配合比。④路面基层(底基层)的压实度、弯沉值、平整度及横坡等。⑤如采用级配碎(砾)石还需要注意集料的级配和石料的压碎值。

(7)水泥混凝土路面施工中常见质量控制关键点。

①基层强度、平整度、高程的检查与控制。②混凝土材料的检查与试验。③混凝土配合比设计和试件的试验,混凝土的水灰比、外掺剂掺加量、坍落度应控制。④混凝土的摊铺、振捣、成型及避免离析。⑤锯缝时间和养护的掌握。

(8)沥青混凝土路面施工中常见质量控制关键点。

①基层强度、平整度、高程的检查与控制。②沥青材料的检查与试验。③集料的级配、沥青混凝土配合比设计和试验。④路面施工机械设备配置与组合。⑤沥青混凝土的运输及摊铺温度控制。⑥沥青混凝土摊铺厚度的控制和摊铺中的离析控制。⑦沥青混凝土的碾压与接缝施工。

(9)桥梁基础工程施工中常见质量控制关键点。

①扩大基础:基底地基承载力的确认,满足设计要求;基底表面松散层的清理;及时浇筑垫层混凝土,减少基底暴露时间;大体积混凝土施工裂缝控制。②钻孔桩:桩位坐标控制;垂直度的控制;孔径的控制(防止缩径);清孔质量(嵌岩桩与摩擦桩要求不同);钢筋笼接头质量;水下混凝土的灌注质量。

(10)桥梁下部结构施工中常见质量控制关键点。

①实心墩:墩身锚固钢筋预埋质量控制;墩身平面位置控制;墩身垂直度控制;模板接缝错台控制;墩顶支座预埋件位置、数量控制。②薄壁墩:墩身锚固钢筋预埋质量控制;墩身平面位置控制;墩身垂直度控制;模板接缝错台控制;墩顶支座预埋件位置、数量控制;墩身与承台连接处混凝土裂缝控制;墩顶实心段混凝土裂缝控制。

(11)桥梁上部结构施工中常见质量控制关键点。

简支梁桥、连续梁桥、拱桥的上部结构施工质量控制关键点各有其特点,应根据相关规范执行。

(12)公路隧道施工中常见质量控制关键点。

①洞口工程质量控制关键点。②洞身开挖质量控制关键点。

5.3.3 工程质量缺陷处理方法

公路工程施工机械化程度相对较低,在施工过程中,难免出现各种各样的质量缺陷,如何确定质量缺陷的性质,针对不同性质的缺陷采取相应的处理措施,是保证工程质量的一项重要内容。

1. 质量缺陷性质的确定

质量缺陷性质的确定,是最终确定缺陷问题处理办法的首要工作和根本依据。一般采用下列方法来确定缺陷性质。

(1)观察和查阅资料:对有缺陷的工程现场情况、施工过程、施工设备和施工操作情况等进行现场观察和检查,主要包括查阅试验检测报告、施工技术资料、施工过程记录、施工日志,施工工艺流程、施工方案、施工机械运转记录等,同时在特殊季节关注天气情况等。

(2)检验与试验:通过检查可以发现一些表面的问题,得出初步结论,但往往需要进一步的检验与试验来加以验证。

(3)专题调研:有些质量问题仅仅通过以上两种方法仍不能确定,如某大桥在交工后不到一年出现了超过规范要求的裂缝,仅通过简单的观察和查阅现有资料很难确定产生裂缝的根本原因,找不到原因也就无从确定进一步的处理措施。在这种情况下就需要采用专题调研法,通过对勘测、设计、施工各个环节进行调查、分析研究,辅之以检测手段,确定质量问题的性质,并为随后采取的措施提供依据。

为了查明产生问题的根本原因,有必要组织有关方面的专家或专题调查组提出检测方案,对所得到的一系列参考依据和指标进行综合分析研究,找出产生缺陷的原因,确定缺陷的性质。这种专题调研对缺陷问题的妥善解决作用重大,因此经常被采用。

2. 质量缺陷处理方法

(1)整修与返工。整修主要是针对局部性的、轻微的且不会给整体工程质量带来严重影响的缺陷,如水泥混凝土结构的局部蜂窝、麻面,道路结构层的局部压实度不足等。这类缺陷一般可以比较简单地通过整修得到处理,不会影响工程总体的关键性技术指标。由于这类缺陷很容易出现,整修处理方法较为常用。

返工的决定应建立在认真调查研究的基础上。是否返工应视缺陷经过补救后能否达到规范标准而定,对于补救后不能满足标准的工程必须返工。如某承包人为赶工期,曾在雨中铺筑沥青混凝土,监理工程师只得责令承包人将已经铺完的沥青面层全部推除重铺;一些无法补救的低质量涵洞也应拆掉重建;温度过低或过高的沥青混合料在现场被监理工程师责令报废等。

(2)综合处理办法。

综合处理办法主要是针对较大的质量事故而言的。这种处理办法不像返工和整修那样简单具体,其是一种综合的缺陷(事故)补救措施,能够使工程以最小的经济代价和工期损失,重新满足规范要求。处理的办法因工程缺陷(事故)的性质而异,性质的确定则以大量的调查及丰富的施工经验和技术理论为基础。具体做法为组织联合调查组、召开专家论证会等。实践证明,综合处理办法是一条合理解决这类问题的有效途径。

5.3.4　施工技术管理制度

(1)图纸会审制度。

①概述:想要做好图纸会审工作,应先要求参加会审的人员熟悉图纸。各专业技术人员必须全面认真地了解图纸,充分理解设计图及技术标准的规定要求,熟悉工艺流程和结构特点等重要环节,必要时,还要到现场进行详细的调查,看设计图是否符合现场要求。图纸会审包括初审、内部会审和综合会审三个阶段。

②图纸会审的主要内容:在各阶段会审工作中,抓住施工图的主要内容,与现行的国家技术标准及经济政策对照进行会审。会审的主要内容如下:a.施工图是否符合国家现行的有关标准、经济政策的规定;b.施工的技术设备条件能否满足设计要求;当采取特殊的施工技术措施时,现有的技术力量及现场条件有无困难,能否保证工程质量和施工安全;c.有关特殊技术或新材料的要求,其品种、规格、数量能否满足需要及工艺规定要求;d.建筑结构与安装工程的设备与管线的接合部位是否符合技术要求;e.安装工程各分项专业之间有无重大矛盾;f.图纸的份数及说明是否齐全、清楚、明确,图纸上标注的尺寸、坐标、标高,以及地上、地下工程和道路交会点等有无遗漏和矛盾。

③图纸会审记录:图纸经过会审后,会审组织者应及时记录会审中提出的有关设计问题的建议。图纸会审记录上应填写单位工程名称、设计单位、建设单位和主持单位及参加审核人员的名单等。对会审提出的问题,凡是设计单位变更修改的,应在会审记录"解决意见"栏内填写清楚,尽快请设计部门发"设计变更

通知单",施工时按"设计变更通知单"执行。图纸未经过会审不得施工。

(2)技术交底制度。

①概述:工程施工前必须进行技术交底,交底记录作为施工管理的原始技术资料。交底内容:承包合同有关条款、设计图、设计文件规定的技术标准、施工技术规范和质量要求、施工进度和总工期、拟采用的施工工艺方法和材质要求、技术安全措施等。对于重点工程、重点部位、特殊工程,以及采用新结构、新工艺、新材料的工程,更要作详细的技术交底。技术交底一般分三级进行。

②技术交底的要求:技术交底工作应分级进行,分级管理。凡技术复杂(包括推行新技术)的重点工程、重点部位,应由总工程师向主任工程师、技术队长及有关职能部门负责人交底,明确关键性的施工技术问题、主要项目的施工方法以及特殊工程的技术、材料要求,提出试验项目、安全注意事项等内容。普通工程应由主任工程师参照上述内容进行。施工队一级的技术交底,由施工技术队长负责向技术员、施工员、质量检查员、安全员以及班组长交代所承担工程的工程数量、要求期限、图纸内容、测量放样、施工方法、质量标准、技术措施、操作要求和安全措施等。

施工员向班组的交底工作是各级技术交底的关键。施工员向班组交底时,要结合具体操作部位,贯彻落实上级技术领导的要求,明确关键部位的质量要求、操作要求及注意事项,制订保证质量、安全的技术措施,对关键性项目、关键性部位、推行的新技术,应反复、细致地向操作组进行交底,必要时应作文字交底或示范操作。

③技术交底主要内容:a.承包合同中相关施工技术管理和监理办法,合同条款规定的法律、经济责任和工期;b.设计文件、施工图及说明要点等内容;c.分部、分项工程的施工特点、质量要求;d.施工技术方案;e.工程合同技术规范、使用的工法或工艺操作规程;f.材料的特性、技术要求及节约措施;g.季节性施工措施;h.安全、环保方案;i.各单位在施工中的协调配合、机械设备组合、交叉作业及注意事项;j.试验工程项目的技术标准和采用的规程;k.适应工程内容的科研项目、"四新"(新技术、新材料、新工艺、新设备)等先进技术推广应用的技术要求。

(3)测量管理制度。

①测量复核签认制。测量工作必须严格执行测量复核签认制,保证测量工作质量,防止错误,提高测量工作效率。在测量工作的各个程序中实行双检制;各工点、工序范围内的测量工作,测量组应自检复核签认;分工衔接的测量工作

由测量队或测量组进行互检复核和签认;项目测量队组织对控制网点和测量组设置的施工用桩及重大工程的放样进行复核测量,经项目技术部门主管现场进行检查签认,总工程师审核签认合格后,报驻地监理工程师审批认可。

②检查与记录。项目经理部总工程师和技术部门负责人要对测量队、测量组执行测量复核签认制的情况进行检查,并做好检查记录。测量队对测量组执行测量复核签认制的情况进行检查,并做好检查记录。

③测量记录与资料。测量记录与资料必须分类整理、妥善保管,作为竣工文件的组成部分归档,主要包括以下文件。a.交接桩资料,监理工程师提供的有关测量控制网点、放样数据变更文件;b.各工点、各工序测量原始记录、观测方案布置图、放样数据计算书;c.测量内业计算书、测量成果数据图表;d.测量器具周期检定文件。

④单项测量记录本。控制测量、单位工程施工测量必须分别使用单项测量记录本。测量记录统一使用水平仪簿和经纬仪簿。一切原始观测值和记录项目在现场记录清楚,不得涂改,不得凭记忆补记、补绘。记录中不准连环更改,不合格时应重测。手簿必须填列页次,注明观测者、观测日期、起始时间、终止时间、气象条件、使用的仪器和觇标类型及编号,并详细记载观测时的特殊情况。凡划去的观测记录,应注明原因,予以保存,不得撕毁。

⑤内业计算前应复查外业资料,核对起算数据。计算书要书面整洁,计算清楚,格式统一。计算者、复核者要签认。采用计算机软件计算时,应使用正版软件。

⑥测量队、测量组应设专人管理原始记录和资料,建立台账,及时收集,按控制测量、单位工程分项整理立卷,人事变动所涉及的测量记录和资料,应由测量队长、测量组长主持办理交接手续。工点工程竣工测量完成后,测量组应将全部测量记录资料整理上交测量队,经测量队检查合格后,经理部方可验收工程。项目工程完工,线路贯通竣工测量完成之后,测量队应将项目全部测量记录和资料档案分类整理、装订成册,上交项目经理部技术部门,经验收合格后,双方办理交接手续。项目经理部按交工验收的要求将测量记录资料编入竣工文件。

⑦测量仪器工具的使用和保管。a.公路工程施工常用测量仪器主要有水准仪、经纬仪、光电测距仪、全站仪(包括觇标、水准尺等附属工具)。测量工具主要指量距尺、温度计、气压计。测量队、测量组对所配置的仪器工具具有使用权,并负有保管责任。b.测量仪器工具的使用应当符合要求。

⑧项目经理部的测量队应建立仪器总台账、仪器使用及检定台账,测量组也

应建立相应的分账。仪器档案由项目技术部门保存原件,测量队长、测量组长保存复印件,复印件随仪器装箱。仪器使用者负责使用期间的仪器保管,防止仪器受潮和丢失。测量仪器应做到专人使用、专人保管,不得私自外借他人使用。

(4)材料、构(配)件试验管理制度。

①《公路水运工程试验检测管理办法》的有关规定。a.检测机构等级:检测机构等级是依据检测机构的公路工程试验检测水平、主要试验检测仪器设备及检测人员的配备情况、试验检测环境等基本条件对检测机构进行的能力划分。公路工程专业分为综合类和专项类。公路工程综合类设甲、乙、丙3个等级。公路工程专项类分为交通工程和桥梁隧道工程。b.检测机构在同一公路工程项目标段中不得同时接受业主、监理方、施工方等的试验检测委托。c.检测机构依据合同承担公路水运工程试验检测业务,不得转包、违规分包。d.检测人员分为试验检测工程师和试验检测员。检测机构的技术负责人应当由试验检测工程师担任。试验检测报告应当由试验检测工程师审核、签发。

②工地试验室及工地试验。a.施工单位应建立工地试验室。b.应根据现场需要,增设若干个流动试验站。c.原材料的验证试验。d.标准试验。e.工艺试验。f.构(配)件进场验证试验。g.试验、检测记录管理。

(5)隐蔽工程验收制度。

①概述。隐蔽工程是指为下道工序施工所隐蔽的工程项目,隐蔽前必须进行质量检查和验收,由施工项目负责人组织施工人员、质检人员,并请监理单位、建设单位代表参加,必要时请设计人员参加,检查意见应具体明确,检查手续应及时办理,不得后补。必须复验的要办理复验手续,填写复验日期并由复验人做出结论。

②隐蔽工程项目。a.地基与基础:土质情况、基槽几何尺寸、标高、地基处理。b.主体结构各部位钢筋:钢筋品种、规格、数量、间距、接头情况,以及除锈、代用变更情况。c.梁等结构物预应力筋的直径、位置、坡度、接头处理及其与孔道绑扎情况。d.焊接:焊条牌号(型号)、焊口规格、焊缝长度、焊缝高度及外观清渣等。e.桥梁工程桥面防水层下找平层的平整度、坡度、桥头搭板位置、尺寸。f.桥面伸缩缝,预埋件规格、数量及埋置位置。g.钢管管道内外绝缘防腐。h.雨水、污水管道,混凝土管座、管带及附属构筑物隐蔽部位。i.设备基础及水泥混凝土的配筋、尺寸、强度、表面标高。j.光电缆的布放,预留长度,接头的物理、电气性能,电缆沟的开挖与回填及光电缆的接续。k.接地体的埋设和引接,接地电阻和机电设备支架箱体的防锈、防腐处理。

(6)设计变更制度。

①概述。设计变更是指自公路工程初步设计批准之日起至通过竣工验收正式交付使用之日止,对已批准的初步设计文件、技术设计文件或施工图设计文件所进行的修改、完善等活动。

各级交通主管部门应当加强对公路工程设计变更活动的监督管理。设计文件的修改权为设计单位所有,施工单位应按施工图进行施工。未经设计单位及项目设计负责人允许,施工单位无权修改设计。

②设计变更的主要原因。设计变更的原因如下:经过会审后的施工图,在施工过程中,发现施工图仍有差错,与实际情况不符;因施工条件发生变化导致实际情况与施工图的规定不符;材料、半成品、设备等与原设计要求不符。

③设计变更的内容、手续及要求。a.公路工程设计变更应当符合国家有关公路工程强制性标准和技术规范的要求,符合公路工程质量和使用功能的要求,符合环境保护的要求。b.公路工程设计变更分为重大设计变更、较大设计变更和一般设计变更。c.公路工程重大设计变更、较大设计变更实行审批制。经批准的设计变更一般不得再次变更。d.公路工程勘察设计、施工及监理等单位可以向项目法人提出公路工程设计变更的建议。设计变更的建议应当以书面形式提出,并应当注明变更理由。e.公路工程设计变更工程的施工原则上由原施工单位承担。原施工单位不具备承担设计变更工程的资质等级时,项目法人应通过招标选择施工单位。f.由于公路工程勘察设计、施工等有关单位的过失引起公路工程设计变更并造成损失的,有关单位应当承担相应的费用和相关责任。g.因采用新工艺、新技术以及职工提出合理化建议等受到采纳,需要对原设计进行修改时,均需用"变更设计申请"向设计单位办理修改手续。h.重要工程部位及较大问题的变更必须由建设单位、设计单位和施工单位三方进行洽商,由设计单位修改,向施工单位签发"设计变更通知单"方为有效。i.如果设计工程做较大变更而影响了建设规模和投资标准,需报请原批准初步设计的主管单位同意后方可修改。j."图纸会审纪要""设计变更通知单""技术联系单"等技术文件,都要有详细的文字记录,一并汇成明细表归入工程档案,作为施工和竣工结算的依据。

(7)工程质量检验评定制度。

工程质量检验评定制度如下。①各工序施工完毕后应按《公路工程质量检验评定标准 第一册 土建工程》(JTG F80/1—2017)和《公路工程质量检验评定标准 第二册 机电工程》(JTG 2182—2020)进行质量评定,及时填写工序质量评定表,检查项目、实测项目填写齐全、签字手续完备。②分项工程评分值不小于75分者为合格,小于75分者为不合格;机电工程、属于工厂加工制造的桥梁金属构件不小于90分者为合格,小于90分者为不合格。评定为不合格的分项工程,经加固、补强或返工、调测,满足设计要求后,可以重新评定其质量等级,但计算分部工程评分值时按其复核评分值的90%计算。③分部工程完成后及时汇总各工序质量评定表,填写分部工程质量评定表,计算合格率,签字手续完备。所属各分项工程全部合格,则该分部工程评定为合格;所属任一分项工程不合格,则该分部工程为不合格。④单位工程完成后及时汇总各部位质量评定表,填写单位工程质量评定表,由主要施工技术负责人签字,加盖单位印章作为竣工验收和质量监督部门核定质量等级的依据之一。单位工程所属各分部工程全部合格,则该单位工程合格;所属任一分部工程不合格,则该单位工程不合格。⑤合同段和建设项目所含单位工程全部合格,其工程质量等级为合格;所属任一单位工程不合格,则合同段和建设项目不合格。

(8)技术总结制度。

①概述。工程完工后,项目经理部应及时组织有关人员编写工程技术总结,科研课题、"四新"项目的负责人在课题或项目完成后应及时撰写专题报告和学术论文。

②技术总结的主要内容。a.简述工程概况,包括工程名称、工程地点(或标段)、建设规模、采用的技术标准、主体结构类型、主要施工方案和工艺;开工、竣工日期,变更设计情况,工程质量自检情况(或验收的评定情况);工程竣工后对国家和所在地区的政治、经济意义等。b.新技术、新工艺、新材料、新设备的推广应用情况。c.技术创新项目及运用效果。d.施工中关键技术的研究和技术难题的解决情况。e.施工中存在的技术失误、工程质量事故及其原因与经验教训。f.沥青混凝土和水泥混凝土路面施工中进行质量监控的手段和方法(包括原材料的试验检验方法、配合比、抗压强度、抗折强度、含油量密实度、空隙率、间隙率、厚度、温度、平整度等)。g.推广应用的先进的试验仪器和试验方法,以及在质量控制中所起的积极作用。h.在工程施工组织和施工技术管理方面的体会。i.工程实现施工过程零缺陷质量管理的经验和方法。j.对工程的"高、新、特、难"项目的分项或分部工程进行专题技术总结。

③学术活动。鼓励专业技术人员撰写与本职工作或专业相关的学术论文,并以此来推动技术进步、加强人才的培养。

(9)技术档案制度。

①概述。基本建设档案资料是指在整个建设过程中形成的、应当归档的文件，包括基本项目的提出、调研、可行性研究、评估、决策、计划、勘测、设计、施工、调试、生产准备、竣工、测试生产等工作活动中形成的文字材料、图纸、图表、计算材料、声像材料等形式的文件材料。为了给公路工程建成后的合理使用、维护、改建、扩建提供依据，施工企业必须按公路工程建设项目及单项工程建立工程技术档案，其必须与所反映的建设对象的实物保持一致。

②工程技术档案工作的任务。按照一定的原则和要求，系统地收集记述工程建设全过程的具有保存价值的技术文件，并按归档制度整理，以便完工验收后完整地移交给有关技术档案管理部门。

③工程技术档案的收集。工程技术档案来源于工程技术资料，但又不同于工程技术资料。因此，在收集工程技术档案材料时，首先要把两者区别开来。工程技术档案和工程技术资料的差别，主要表现为以下几点。a. 工程技术资料是施工活动中，出于参考目的而收集和复制的工程技术文件材料（包括图纸、照片、报表、文字材料等），其不是本单位施工活动中自然形成的。工程技术档案则是本单位在工程建设中直接产生和自然形成的。b. 工程技术资料主要是通过交流、赠送、购买等方式收集或复制的，其对建设工程不具有"工作依据"和必须"遵照执行"的性质，而是一种参考资料。工程技术档案则是由在本建设工程施工过程中自然形成的工程技术文件转化过来的，是本工程施工的直接成果，对施工起着指导的作用。

④工程技术档案的内容。a. 工程完工验收后，交建设单位保管的资料有竣工图表；图纸会审记录、设计变更和技术核定单；材料、构件的质量合格证明；隐蔽工程验收记录；工程质量检查评定和质量事故处理记录；主体结构和重要部位的试件、试块、材料的试验和检查记录；永久性水准点的位置，构造物在施工过程中的测量定位记录，有关试验观测记录；其他有关该项工程的技术决定。b. 施工组织与管理方面的技术档案由施工企业保存，供本单位今后施工参考，包括施工组织设计及经验总结；技术革新建议的试验、采用、更改记录；重大质量、安全事故情况、原因分析及补救措施记录；有关重大技术决定；施工日志；其他施工技术管理经验总结。

⑤工程技术档案的整理。为做好工程技术档案的整理工作，必须注意做好日常工程技术文件的管理。施工企业应根据实际需要建立和健全工程技术文件的专职管理机构、工程技术档案的目录编制规定。a. 工程技术档案的系统整理：在工程技术档案材料全面收集的基础上，对工程技术档案材料进行科学的分类

和有秩序的排列。分类应符合工程技术档案本身的自然形成规律。工程技术档案一般按工程项目分类,使同一项工程的技术档案都集中在一起,这样能够反映该项目的全貌。每一类又可按专业分为若干小类。b.工程技术档案的目录编制:应通过一定形式,按照一定要求总结整理成果,揭示工程技术档案的内容和各部分之间的联系,便于检索。

5.4 公路工程施工质量检验

5.4.1 路基路面工程质量检验

1.路基工程质量检验

(1)路基工程质量检验的主要内容。

路基工程质量检验的主要内容如下。①路基的宽度和标高(包括边沟)。②路基的平面位置。③边坡坡度及边坡加固。④排水设施的尺寸及底面纵坡。⑤填土压实度、弯沉值。⑥取土坑、弃土堆、护坡道、截水沟、排水沟的位置和形式。⑦隐蔽工程检查记录。

(2)土石方路基实测项目。

①土方路基实测项目有压实度、弯沉值、纵断高程、中线偏位、宽度、平整度、横坡、边坡坡度。

②石方路基实测项目有压实度、纵断高程、中线偏位、宽度、平整度、横坡、边坡坡度和平顺度。

各检测项目的规定值或允许偏差、检查方法和检查频率依据的标准是交通运输部颁布的《公路工程质量检验评定标准 第一册 土建工程》(JTG F80/1—2017)和《公路工程质量检验评定标准 第二册 机电工程》(JTG 2182—2020)及项目专用技术规范。

2.路面工程质量检验

(1)路面基层、底基层的检验。

①主要检验内容有高程、厚度、宽度、横坡、平整度以及基层的压实度和强度。

②水泥稳定粒料基层实测项目有压实度、平整度、纵断高程、宽度、厚度、横坡、强度。

③石灰土基层实测项目有压实度、平整度、纵断高程、宽度、厚度、横坡、强度。

④填隙碎石（矿渣）基层和底基层实测项目有压实度、弯沉值、平整度、纵断高程、宽度、厚度、横坡。

(2)水泥混凝土路面的检验。

①主要检验内容有水泥混凝土面板的弯拉强度、平整度、厚度、水泥混凝土路面的抗滑构造深度、相邻面板间的高差、纵横缝顺直度、水泥混凝土路面中线平面偏位、路面宽度、纵断高程和路面横坡。

②水泥混凝土面层实测项目有弯拉强度，板厚度，平整度，抗滑构造深度，相邻板高差，纵、横缝顺直度，中线平面偏位，路面宽度，纵断高程，横坡。

(3)沥青混凝土路面的检验。

①主要检验内容有厚度、平整度、压实度、弯沉值、渗水系数、摩擦系数、构造深度、中线平面偏位、纵断高程、路面宽度及路面横坡。

②沥青混凝土面层和沥青碎（砾）石面层实测项目有压实度、平整度、弯沉值、渗水系数、抗滑构造深度、厚度、中线平面偏位、纵断高程、宽度和横坡。

5.4.2 桥梁隧道工程质量检验

1. 桥梁工程质量检验

(1)桥梁的主要检验内容。

桥梁的主要检验内容有桥梁的净空，桥面中心偏位、桥面宽度和桥长，引道中心线与桥梁中心线的衔接及桥头高程衔接。

(2)钻孔灌注桩施工的主要检验内容。

①终孔和清孔后应对成孔的孔位、孔深、孔形、孔径、倾斜度、泥浆相对密度、孔底沉淀厚度、钢筋骨架底面高程等进行检查。②钻孔灌注桩混凝土的强度。③凿除桩头混凝土。④需嵌入承台内的混凝土桩头及锚固钢筋长度应符合要求。⑤钢筋骨架底面高程：查灌注前记录。

(3)沉井施工的主要检验内容。

①沉井混凝土的强度。②沉井刃脚底面标高。③沉井的平面尺寸(长、宽或半径)。④沉井的最大纵向倾斜度、横向倾斜度。⑤平面扭转角。

上述各项必须满足规定值或允许偏差。

(4)明挖地基的主要检验内容。

①基底平面位置、尺寸大小和基底标高。②基底地质情况和承载力。③地基所用材料。

(5)钢筋加工及安装施工的主要检验内容。

①钢筋、焊条的规格和技术性能。②冷拉钢筋的机械性能。③受力钢筋、横向水平钢筋、螺旋筋间距。④钢筋骨架尺寸、弯起筋位置和保护层厚度。

(6)后张法预应力筋的加工和张拉的主要检验内容。

①预应力筋的各项技术性能。②预应力管道坐标及管道间距。③张拉时的应力值、张拉伸长率和张拉断丝滑丝数。

(7)承台混凝土浇筑的主要检验内容。

①混凝土强度。②承台尺寸、承台顶面高程和轴线偏位。

(8)墩、台身混凝土浇筑的主要检验内容。

①墩、台身混凝土强度:按水泥混凝土抗压强度评定标准检查,必须在合格标准内。②墩、台身断面尺寸、顶面高程和轴线偏位。③墩、台身竖直度、倾斜度、大面积平整度和预埋件位置。

(9)柱或双壁墩混凝土浇筑的主要检验内容。

①混凝土强度。②柱或双壁墩断面尺寸、顶面高程和轴线偏位。③墩、台身竖直度和相邻间距。

(10)墩、台帽或盖梁混凝土浇筑的主要检验内容。

①混凝土强度。②墩、台帽或盖梁断面尺寸、支座处顶面高程和轴线偏位。③墩、台帽或盖梁预埋件位置,要求用尺量。

(11)预制梁、板的主要检验内容。

①梁、板混凝土强度:按水泥混凝土抗压强度评定标准检查,应在合格标准内。②梁、板的几何尺寸(长度、宽度、高度和跨径)。③梁、板平整度,梁、板支座预埋件表面的平整度。④预埋件位置。

(12)梁、板安装的主要检验内容。

①梁、板支座中心偏位。②梁、板安装的竖直度。③梁、板顶面纵向高程。④梁、板间的接缝填充材料。

(13)拱安装施工的主要检验内容。

①拱段接头采用现浇混凝土时必须保证其强度和质量,强度达到70%以上时方可进行拱上建筑施工。②拱圈轴线横向偏位、拱圈标高。③主拱圈两对称

接头点相对高差,同跨各拱肋相对高差和同跨各拱肋间距。④腹拱起拱线高程和相邻块件高差。

(14)桥面铺装施工的主要检验内容。

①桥面铺装应符合同等级路面的要求,桥面泄水孔的进水口应略低于桥面面层。②桥面铺装的强度和压实度按路基、路面压实度评定标准或水泥混凝土抗压强度评定标准检查。③铺装层的厚度、平整度和抗滑构造深度。④桥面横坡。

2. 隧道工程质量检验

(1)锚喷支护的质量检验。

①喷射混凝土抗压强度检查。②喷层与围岩黏结情况的检查。③喷层厚度检查。④凿除喷层重喷或进行整治后的质量检查。⑤抗拔力试验。

(2)隧道总体的检验内容。

①隧道的宽度。②隧道的净高。③隧道的平面位置。④路线中心线与隧道中心线的衔接。⑤边坡、仰坡:用坡度板检查。⑥检查洞身开挖时的欠挖情况。⑦检查洞身支护和衬砌的混凝土强度及衬砌厚度。

5.4.3　交通安全设施质量检验

(1)交通标志的检测。

交通标志的制作应符合 GB 5768 系列标准、《道路交通标志板及支撑件》(GB/T 23827—2021)、《道路交通反光膜》(GB/T 18833—2012)以及设计图纸的要求。

交通标志各构件的检测项目主要包括标志板外形尺寸、标志字符尺寸、标志面反光膜等级及逆反射系数、标志面反光膜缺陷、气泡检查、反光膜拼接、支撑结构及连接件的质量、金属构件的防腐、标志板与铝槽的连接等,另外,还应根据《道路交通反光膜》(GB/T 18833—2012)中的要求对标志面所用的反光膜的性能进行检测。标志板外形尺寸的允许偏差值为 ±5 mm,当其边长尺寸大于 1.2 m 时,允许偏差为边长的 ±0.5%。标志面任一处面积为 500 mm×500 mm 的表面上,不得存在总面积大于 10 mm² 的一个或一个以上气泡。标志板在粘贴底膜时,横向不宜有拼接,竖向拼接时,上膜必须压接下膜,压接宽度不应小于 5 mm。距标志板边缘 50 mm 之内,不得有接缝。标志立柱、横梁等支撑构件进行热浸镀锌处理时,其立柱、横梁等构件的镀层厚度应不小于 78 μm,螺栓等紧固件的镀层厚度应不小于 50 μm。

对于施工完毕的标志,主要应进行标志板安装平整度检验、立柱垂直度检验、标志板下缘至路面净空高度检验、标志板内侧距土路肩边线距离检验、基础尺寸检验等。特别要注意悬臂式和门架式标志的标志板下缘至路面的净空高度（允许偏差为 0～100 mm）、柱式标志的标志板内侧距土路肩边线的距离（允许偏差为 0～100 mm）,从而满足公路净空及建筑限界的要求。另外,立柱垂直度的允许偏差为 ±3 mm/m,标志基础尺寸的允许偏差为 −50～100 mm。里程标和百米标的检测项目与标志相同。

(2)交通标线的检测。

所有标线涂料均应符合《路面标线涂料》(JT/T 280—2022)和《路面标线用玻璃珠》(GB/T 24722—2020)中的要求,突起路标则应符合《突起路标》(GB/T 24725—2009)中的要求。标线涂料应根据涂料的类型进行不同项目的检测。

①溶剂型涂料:分为普通型和反光型。普通型是指涂料中不含玻璃珠,施工时也不撒布玻璃珠;反光型是指涂料中不含玻璃珠,施工时涂布涂层后立即将玻璃珠撒布在其表面。溶剂型涂料主要的检测项目包括容器中的状态、密度、黏度、施工性能、加热稳定性、涂膜外观、不粘胎干燥时间、遮盖率、色度性能、耐磨性、耐水性、耐碱性、附着性、柔韧性、固体含量等。

②热熔型涂料:分为普通型、反光型和突起型。热熔型涂料的主要检测项目包括密度、软化点、涂膜外观、不粘胎干燥时间、色度性能、抗压强度、耐磨性、耐水性、耐碱性、玻璃珠含量、流动性、涂层低温抗裂性、加热稳定性、人工加速耐候性等。

③双组分涂料:分为普通型、反光型和突起型。双组分涂料的主要检测项目包括容器中状态、密度、施工性能、涂膜外观、不粘胎干燥时间、色度性能、耐磨性、耐水性、耐碱性、附着性、柔韧性、玻璃珠含量、人工加速耐候性等。

④水性涂料:分为普通型和反光型。水性涂料的主要检测项目包括容器中状态、黏度、密度、施工性能、涂膜外观、不粘胎干燥时间、遮盖率、色度性能、耐磨性、耐水性、耐碱性、冻融稳定性、早期耐水性、附着性、固体含量等。

对于已完工的标线,主要的检测项目包括标线的横断位置、标线线形、标线的长度及宽度、标线纵向间距、标线厚度、表面污染、涂层变色、反光效果、缺陷检查等。其中标线厚度的检测是非常重要的,热熔型标线厚度的允许偏差为 −0.1～0.5 mm。对于突起路标,主要检查外观、尺寸、色度、逆反射性能、抗冲击性能、抗压性能、密封性、安装位置、线形与路面黏结性能等。突起路标安装完毕后损坏及脱落的个数应少于0.5%,放置位置横向偏位的允许偏差为±50 mm。

(3)护栏的检测。

①波形梁护栏:波形梁护栏构件应符合《公路波形梁钢护栏产品质量行业监督抽查实施规范》(JDCC 2020—03)、《公路交通安全设施施工技术规范》(JTG/T 3671—2021)的有关要求。波形梁护栏的端头处理及与桥梁护栏过渡段的处理应满足设计要求。

护栏的检测项目主要包括构件的材料性能和外观尺寸、金属构件的防腐处理、混凝土的强度和外观尺寸、护栏的安装情况、高度、横断位置、线形等。波形梁板基底钢板厚度的允许偏差为±0.16 mm,立柱壁厚的规定值为(4.5±0.25)mm,护栏立柱中距的允许偏差为±50 mm,护栏的高度与要求值的允许偏差为±20 mm,波形梁护栏板的搭接方向应与交通流方向一致,波形梁板和立柱不得现场焊割和钻孔。

②混凝土护栏:护栏混凝土强度和护栏的正截面尺寸应符合《公路交通安全设施施工技术规范》(JTG/T 3671—2021)及设计要求。混凝土护栏的检测项目主要包括混凝土强度、外观尺寸、安装情况、混凝土表面外观、地基压实度、基础平整度等。护栏尺寸的允许偏差:高度为±10 mm,顶宽为±5 mm,底宽为±5 mm。各混凝土护栏块件之间、护栏与基础之间的连接应符合设计要求,护栏轴向横向偏位的允许偏差为±20 mm。混凝土护栏表面的蜂窝、麻面、裂缝、脱皮等缺陷面积不超过该面面积的0.5%,深度不超过10 mm。

③缆索护栏:缆索性能、缆索直径、单丝直径、构造(3股7芯)、锚具及其镀锌质量应符合《公路交通安全设施施工技术规范》(JTG/T 3671—2021)及设计要求,缆索抗拉强度、镀锌质量须经抽检,合格后方可使用。张拉前应标定拉力测定计。

缆索护栏的检测项目主要包括构件外观尺寸、混凝土基础强度、混凝土基础尺寸、缆索初张力、构件镀锌厚度、立柱埋深、立柱间距、立柱竖直度等。缆索初张力的允许偏差为±5%,立柱壁厚的允许偏差为±0.10 mm,立柱竖直度的允许偏差为±10 mm。各构件镀锌层的厚度值:立柱不小于85 μm,索端锚具不小于50 μm,紧固件不小于50 μm,镀锌钢丝不小于33 μm。

(4)隔离栅及桥梁防抛网的检测。

隔离栅构件均应符合GB/T 26941系列标准、《公路交通安全设施施工技术规范》(JTG/T 3671—2021)及设计图纸的要求。

隔离栅的检测项目主要包括网片的丝径、网孔尺寸、网片的平整度、立柱的尺寸、混凝土构件的尺寸及强度、钢构件的防腐处理、隔离栅的安装高度、立柱间距、顺直度等。不同的隔离栅形式应根据结构特点选取检测项目。隔离栅构件镀(涂)层厚度应符合《公路交通工程钢构件防腐技术条件》(GB/T 18226—2015)及设计图纸要求,刺钢丝的中心垂度小于 15 mm,金属立柱的弯曲度不得超过 8 mm/m,钢板网、焊接网等网面平整度的允许偏差为±2 mm/m,立柱竖直度的允许偏差为±8 mm/m,立柱中距的允许偏差为±30 mm。桥梁防抛网的检测项目与隔离栅相同。

(5)轮廓标的检测。

轮廓标构件均应符合《轮廓标》(GB/T 24970—2020)的要求。轮廓标的检测项目主要包括外观要求、反射器尺寸、金属构件的防腐处理、反射材料的色度和逆反射性能、反射器的密封性、轮廓标安装的角度和高度、轮廓标的间距、柱式轮廓标柱体的竖直度、混凝土基础尺寸及强度等。反射器外形尺寸的允许偏差为±5 mm,反射器中心高度的允许偏差为±20 mm,安装角度的规定值为0°~5°,柱式轮廓标的垂直度允许偏差为±8 mm/m。

(6)防眩设施的检测。

防眩设施构件均应符合《防眩板》(GB/T 24718—2009)的要求。防眩设施的主要检测项目包括外观尺寸、材料性能、金属构件的防腐处理、防眩板的设置间距和垂直度、防眩设施的安装高度和顺直度等。防眩板宽度的允许偏差为±5 mm,设置间距的允许偏差为±10 mm,防眩设施安装高度的允许偏差为±10 mm,顺直度的允许偏差为±8 mm。

(7)钢筋混凝土结构的里程碑、百米桩、公路界碑的检测。

钢筋混凝土结构的里程碑、百米桩、公路界碑的检测项目主要包括外形尺寸、混凝土强度、安装位置、埋设深度等。

第6章 公路工程项目安全管理

6.1 工程项目安全管理概述

6.1.1 安全管理的五种关系

(1)安全与危险的关系。

安全与危险是一对矛盾的事物,在同一事物的运动中是相互对应、相互依赖而存在的。正因在生产的过程中存在着危险性,才反复强调加强安全管理,时刻防止危险的出现。安全与危险并不是等量存在、平静相处的,而是随着事物的运动而变化的。安全与危险每时每刻都在变化,不仅进行着此强彼弱的激烈斗争,而且事物的状态将向斗争胜利的一方倾斜。由此可见,在任何事物的运动中,都不会存在绝对的安全与危险。

危险因素是客观存在于事物的运动之中的,经过认真分析是可知的,采取多种有效预防措施,危险因素是完全可以控制的。

(2)安全与生产的关系。

生产是人类社会生存和发展的基础。如果在生产中人、物、环境都处于危险状态,则生产将无法进行,因此安全是生产的客观要求。在生产活动完全停止后,安全也就失去了意义。就生产的目的性来说,组织好安全生产就是对国家、社会和生产者负责,也是对社会作贡献。

生产有了可靠的安全保障,事业才能够持续、稳定地发展。如果在生产活动中事故层出不穷,生产必然陷于混乱,甚至瘫痪的状态。因此,当生产与安全发生矛盾,特别是危及国家利益和职工生命时,必须立即停止生产活动,在消除危险因素后再进行生产。我们必须牢记"生产必须安全、安全促进生产"这一安全方针。

(3)安全与质量的关系。

从广义上讲,质量包含着安全工作质量,安全概念也包含着质量,二者密切相关,互为因果。我们平常所讲的"质量第一""安全第一",就明确地表示了二者的密切关系和重要性。"安全第一"是从保护生产因素的角度提出的,"质量第一"是从产品质量的角度强调的。安全为质量服务,质量需要安全保证,若在生产过程中忽视任何一个方面,都将处于失控状态。由此可见,"质量第一"和"安全第一"并不矛盾。

(4)安全与速度的关系。

在确保工程质量的前提下,加快工程的施工速度,可以提高施工企业的经济效益,及早发挥公路工程的作用,但速度应以安全为保障。没有安全可靠的施工环境,不可能提高生产效率。无数工程事实证明,生产时蛮干、乱干,可能会在侥幸中求得快速发展,但由于缺乏科学性和安全性,很容易酿成事故,工程施工不仅无速度可言,还会延误时间,造成更大的损失。

"安全就是速度""安全与速度成正比例关系",这是工程实践得出的经验。如果一味强调速度,置安全于不顾,则是极其有害的。当速度与安全发生矛盾时,暂时减缓施工速度,切实保证安全,才是正确的做法。

(5)安全与效益的关系。

安全技术措施的实施,必然会改善劳动条件,调动广大职工的积极性,提高生产效率,带来良好的经济效益,足以使安全技术措施的投入得到回报。从这个意义上讲,安全与效益是完全一致的,安全可以促进效益的增长。

但是在施工安全管理中,对安全技术措施的投入要适度、适当,要精打细算,统筹安排。既要保证安全生产,又要达到经济合理,还要考虑力所能及。单纯为了追求经济效益,而忽视安全生产,或单纯为追求安全生产,而盲目达到安全生产的高标准,都是错误的做法。

6.1.2 安全管理的原则

我国目前实行"企业负责、行业管理、国家监察、群众监督、劳动者遵章守纪"的安全生产管理体制。这个管理体制把"企业负责"放在第一位,表明企业在安全生产中所占的重要位置。

企业作为自主经营、自负盈亏、自我发展、自我约束的生产经营实体,对安全生产负责的关键是要做到"三个到位",即责任到位,投入到位,措施到位。公路工程施工安全管理的原则主要有以下几项。

(1)管生产必须管安全的原则。

管生产必须管安全的原则是公路施工企业必须坚持的基本原则,是指企业主管生产的各级管理人员在生产过程中必须坚持在抓生产的同时抓安全。管生产必须管安全的原则体现了"安全为了生产、生产必须安全";体现了在计划、布置、检查、总结、评比生产工作的同时,计划、布置、检查、总结、评比安全生产工作,即实现生产与安全的"五同时"。

(2)谁主管谁负责、一把手负总责的原则。

谁主管谁负责、一把手负总责作为企业安全生产的原则,首先明确了企业法定代表人是安全生产第一责任人,对本企业安全生产应负全面责任;分管安全生产工作的副职,在其分管工作中涉及安全生产内容的,也应承担相应的领导责任。企业在制订安全生产领导责任制的同时,还应当制订全员安全生产责任制。这样才能保证企业的安全生产管理做到全面履行,使安全责任落实到位。真正形成主要领导负总责、分管领导具体抓、其他领导协助办、各司其职、各尽其责、分工负责、齐抓共管的安全生产工作新局面。

(3)预防为主的原则。

预防为主的原则,就是把安全生产工作的关口前移,超前防范,建立预教、预测、预想、预报、预警、预防的递进式、立体化事故隐患预防体系,改善安全状况,预防安全事故。在新时期,预防为主就是通过建设安全文化、健全安全法制、提高安全科技水平、落实安全责任、加大安全投入、强化有效的安全管理和技术手段,构筑坚固的安全防线。安全生产管理工作应该做到预防为主,减少和防止人的不安全行为和物的不安全状态,这就是对预防为主原则的要求。

(4)动态管理的原则。

安全管理过程是一个动态的管理过程。随着施工项目的进行,安全管理的内容和重点也在发生变化,因此,在公路工程施工安全管理方面要坚持动态管理的原则。

(5)计划性、系统性原则。

安全管理的两个显著特点即计划性和系统性,安全管理与其他管理大同小异,都要将其列入年度或月度计划。企业的安全管理要依据企业安全生产实际和上级主管部门的要求,合理确定企业某时期的安全生产方向、目标值以及实现安全目标的主要措施。所以,安全管理要坚持计划性的原则。另外,安全管理作为一种企业管理模式也具有一定的系统性,它包括在企业管理的大系统当中,同时安全管理自身也是一个系统,本身具有一定的整体性、相关性、目的性等。

(6)奖优和罚劣相结合的原则。

公路工程施工安全管理既要采用奖励的管理手段,也要采用惩罚的管理手段。奖优要本着精神鼓励与物质鼓励相结合的原则,充分体现奖优罚劣,表扬先进,促进后进,形成有效的激励机制,做到奖励与惩罚相结合。

(7)安全第一的强制性原则。

安全第一就是要求在进行生产和其他活动时把安全工作放在一切工作的首要位置。当生产和其他工作与安全发生矛盾时,要以安全为主,生产和其他工作要服从安全,这就是安全第一原则。

(8)以人为本、关爱生命、安全发展的原则。

在公路工程施工安全管理中,要处处做到把人的安全放到首位,以人为本,关爱生命,关注安全,从而做到安全发展。

(9)"四不放过"的原则。

"四不放过"的原则是在发生安全生产事故时必须坚持的处理原则,即事故原因不查清不放过,事故责任人没处理不放过,事故相关者没得到应有的教育不放过,事故的防范措施不落实不放过。

(10)"一岗双责"制的原则。

实现安全生产"一岗双责"制就是在落实安全生产责任制的基础上,强调每个具体岗位兼有双重责任,即该岗位的本职工作责任和相应的安全生产责任。具体来说就是企业在安全生产工作中主要负责人负总责,其他副职既要履行分管业务工作职责,又要履行安全生产工作职责;在项目施工中要求各级管理人员在完成施工管理工作的基础上,同时承担施工中的安全管理工作。

(11)"一票否决"的原则。

对发生重特大事故的项目、部门和单位,将实行安全生产"一票否决"原则,即取消其参与各类综合性先进单位(或先进个人)评选或者干部晋职晋级的资格。"一票否决"也进一步坚持了"实事求是、公平公正、全面考核、公开透明"的安全生产事故处理原则,有助于突出落实安全生产领导责任。

6.2 公路工程项目安全管理体系的构建与运行

根据安全管理的系统原理,构成安全管理系统的各要素相互联系又相互制约,而且是运动、发展变化的。安全管理应在整体规划下确定建设项目的安全管理目标,明确建设参与各方分工,在分工基础上进行有效的系统综合,建立健全安全组织体系和安全生产责任制度,使系统体系内的各成员明确目标和相应的责、权、利,实现高效的管理。因此,要有效解决前面所述的公路建设安全管理问题，应遵循安全管理的系统原理，运用安全系统工程的程序和方法将实施安全管理的组织、方法、程序、过程和资源等要素，通过科学、系统的运行模式进行融合，构建一个约束人的行为、控制物的状态、保持环境友好，有效适用的全面、系统、动态的管理体系，预防和避免安全事故的发生，从而保障公路建设安全管理目标的实现。

6.2.1 安全管理体系的构建目标与原则

1. 安全管理体系的构建目标

以安全管理相关原理和方法为理论依据，以无安全事故为安全管理目标，构建一个以建设项目为对象，以建设单位为核心，以其他参建单位为相关方，与参建各方的安全管理体系衔接，由建设单位主导的安全管理体系。构建的安全管理体系应能解决因安全管理主体缺位、错位、不到位而引起的安全管理责任不清的问题，使参建各方在安全管理体系下有序地分工协作，安全生产责任制落实到位，安全生产方针中的"综合治理"真正贯彻到位；应能转变建设参与各方的安全管理理念，实现事后管理向事前预防、事中控制转变，使安全生产方针中的"安全第一，预防为主"执行到位；应能改变安全管理缺乏活力的局面，形成"你追我赶，奋发向上"的安全生产氛围，最终提高公路建设中人-机-环境系统的安全性，实现安全建设的管理目标。

2. 安全管理体系的构建原则

(1) 以人为本的原则。

人是建设活动的主体，对建设起着决定性的作用。在建设过程中必须保障每一位建设者的安全和健康，因为人的生命是不可替代的。

(2) 全员参与的原则。

在公路建设中，任何一个人的工作质量、一个环节、一个工序，都将对安全生产产生不同程度的影响。人作为安全管理活动中的主体和客体，在建设过程中肩负着不同的安全责任。因此，只有把参建者的主动性和积极性发挥出来，才能消除人的不安全行为，控制物的不安全状态，完善管理，创造良好的安全环境，实现建设安全。

(3) 全方位的原则。

公路建设从项目立项至竣工验收，涉及建设、勘察设计、监理、施工等多个参建方,参建各方的生产活动都会对安全生产产生影响,而且各方安全工作之间存在一定的关联,因此,需要构建一个安全管理体系,把与建设安全相关各主体的积极性调动起来,带动他们主动地参与建设安全管理,各司其职,相互协作,发挥协同作用,保障项目顺利实施。

(4)全过程的原则。

公路建设安全管理不能只注重施工阶段,从项目立项至交竣工验收的每一个实施阶段都要注重安全管理。对建设全过程中每个阶段的安全工作,都要依靠科学理论、程序、方法做好预防和把关,保证建设安全。

(5)主动性原则。

安全工作必须以预防为主,公路建设也必须贯彻"安全第一、预防为主、综合治理"的方针,这就要求参建各方的安全管理变被动为主动,对危险因素和隐患进行科学的辨识、评价和预控,只有这样,才能做好安全、有效的预防,避免企业遭受损失。同时,参建各方应自觉担负起自身的安全职责,为工程建设顺利进行提供保障。

(6)动态原则。

安全管理中的人、机、环境等要素并不是一成不变的,而是一直处于不断变化之中,参建各方应不断改进安全管理的方法和手段,形成一个周而复始的动态循环管理过程,只有这样,才能保证各种安全控制措施、规定、要求有效地落到实处,消除或控制导致事故发生的危险因素,从而保证实现体系目标。

(7)实用性原则。

构建公路建设安全管理体系不仅要考虑现时成熟的安全技术和方法,还应考虑参与项目建设的单位多、协调难度大等特点,体系构建应尽量与现有的安全管理体系有好的承接,以便项目参建各方能较快熟悉和应用体系,有利于体系的持续改进。

6.2.2 安全管理体系的结构

公路建设安全管理是复杂的系统工程,影响管理成效的因素多。安全管理体系应从安全管理组织体系、安全管理制度体系、安全技术管理体系、安全投入保障体系、安全培训与教育体系、安全应急管理体系和安全管理奖惩体系七个方面进行构建,体系结构如图6.1所示。

组织体系是安全管理工作的核心;制度体系是安全管理工作的依据,技术管理体系是安全管理工作的基础,投入保障体系是安全管理工作的保障,教育与培

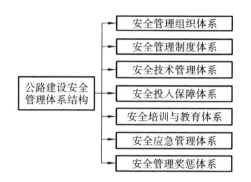

图 6.1 公路建设安全管理体系结构

训体系是安全管理工作的根本,奖惩体系是安全管理工作的必要手段。

6.2.3 安全管理体系的内容

1. 安全管理组织体系

(1)安全管理中参建各方的关系分析。

参与建设的主体主要有建设、勘察、设计、监理和施工等单位,通过合同或委托关系共同参与工程项目建设,参建各方关系如图 6.2 所示。构建由建设单位主导的公路建设安全管理体系,应厘清参建各方在建设中的内在关系,只有这样,才能明确他们在安全管理中应承担的责任,构建出合理的体系架构,为体系的有效运行提供组织基础。

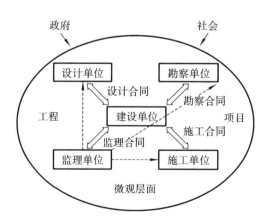

图 6.2 公路建设参建各方关系

①建设单位与设计单位的关系。

建设单位与设计单位在合同委托关系中,建设单位是设计的主导者,设计单位是按建设单位的要求进行设计,在委托设计的合同文件中,应包含安全设计和安全责任的条款要求,这将对设计单位的设计行为产生较大的约束效果,设计质量才能得到保证。

②建设单位与监理单位的关系。

监理单位是建设单位在项目管理中的代言人,建设单位对承包人的指令与意见大多由监理单位负责督促落实和检查。虽然法律法规对监理单位的安全管理责任有较为明确的规定,但在项目的安全管理中,监理单位往往受建设单位的安全意识、态度左右。

③建设单位与施工单位的关系。

建设单位与施工单位是委托合同关系。由于建设单位是工程发包方,处于强势地位,在安全管理中表现出的主动性较多,施工单位处于弱势地位,在安全管理中往往是被动接受管理的状态,建设单位的不合理要求施工单位往往也无法拒绝接受。

④监理单位与设计单位的关系。

监理单位与设计单位在工程建设中没有直接的合同关系,监理单位在建设单位授权范围内,行使管理、监督、检查的权力,协调处理工程建设有关设计事项;如无委托,则与设计单位是协作、配合的关系。

⑤监理单位与施工单位的关系。

监理单位与施工单位在工程建设中没有直接的合同关系,监理单位与施工单位是一种监管与被监管的关系。监理单位监管的侧重点受建设单位的影响。

⑥设计单位与施工单位的关系。

设计单位与施工单位之间没有直接的合同关系,在项目建设过程中存在着工作联系,联系是通过建设单位建立的,设计单位不能向施工单位直接发出工作指令。在法律法规上虽然也规定了设计单位的安全责任,但只包括其部分行为,因设计原因带来的施工阶段安全隐患的问题还普遍存在。施工单位影响不了设计单位的行为,只能通过建设单位反映施工方的诉求,处于被动的地位,难以从设计上消除施工阶段的安全隐患。

从参建各方在公路建设安全管理中的关系可以看出,建设单位在建设安全管理中居于核心地位,是公路建设安全管理的主导者、组织者和指挥者,由其主导公路建设安全管理工作将最有效。

(2)安全管理组织结构。

公路建设安全管理组织的组建应遵循安全管理基本原理,体现多方协作关系,满足工程建设安全管理横到边、纵到底的特点。建立的安全管理组织要具备科学性、合理性和有效性,确保满足建设安全管理的需要。安全管理组织应包括建设、勘察、设计、监理和施工等多家单位派出的项目安全管理机构,这些机构必须履行两方面安全工作职责,既要满足单位内部的安全管理要求,又要符合所参与的建设项目的安全管理需要。建设单位承担着工程建设全面管理的责任,是安全管理责任的第一责任主体,其他参建各方在建设单位主导下各负其责,做好安全管理工作,是安全管理责任的次要责任主体。公路建设安全管理组织结构如图6.3所示。

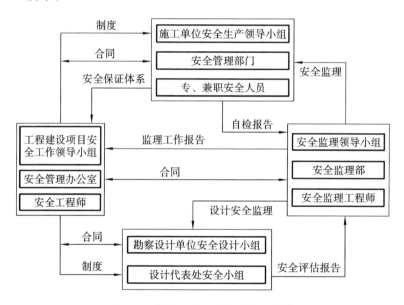

图6.3 公路建设安全管理组织结构

①建设单位。

建设单位应建立三级安全管理组织,首先成立工程建设项目安全生产领导小组,由建设项目总经理为组长,主管安全生产副总经理和总监办总监为副组长,参建各方项目负责人、建设项目安全办和总监办安全管理部负责人等为成员,全面领导、协调、监督公路建设的安全生产工作;其次设立安全管理办公室(简称"安全办"),负责工程建设项目安全工作领导小组安排的具体工作,由办公室主任、安全工程师、专职安全员、业主代表等组成;最后是业主代表,为建设单位日常派驻施工现场的代表,负责协调、监督、检查所管理合同段的安全生产工作。

②监理单位。

监理单位应建立三级安全管理组织,首先成立总监办安全工作领导小组,由总监任组长,分管安全的副总监、安全管理部负责人任副组长,成员包括驻地高监、部门负责人、安全监理工程师,负责审查或批准施工、勘察设计等单位提交的安全方案;其次是设立安全管理部,负责按法规要求落实建设单位和总监办内部的安全生产工作,成员包括安全管理部负责人、安全监理工程师、专职安全员;最后是驻地办设立驻地专职安全工程师和兼职安全员,负责现场的安全生产监理工作。总监办成立以上三级安全管理组织机构后,经法人单位批准后上报建设单位备案。

③勘察、设计单位。

勘察、设计单位应建立二级安全管理组织,一是设立项目设计安全工作小组,由院长或总经理任组长,主管安全的副院长、总工程师、项目设计负责人为副组长,成员包括项目设计技术负责人、各专业负责人、审查负责人等,负责项目勘察、设计的安全审查;二是设立设计代表处安全工作小组,由设计代表处负责人任组长,其他设计代表为成员,负责设计的安全技术交底、优化设计方案,以降低工程安全风险等安全管理工作。勘察、设计单位成立项目安全工作管理机构后应报建设单位备案。

④施工单位。

施工单位应建立三级安全管理组织,首先应成立以项目经理为组长的项目安全生产领导小组,小组成员包含分管安全的副经理、部门负责人、安全工程师、分包单位项目负责人等,全面组织领导从开工到竣工全过程的安全生产工作;其次设立安全生产办公室,负责施工安全生产的日常工作,成员包括安全办主任、安全工程师、专职安全员;最后设立专业施工队安全生产小组,由专业施工队长任小组长,成员包括专业施工队专职安全员和施工班组长(为兼职安全员),具体落实工点施工的安全生产工作。

(3)参建各方的安全管理责任。

①建设单位。

建设单位对建设项目的安全管理负总责,主要责任如下:组织建立完善项目安全管理体系,监督其他参建方在项目安全管理体系框架下建设完善各自的安全管理体系;组织制订建设项目安全管理制度文件,监督其他参建方在制度规定内制订相应的管理细则;组织其他参建方识别、评价和筛选重大危险因素,带头预控和监督其他参建方预控危险源;指导制订项目安全管理方案;带头遵守并监督其他参建方遵守安全生产有关法律法规;与其他参建方签订安全生产责任制,监督其他参建方层层落实安全生产责任制;监督检查参建各方的安全教育培训;及时协调解决安全管理中的重大问题,定期组织召开安全生产会议;保证足额的安全生产费用投入,监管、审查其他参建方的安全生产费用的使用;组织安全检查,对各参建单位安全管理绩效进行检查和考核;参与重大安全实施方案的研讨;决定启动和终止建设项目安全生产事故应急状态、应急响应、应急救援行动,协助政府有关部门做好应急工作等。

②监理单位。

监理单位承担建设项目的安全监理责任,主要责任如下:遵守安全法律法规;按建设项目安全管理体系要求建立健全自身的管理体系;按要求制订安全监理计划和细则;审查所监理标段制订的制度文件、危险辨识与控制方案、安全专项方案和应急救援预案,并对其实施进行过程监控;核查施工机械设备和安全设施的验收手续;开展施工现场日常安全检查,对高危的关键工序和重大危险源的安全旁站监理,及时制止违规作业;监督检查安全生产费用的使用。

③勘察、设计单位。

勘察设计单位对建设项目的安全设计负责,主要责任如下:遵守安全法律法规;按建设项目安全管理体系要求建设健全自身的管理体系;按照国家有关标准、规范的规定要求及勘察成果进行工程设计和安全设计;识别设计阶段的工程建设重大危险因素,在设计文件中提出关于工程安全方面的要求及控制措施;科学测算工程建设的安全生产费用,保证估算、概算和预算中的专项费用基本满足建设的安全需要;向建设、施工、监理等参建方进行详细的安全技术交底;委派设计代表现场解决设计文件中涉及的安全问题;根据项目进展情况,不断优化设计方案,降低工程安全风险;配合建设工程进行项目验收。

④施工单位。

施工单位对建设项目施工安全负责,主要责任如下:遵守安全法律法规;按建设项目安全管理体系要求建设健全自身的管理体系;落实一岗双责制,层层落实安全生产责任制;制订安全管理目标、指标、管理方案;制订符合实际的施工组织设计安全专项方案和安全生产应急预案;识别本合同段的危险因素,筛选重大危险因素,制订预控措施方案;对参建人员进行安全教育与培训,倡导文明施工和安全生产;保证安全投入,合理使用安全生产经费,确保安全设施到位和施工机械设备具有良好的安全性能;层层进行安全技术交底,落实各项安全措施;每日进行安全生产巡回检查,确保设施的正常运行和各项措施的有效性,建立安全管理台账;负责安全生产事故抢险、救灾工作等。

2. 安全管理制度体系

工程建设中约34%的安全事故因缺乏管理制度造成,其他原因引发的事故基本上都与违反安全管理制度有关。由此看来,完善的安全管理制度对消除或抑制安全事故的发生起着关键的作用。安全管理强调全员参与、各负其责,科学合理的安全管理制度可以避免人的不安全行为,有效排除物的不稳定状态,堵塞管理漏洞,从源头上避免或降低安全风险的发生。安全管理制度不但要科学合理,而且要全面系统,制度的设计和制订必须遵循安全管理学的基本原理,有效提高制度的可行性和可操作性,否则就会出现安全工作人人参与、人人都不负责的现象,安全管理制度就没有了价值,成了摆设。

(1)制度建设。

公路建设安全管理工作是一项复杂的系统性工程,涉及各个环节和参建各方,需要制订全面系统、科学合理的安全管理制度,使参建各方的安全管理有规可依、有章可循,使安全管理规范化、系统化、程序化,为实现公路建设安全目标提供制度保障。安全管理制度建设应综合考虑各方面因素,用安全管理系统原理、强制原理的思想和方法,把项目建设安全理念的指导思想、目标和行为要求固化为制度,不仅要求制度本身逻辑严谨、权责清晰、符合项目实际,而且要求制度之间相互配合、形成闭环,构成以安全责任制为中心的安全管理制度体系。

建设单位应在项目筹建初期,制订项目的安全生产实施纲要,作为工程建设安全管理工作的实施总纲,并以安全生产责任制为核心建立健全各项安全管理制度,规范安全管理工作。勘察、设计、监理和施工等单位要按照建设单位的安全生产实施纲要、安全管理制度,以及安全生产相关法规、标准的要求,结合工程实际和自身管理情况,制订参建各方的项目安全管理制度、操作规程、安全监理实施细则和安全管理表格。安全管理主要制度见表6.1。

表6.1 安全管理主要制度

序号	制度名称	制度执行方			
		建设单位	勘察设计单位	监理单位	施工单位
1	安全生产责任制度	√	√	√	√

续表

序号	制度名称	制度执行方			
		建设单位	勘察设计单位	监理单位	施工单位
2	安全生产教育与培训制度	√	√	√	√
3	安全生产费用保障制度	√	√	√	√
4	安全管理机构设置及专职人员配置制度	√	√	√	√
5	安全生产检查制度	√	√	√	√
6	安全考核与奖惩制度	√	√	√	√
7	安全会议与报告制度	√	√	√	√
8	安全事故应急救援制度	√	√	√	√
9	安全专项方案编制与审查制度	√	√	√	√
10	安全生产风险抵押金制度	√	√	√	√
11	安全技术交底制度		√	√	√
12	安全技术措施管理制度		√	√	√
13	安全标准化管理规定				√
14	工种安全操作规程				√
15	特种作业人员持证上岗制度				√
16	起重机械和设备设施验收登记制度				√

(2)制度落实。

制度的生命在于落实,制订安全管理制度只是公路建设安全管理制度体系建设的第一步,杜绝或减少安全事故发生的关键是要把安全管理制度落实到日常工作中。只有抓好以下几个关键环节,制度才能更有效地落实:①提高全员认识,真正树立"安全第一、预防为主、综合治理"的思想;②完善制度,使之符合项目实际;③做好制度的宣贯和员工的教育培训;④明确安全管理的责任主体,区分管理与监督的职责;⑤制订奖惩机制,实施工程建设安全生产风险抵押金制度,运用激励手段,对制度执行情况进行监督和考核。

3. 安全技术管理体系

安全技术管理体系是基于安全技术及其管理的一套安全保障体系,是公路建设安全管理体系的重要构成。安全技术管理体系包括危险源控制管理、施工组织设计、安全技术(生产)专项方案、安全技术交底、安全技术规范和操作规程等,见图 6.4。

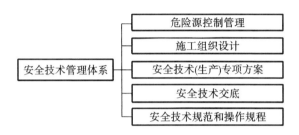

图 6.4 安全技术管理体系

在安全管理中,制订的安全技术措施和安全保障措施应把安全技术、工程技术和管理方法融为一体,只有这样,安全措施才能有针对性地控制人的不安全行为、物的不安全因素和环境的不安全条件,保证物和环境安全、可靠,使生产具有良好的安全环境和条件。

在公路安全管理中,应运用安全系统工程原理及其方法,在设计和施工阶段开展危险源辨识评价和预控,制订相应的安全技术控制措施和安全保障措施,对于易发生事故伤害的分部分项工程、关键工序,还应严格按照安全技术规范和操作规程的规定制订安全技术(生产)专项方案,使排查出的危险因素和安全隐患在建设实施前得到预防,在实施中得以控制,为作业人员提供安全、良好的劳动条件,保证人身健康安全和施工建设的顺利进行。制订的安全措施和方案必须进行认真评审,经批准后才能实施,以确保措施方案可行、可靠,同时要求在实施前进行层层的安全技术交底,保证安全措施方案落实到位。

(1)危险源控制管理。

公路建设安全管理的核心工作是危险源控制管理。危险源控制管理包括危险源辨识、危险源风险评价和危险源控制三个方面。要做好公路建设的危险源控制管理,应采取主动预防的安全管理方式,用安全系统工程的理论和方法,对公路建设过程的危险源进行辨识和风险评价,有针对性地采取安全防范措施,及时实施有效控制,将安全风险降到最低。公路建设的危险源主要有人的不安全行为,包括违反法律法规、部门规章、标准、规范及规程、制度、图纸、方案、措施等的要求；物的不安全状态，包括施工机械、设备、材料、机具等的不安全状态；管理缺陷，包括设计方案缺陷、技术措施缺陷、作业环境和场所的安全防护措施设置不当、防护装置和用品缺少等。

①危险源辨识。

危险源辨识首先要根据公路工程的特点及内容选择危险源辨识目标。危险源辨识目标有原材料的采购、储存和运输；施工设备的运行、维护与保养；施工生产作业活动、施工工艺的选用；气候、地理环境及其他外部环境影响；其他辅助活动。危险源辨识应正确、全面、系统、多角度、不漏项。不仅要分析正常施工、操作时的危险因素，更重要的是充分考虑组织活动的3种时态（过去、现在、未来）和3种状态（正常、异常、紧急）下潜在的各种危险因素。

危险源辨识过程主要包括资料的收集、危险（有害性）分析、危险源的确定、编写危险源辨识报告等，如图6.5所示。

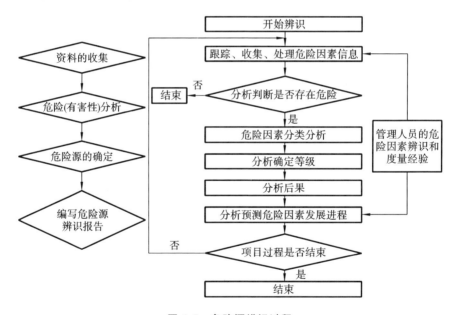

图6.5　危险源辨识过程

②危险源风险评价。

根据公路工程的特点与难点，对相关的危险源进行筛分，选出影响最大的重大危险源，分析风险产生机理，同时结合对建设单位、设计单位、监理单位和施工单位的安全工作状况调查情况，进行综合评估，形成危险源风险评价报告，为后续制订、选择安全控制措施提供依据。

危险源风险评价步骤如下。

第一阶段:成立危险源辨识和评价工作组,由建设单位安全负责人牵头,安全总监具体组织落实,成员包括安全监理工程师、设计单位代表、施工单位的项目安全负责人、总工程师、施工班组组长、安全员等。

第二阶段:由工作组和外聘的安全咨询机构对危险源的初始风险进行评价,结合设计图纸等相关文件和现场作业环境等实际情况,分析各个风险因素,厘定等级,形成重大危险源清单。

第三阶段:依据风险评价结果和接受准则,拟订相应的方案和对策;对危险源的风险进行再评估,判别残留风险等级并给出相应的控制措施。

③危险源控制。

危险源控制措施包括目标方案控制、制订运行管理规定控制、建立应急计划控制和监测控制等方面。危险源风险评价组应根据风险评价的结果制订相应的控制措施,危险源控制的依据是风险程度。在确定控制措施或考虑变更现有控制措施时,应按如下顺序考虑降低危险源风险:a.消除;b.替代;c.工程控制措施;d.标志、警告和(或)管理控制措施;e.个体防护装备。

危险源控制的技术措施主要如下:a.直接的安全技术措施——消除危险源风险;b.间接的安全技术措施——降低危险源风险;c.指示性的安全技术措施——规避危险源风险;d.操作性的安全技术措施——减弱危险源风险,如改善控制措施、个体防护、加强管理、应急方案、预防性措施。

危险源控制措施的提出、制订、审批、执行可分为年度性项目和临时性项目两种。年度性项目由安全环保处负责组织,各部门依据危险源的控制措施统计上报,并结合企业的安全技术措施项目,每年编制年度技术措施计划,经审核后组织实施;临时性项目由各部门随时上报安全环保处或主管专业处审核后实施。

(2)施工组织设计。

施工组织设计是对公路施工活动实行科学管理的重要手段,是指导施工活动(包括安全生产活动)的重要技术文件。它是在工程设计文件要求、企业自身施工条件和对原始资料调查分析的基础上编制的,对施工活动进行了统筹布置,体现了将工程设计转为实体工程的要求,明确了施工各阶段的准备工作内容,明确了保证施工正常进行所要采取的安全技术措施和安全保障措施及相应的资源、设备,明确了在施工过程中各单位、工种和资源间的相互关系。施工组织设计的质量对公路建设安全生产有直接影响,因此,编制施工组织设计应符合规定要求,应保证编制质量,为保证施工活动有序安全进行提供依据。

在公路建设安全管理中,施工组织设计应满足如下要求:应按规定要求事项编制施工组织设计,施工组织设计中的安全技术措施应依据危险源编制,安全技术措施应完善,施工组织设计应经过程序审批,应有技术负责人等审批人员的签字。

(3)安全技术(生产)专项方案。

安全技术(生产)专项方案主要是为了保证公路建设中危险性比较大的分部分项工程、关键工序施工安全,确保工程建设的安全。公路建设中的安全技术(生产)专项方案主要是针对桥梁桩柱、高边坡、隧道、脚手架或支架、塔吊及龙门吊等存在较大危险性的工程制订的。安全技术(生产)专项方案制订后应由专业技术人员及监理工程师进行审核,审核合格后由施工单位技术负责人、监理单位总监理师审查并签字批准。施工单位应对危险性较大的方案组织不少于5人的专家组对已编制好的安全技术(生产)专项方案进行论证评审。

在公路建设安全管理中,安全技术(生产)专项方案应满足如下要求:应按规定要求对专业性强和危险性大的施工项目单独编制有针对性的安全技术(生产)专项方案;安全技术(生产)专项方案应按规定经过有关单位和技术负责人的审批签字;安全技术(生产)专项方案应按规定进行计算和图示;施工单位技术负责人应组织方案编制人员对方案的实施过程进行跟进、反馈、复查。

(4)安全技术交底。

安全技术交底是公路建设安全管理中一项技术性很强的工作,对保证建设安全十分重要。安全技术交底是为了明确相关参建方及人员的安全技术管理责任和要求,使项目建设安全技术管理工作规范化、程序化。在施工前,建设单位应组织设计单位对施工单位、监理单位相关安全技术人员进行设计文件的安全技术交底并留交底记录。施工单位的安全技术交底应分阶段、分工种、分作业对象进行层层交底。当两个及以上工种或施工队配合施工时,工班负责人要按工程进度定期或不定期地向各施工队或工班负责人进行交叉作业的书面安全技术交底。施工单位的安全技术交底内容主要如下:①根据现场实际作业条件,对施工组织设计、方案的安全技术措施进行细化和补充,特别是施工中的特殊问题和危险部位所应采取的安全技术措施;②要将操作者的安全注意事项讲明白、讲清楚,保证施工作业人员的人身安全。

在公路建设安全管理中,安全技术交底应满足如下要求:应按要求进行各级安全技术交底工作,应对各级安全技术交底要求和内容进行详细规定,安全技术交底应有书面记录并应有相应的签字。

(5)安全技术规范和操作规程。

安全技术规范和操作规程是作业人员进行作业的依据,是为了确保安全而从技术角度统一、规范施工作业人员的操作而制订的标准,目的是尽量避免因操作不当而导致事故的发生。施工单位应确保采用的安全技术规范和操作规程现行有效和无缺陷,应要求施工人员严格按照安全技术规范和操作规程进行作业,规范和约束施工人员安全行为,施工单位所采用的安全技术规范和操作规程应向监理单位报批或报备。在公路建设安全管理中,所采用的安全技术规范和操作规程应满足如下要求:与施工活动相关的安全技术规范和操作规程应现行有效;采用的安全技术规范和操作规程应无缺陷;采用的安全技术规范和操作规程应按程序报备或报批。

4. 安全投入保障体系

安全投入就是为参与建设的人员提供必要的安全生产条件,创造一个良好的建设安全环境,保证与安全保障功能相关的人力、物力、财力等方面的投入,保障建设工程项目的顺利实施。在公路建设中,最主要的安全投入主体是建设单位和施工单位,它们投入是否合理、能否满足生产需要对建设安全起着关键性作用。

(1)建设单位安全投入。

建设单位应按财政部、应急管理部发布的《企业安全生产费用提取和使用管理办法》(财资〔2022〕136号)等法规的规定投入必要的安全生产费用。在项目决策阶段,建设单位应依据设计文件、建设环境、技术的难易程度等进行安全预评价,根据评价结果及其应采取的防范控制措施,充分预测建设所需的安全生产费用,并把预测的安全生产费用列入投资总额、工程概预算。在工程招标阶段,建设单位应依据设计文件、建设环境、工程技术难度、同类已完工项目安全投入等情况,预测各标段可能存在的危险源,并根据危险源的数量、规模及防控措施测算各标段的安全生产费用,作为标底价的构成部分,同时在招标文件的合同中合理规定安全投入的数额、项目清单、支付计划、使用要求、调整方式等条款内容。在施工阶段,建设单位应要求各施工单位结合作业环境和施工方案,进行危险源辨识评价,制订危险源控制措施;建设单位应根据工程进度和危险源情况及时预付安全生产费用,确保安全防范控制措施得以投入和落实;同时,应制订安全生产费用管理制度,规范和约束安全费用的计量、支付、使用,开展专项检查,加强安全经费监管,规范使用范围,确保安全生产费用专款专用。

(2)施工单位安全投入。

施工单位的安全投入要合理充分,否则难以保证实现项目的安全生产和盈利。施工单位的安全投入是生产总投入中的一部分,是一种生产成本,与其他成本投入一样会有产出,只是其产出效益带有隐形性、滞后性,而被许多施工单位所忽视。大部分施工单位的安全投入仍是被动、不合理的投入,直接威胁到施工的安全生产。施工单位应树立正确的安全生产观、安全经济观,主动且充分投入确保安全技术措施和安全保障措施实施所必要的安全经费,消除、控制危险源,预防安全事故的发生,使企业安全生产免受事故损失而增加经济效益和社会效益。

施工单位应遵循安全经济规律,按《中华人民共和国安全生产法》《建设工程安全生产管理条例》《公路水运工程安全生产监督管理办法》《企业安全生产费用提取和使用管理办法》等规定要求,以最佳的安全投入产出为原则,科学合理配置和使用安全资源,使安全投入能满足正常的安全生产所需,确保安全投入不低于保证性安全成本(事故预防费用消耗),按需合理使用安全生产费用,使有限的安全资源发挥最佳成效,为生产安全提供保障。在施工生产中,应科学测算和合理安排安全措施费,使投入的安全生产管理人员能满足生产管理需要;使全体施工人员能得到安全教育和培训而树立良好的安全生产意识,减少或杜绝违章指挥和违反操作规程现象的发生;使施工机械设备、安全防护设施得到更新和维护而保持良好的工作性能和状态;使专项安全防护措施落实到位而避免建设人员受到伤害;从而为人员的健康安全和生产建设的顺利进行提供基本保障,为实现较好的经济和社会效益提供可能。

施工单位在投标时应按《企业安全生产费用提取和使用管理办法》的规定,按公路工程建筑安装造价的 1.5% 计提安全生产费用,不得删减,按相关规定列入标外管理。在施工时应按合同文件规定编制和提供相关材料,及时向建设单位申请安全生产费用;应严格按《企业安全生产费用提取和使用管理办法》和《公路水运工程安全生产监督管理办法》在规定范围内使用安全费用,不得挪作他用。

5. 安全培训教育体系

公路建设安全管理中,建设单位应根据项目安全管理的理念、目标主导安全教育培训的管理,对安全教育培训的基本要求、形式、内容、时间、效果评价作出规定。尤其应加强建设单位业主代表、施工单位工程技术管理人员、监理单位专业监理工程师等公路工程安全技术管理关键岗位人员的培训考核,强化安全生产技术管理力量;要加强对主要负责人、安全生产管理人员和特种作业人员等"三类"岗位人员的安全培训,确保持证上岗;强化对一线员工的培训教育,重点抓好一线生产人员的安全培训工作。

为保证安全教育培训效果,安全教育培训应按如下几方面的要求和内容开展。

(1)安全教育培训基本要求:各参建方应建立安全教育培训制度,应建立单位安全宣传教育培训活动档案和从业人员安全教育培训个人档案,应保证安全教育培训所需经费和设施;各参建方安全教育要覆盖所有进场人员,安全教育宣传的方式可通过单位专栏、展架、互联网等多种形式;从业人员调整工作岗位或离岗一年以上重新上岗时,应进行岗前安全生产教育培训;实施"四新"时应对相关从业人员进行有针对性的安全知识和技能培训;凡是违章指挥和违章作业的人员,经济上要给予处罚,同时要办班进行专门的安全教育,提高他们的思想认识。

(2)安全教育培训的形式:安全教育培训的开展应注重寓教于乐,脱产与业余相结合。采取的形式要灵活丰富,如:组织相关人员收看(听)安全生产影视、广播;举办安全技术展览、座谈会、报告会等;张贴安全标语、安全挂图,布置安全板报等。

(3)安全教育培训的内容:安全生产法律法规,本单位安全管理制度和劳动纪律,岗位安全操作规程;危险源辨识、事故防范措施及事故应急措施;事故案例、典型经验系统安全教育等。

(4)安全教育培训的时间:对危险性较大岗位的人员安全生产岗前教育培训时间应保证在48学时以上,一般岗位新进从业人员安全生产岗前教育培训时间应保证在24学时以上。各参建方每月至少进行1次经常性安全教育学习活动,施工班组每周至少进行1次经常性安全教育学习活动。

(5)安全教育培训的效果评价:各参建方应进行常态化的安全教育效果评价,组织开展安全生产考核或知识竞赛等活动。安全生产考核可分为书面考核、现场提问考核和实际操作考核。对考核不合格的人员必须责令其重新参加安全教育培训,再次考试合格后才能上岗。

6. 安全应急管理体系

应急管理是法律法规的客观要求,是工程建设不可缺少的一个重要环节。公路建设的安全应急管理体系是一个由建设单位主导、其他参建方分工合作的统一指挥、反应灵敏、协调有序、运转高效、覆盖全员的应急管理系统。公路建设安全应急管理是以应急预案为核心,从应急队伍建设、人员培训、物资储备、装备配备、危险源辨识、预案演练,到事故的应急救援、恢复重建、预案改进等方面进行全面管理,切实提高参建各方的预控、控制事故的能力。应急管理工作包括预防与预警、准备、响应、结束、恢复、评估等阶段(图 6.6)。

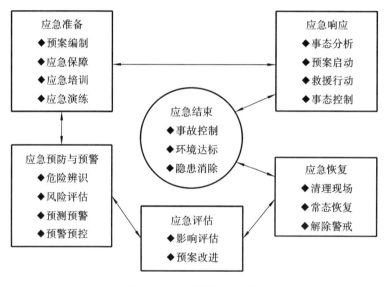

图 6.6 应急管理工作框图

各参建方要正确认识安全应急管理工作的责任、性质和重要性,做好应急管理工作,在建设单位主导下,建立良好的沟通协调机制,保持沟通渠道的畅通,各参建方应相互配合、相互协作、相互监督,共同做好建设项目的安全生产管理工作。

7. 安全考核奖惩体系

开展安全考核和奖惩是做好公路建设安全管理的有效手段。公路建设安全管理和其他管理一样离不开激励机制。公路建设安全考核激励对象主要是参建单位。

（1）安全考核。

公路建设安全考核工作应由建设单位主导，由其安全管理办公室定期对各参建方及相关人员进行考评，考评内容为单位安全管理情况，考评与奖惩挂钩，以提高参建方及其相关人员的工作积极性，增强它们的安全管理意识，提高安全管理水平，减少"三违"现象发生。

①考核对象。

具体考核对象包括监理单位、勘察单位、设计单位、施工单位。

②考核时间。

安全考核应有合理的频率，针对考核对象规定不同的考核时间，安全考核时间可按季度和年度进行考核。对施工单位的考核宜每季度一次，对监理单位、设计单位的考核宜每半年一次。

③考核内容。

安全考核的内容包括基础管理和现场管理两个方面。

监理单位考核评分应为建设单位对其安全工作检查评分和监理单位所监管单位的合计总分各占一定比例。

施工单位的考核评分应为监理评分的平均值和建设单位评分的平均值各占一定比例。年度考核以季度考核的平均成绩为依据。

设计单位的考核评分应由建设单位安全管理办公室会同总监办负责进行，检查评分结果直接由检查小组根据评分表计算得出，若出现设计缺陷造成事故、不及时进行设计变更或优化设计造成事故、出现事故不及时配合的情况之一，一律被评定为不达标。

④考核结果。

根据《施工企业安全生产评价标准》（JGJ/T 77—2010），应由检查人员综合评定参建方的安全生产分数。考核结果和评分排名情况将在整个工程项目内通报，并视情况抄送上级有关部门或各参建方的上级和主管部门，考核结果作为参建方在本项目的年度信用评价依据。

（2）奖惩办法。

①安全奖励经费来源。

安全奖励经费主要来源于建设单位的优质优价预算和劳动竞赛的部分费用，此外还来源于各级单位对建设项目的安全奖励经费和对各参建方在安全方面的罚款。

②奖惩兑现。

对安全考核优秀的单位、个人分别进行奖励,被奖励人所在单位不得对个人奖励资金进行任何形式的截留。对月度安全考核不达标的单位和不称职的个人进行处罚,处罚资金项列入安全奖励经费进行管理,同时还应于规定时间内制订安全整改措施报送建设单位安全管理办公室。

6.2.4 安全管理体系的运行

根据安全管理的系统原理,构成安全管理系统的各要素是相互联系又相互制约的。因此,安全管理应保持良好的适应性、机动灵活性和积极弹性,以增强组织系统的可靠性和对未来态势的应变能力。系统中受到任何不安全因素或行为干扰时,应及时发现、反馈不安全信息,及时采取预防措施,消除或控制危险因素,使系统的运动恢复到正常、安全状态,保持和维护系统的正常、平稳运转。因此,公路建设安全管理体系应遵循系统原理,运用 PDCA 循环的原理和方法,使体系运行形成一个动态循环,不断改进解决体系运行中出现的问题或不足,确保实现安全管理预期目标。

(1)安全管理体系策划。

公路建设安全管理体系应在项目筹建阶段进行策划,由建设单位(项目筹建处)成立安全管理体系工作组进行策划和设计。工作组应依据上级部门的安全管理要求,制订项目安全管理体系建立和实施计划。工作组应结合项目路线走向所涉及的人文、地质环境、技术等影响项目建设的条件因素,确定安全管理目标、安全管理模式、安全组织体系框架,制订安全管理方案或纲要、安全管理制度体系等,建立初步的项目建设安全管理体系。

(2)安全管理体系实施。

公路建设从项目立项到竣工的安全管理,都应依据项目建设安全管理体系的内容和要求来开展。在招标工作中,应把安全管理体系相关要求反映到招标文件和具体的合同条款中,作为投标响应条件,把执行项目建设安全管理体系以合同的形式确定;应按规定科学测算确定安全生产费用,满足安全生产需要。在确定中标单位后,签订安全生产责任协议,应成立由建设、勘察、设计、监理、施工等单位共同组织的工程建设项目安全工作领导小组,领导、协调、监督、检查安全生产工作有关事宜,参建方应按安全管理体系要求设置安全管理机构和配备安全管理人员,层层签订安全生产责任书,全面落实体系规定。在工程实施中,应按体系要求进行勘察设计阶段、施工阶段的危险因素(源)辨识排查,提出(或制订)安全技术措施和安全保障措施建议(或方案),并进行预控;应按体系要求实行逐级安全技术交底;应按合同、体系的规定使用安全生产费用,监督检查费用的投入使用情况;应按体系要求落实安全生产的跟踪监督检查,及时发现和纠正违规行为。

(3)安全管理体系检查。

公路建设过程中,安全管理存在着很多不确定性因素,需要不断对安全管理体系运行情况进行检查,只有对整个项目的安全管理工作、体系运行进行全面的总结评估,才能确定管理体系是否达到预期效果及是否持续有效地运转。安全管理体系运行检查应由建设单位组织主导,其他参建各方参与,可分开工前检查、月度检查、季度检查、年度检查等阶段进行。检查应主要从人、机、环境、管理四个方面进行,应分析公路建设中仍然存在的安全隐患及其成因,找出问题并与前一次检查评估结果进行比较,评价现时的安全管理工作、体系运行情况。

(4)安全管理体系持续改进。

公路建设安全管理体系持续改进阶段的主要工作环节有问题整改与验收和总结提高。一是建设单位或检查单位应对运行中发现的问题,及时进行书面通报,发出安全管理问题整改通知单,要求存在问题的单位进行问题成因分析,并采取措施整改落实,对整改落实情况进行验收检查和抽查。对于建设单位存在的问题,应由工程建设项目安全工作领导小组中的监理单位和施工单位人员共同督促整改并验收;对于设计、施工单位存在的安全问题,应由监理单位督促整改并验收,建设单位进行抽查;对于监理单位存在的问题,应由建设单位督促整改并验收;对于上级主管部门在安全督查中发现的安全问题,各存在问题单位整改落实后,由建设单位对整改落实情况进行验收,并把整改落实情况报上级主管部门。二是工程建设项目安全工作领导小组对安全管理体系实施过程进行全面、系统的讨论和总结,对安全管理体系的适宜性、充分性和有效性进行系统的评价,总结管理经验,确定体系改进和变更的事项。对于成功的管理要给予肯定,并把它制度化,对于存在的不足、尚未解决的问题、新出现的问题等,继续在实施中找出解决方法。

公路建设安全管理体系要运用PDCA循环原理进行管理,不断策划、实施、检查发现问题、整改落实,使安全管理工作和安全管理体系每循环一次都有新的改进,保持安全管理体系的持续有效,实现项目安全管理目标。

6.3　公路工程施工安全事故预防及处理

6.3.1　施工常见事故及预防措施

1. 公路项目施工中常见的安全事故

根据资料统计,公路项目施工中常见的安全事故有以下几种。

(1)物体打击,如坠落物体、滚石、锤击、碰伤等。

(2)高空坠落,如从高架上坠落,或落入深坑、深井等。

(3)机械设备事故引起的伤害,如绞伤、碰伤、割伤等。

(4)车祸,如压伤、撞伤、挤伤等。

(5)坍塌,如临时设施、脚手架垮塌、岩石边坡塌方等。

(6)爆破及爆炸事故引起的伤害,如炸药、雷管、锅炉和其他高压容器爆炸引起的伤害等。

(7)起重吊装事故引起的伤害等。

(8)触电(包括雷击)事故。

(9)中毒、窒息,如煤气、油烟、沥青及其他化学气体引起的中毒和窒息。

(10)烫伤、灼伤。

(11)火灾、冻伤、中暑。

(12)落水等。

2. 公路工程施工常见事故预防措施

安全工作要以预防为主,消除事故隐患。小事故要当大事故抓;别人的事故要当自己的事故抓;险肇事故要当事故抓。另外,不应把搞好安全生产单纯看作技术性工作,而必须从思想上、组织上、制度上、技术上采取相应的措施,综合治理才能奏效。

(1)思想上重视。①项目部领导要重视;②要加强职工的安全生产思想教育,使每个职工牢固树立"安全第一"的思想。

(2)建立健全安全生产规章制度。①要建立安全生产责任制,健全各级项目部门的各级领导的安全管理责任制和职工的安全操作责任制,真正做到"安全生产,人人有责"。②要坚持安全生产检查制度,通过检查及时发现问题,堵塞事故漏洞,防患于未然。③要坚持安全生产教育制度。④要建立安全事故处理制度。事故发生后,应认真吸取教训,防止同类事故重复发生。

(3)制订切实可行的安全技术措施。①公路施工的安全技术措施,如针对土石方工程、高空作业、超重吊装,以及采用新工艺、新结构的工程的特点制订的安全技术规程。②机械设备使用中的安全技术措施,如使用前通过检验排除隐患,按性能使用,超负荷运转应经过验算、加固和测试,以及加设安全保险、安全信号、危险警示和防护装置。③改善劳动条件和作业环境的技术措施,如开展文明施工活动,做到施工现场整洁。

6.3.2 施工伤亡事故处理程序

施工生产场所发生伤亡事故时,负伤人员或最先发现事故的人应立即报告项目领导。项目安全技术人员根据事故的严重程度及现场情况立即上报上级业务系统,并及时填写伤亡事故表上报企业。发生重大伤亡事故时,各有关部门接到报告后,应立即转告各自的上级管理部门。施工伤亡事故处理程序如下。

1. 施工伤亡事故报告和登记

为了保证政府和上级主管部门及时掌握施工伤亡事故的有关情况并作出处置,生产经营单位发生施工伤亡事故后,必须及时报告,认真登记。施工伤亡事故报告总的要求是"快"和"准"。"快"就是要迅速及时。生产经营单位发生施工伤亡事故后,事故现场有关人员应当立即报告本单位负责人。主要负责人有责任立即如实向负有安全生产监督管理职责的政府主管部门报告事故情况,不得隐瞒不报、谎报或者拖延不报。"准"就是内容要准确。生产经营单位在发生施工死亡、重伤事故后,应报告以下内容:(1)事故发生的单位、时间、地点、类别;(2)事故伤亡情况;(3)事故的简要经过,直接原因的初步判断;(4)事故后组织抢救、采取的安全措施、事故灾区的控制情况;(5)事故的报告单位。

2. 施工伤亡事故调查的组织分工、调查组的组成及职责

按事故严重程度,事故调查工作的组织分属不同级别负责。轻伤、重伤事故发生后,应由生产经营单位负责人或者指定的人员组织本单位有关人员和工会成员组成事故调查组,进行调查。施工死亡事故由设区的市级(或者相当于设区

的市一级)负有安全生产监督管理职责的部门会同有关部门和工会组成事故调查组,进行调查。重大伤亡事故由省级负有安全生产监督管理职责的部门会同有关部门和工会组成事故调查组,进行调查。特大伤亡事故由省、自治区、直辖市人民政府或者国务院负有安全生产监督管理职责的部门成立事故调查组。事故调查组的组成成员必须与发生的事故没有直接利害关系,同时必须具有事故调查所需要的某一方面的专长。

事故调查组的职责:(1)查明事故发生原因、过程和人员伤亡经济损失情况;(2)查明事故的性质和事故责任(包括事故单位的责任部门的责任);(3)提出对事故责任者的处理意见;(4)总结事故教训并提出防范措施的建议;(5)写出事故调查报告。

3. 施工伤亡事故的调查

对于生产经营单位的施工伤亡事故,必须按照"四不放过"(事故原因分析不清不放过、事故责任者没有受到处理不放过、没有采取防范措施不放过、事故责任者和群众没有受到教育不放过)的原则进行调查处理,要做好事故现场摄影与现场事故图的绘制、事故原因分析、事故责任分析、事故报表填写、事故结案材料归档等工作。具体需要做好以下措施:(1)现场保护;(2)物证搜集;(3)事故事实材料搜集;(4)证人材料搜集;(5)现场摄影;(6)事故图(事故图应包括了解事故情况所必需的信息,如事故现场示意图、流程图、受伤害者位置图等)绘制。

4. 施工伤亡事故的原因分析

施工伤亡事故分析是伤亡事故调查处理的一项基本内容,是安全管理工作的一个重要组成部分。伤亡事故分析是事故调查人员运用科学技术知识技能和经验采用科学的事故分析方法,以安全法律法规和标准为依据,对事故进行研究分析,找出事故的原因和规律,分清有关人员的责任,提出防止事故的有效措施。

重大伤亡事故都比较复杂,事故原因往往难以找出,因此必须运用先进的事故分析技术和方法,通过分析明确事故发生过程中的原因事件序列,更好地采取事故预防对策。

伤亡事故分析可借助有关专业技术知识来进行。如建筑物及支架倒塌、机械设备损坏等,可根据工程力学理论进行分析;火灾、爆炸事故可根据物质的燃烧和爆炸机理及爆炸力学进行分析;人为失误可根据人体工程学和心理学等进行分析。上述各种分析手段具有各自独立的体系,因此,在分析伤亡事故时,可参阅有关专业书籍或邀请有关专家参加。

除了以上专业技术手段,还有系统安全分析方法,如鱼刺图分析法、事件树分析法、故障树分析法等。这些方法对分析事故发生过程的各种逻辑关系、查明事故原因是非常有用的。

5. 施工伤亡事故调查报告的写作

施工伤亡事故报告是事故调查人员对发生的伤亡事故进行调查、分析后写出的报告材料。施工伤亡事故发生后,应根据事故严重程度,组织不同规模的调查小组,对事故进行调查、分析,并写出事故调查报告,以从中吸取教训,制订防范措施,并对事故责任者进行责任追究。施工伤亡事故报告必须客观、公正、明确。我国对施工伤亡事故的调查、报告、处理、结案早有明确规定,内容和要求都是统一的。施工伤亡事故报告主要包括以下内容:(1)生产经营单位的名称;(2)事故发生时间;(3)生产经营单位及事故简况;(4)事故状况(经过、类别);(5)事故原因;(6)受伤害人员情况;(7)对事故责任者的处理;(8)消除事故后果及预防事故再次发生的主要技术措施和组织措施;(9)调查组成员情况。

6. 事故的审理和结案

对于事故的审理和结案,有以下几点要求。

(1)事故调查处理结论报出后,须经当地有审批权限的机关审批后方能结案,并要求伤亡事故处理工作在 90 d 内结案,特殊情况也不得超过 180 d。

(2)对事故责任的处理,应根据事故情节轻重、各种损失大小、责任轻重加以区分,予以严肃处理。

(3)清理资料进行专案存档,事故调查和处理资料是用鲜血和教训换来的,是对职工进行教育的宝贵资料,也是伤亡人员和受到处罚人员的历史资料,因此应完整保存。

存档的主要内容如下:①职工伤亡事故登记表;②职工重伤、死亡事故调查报告书,现场勘察资料,图纸,照片等;③技术鉴定和试验报告;④物证、人证调查材料;⑤医疗部门对伤亡者的诊断书及影印件;⑥事故调查组的调查报告;⑦企业或主管部门对事故所作的结案申请报告;⑧受理人员的检查材料;⑨有关部门对事故的结案批复等。

第7章 公路工程项目资源管理

7.1 工程项目资源的优化配置

7.1.1 资源配置的定义与特点

1. 资源配置的定义

公路工程项目中的资源配置就是将项目中的几类资源均衡合理地分配到公路工程各工序和各施工阶段,保证公路工程项目更早更快地完成。项目管理者应该根据项目在不同阶段的资源需求,合理确定各类资源的分配比例并进行有效组合,力求在达到预定目标的前提下,以最小的资源投入获得最大的收益。

在公路工程项目施工过程中,物质资源的有限性是不可避免的,因此,对物质资源进行合理规划和利用是十分必要的。公路工程项目在预算阶段,项目的各项投入以及所需的物质资源都已经基本确定,同时资源具体规格等相关细节也不会再更改,工程施工还没开始,建设项目所需资源就已被限制在固定的范围之内。此外,公路工程项目建设过程中包括空间、时间、信息和技术等在内的非物质资源对工程项目的影响也是不可忽视的,在一定的条件下,非物质资源能够被多次利用而不会增加工程成本,从某种意义上来说具有无限性。在非物质资源中,应对时间这种资源予以特别重视。从某种程度上来说,时间是无限的,如果一个工程包含多个子项目,那么这几个子项目可以在同一时间段内同时利用时间这一资源,在大型项目中这一点表现得尤为明显。但在一些情况下,比如对于一个工期已经明确的工程来说,其时间资源却是有限的。因此,时间这一类资源在工程建设项目中具有双重性,同时包含有限性与无限性的特点。这一特性同样体现在工程项目中其他非物质资源上。对于项目管理者来说,能够充分认识到非物质资源的这一特点,对保证施工组织设计的合理性和施工的顺利进行是十分有利的。

由此可见，公路工程项目中的资源短缺实际上是物质资源的短缺，资源的约束也是物质资源的约束。项目中使用一定量的物质资源就应完成相应量的工程施工任务，实现相应的项目目标。若消耗完项目中预定的物质资源，而相应的工程量和工程目标未实现，就需要投入额外的资源。而额外的投入直接导致的是项目工程费用的超支，因此，物质资源的用量在项目施工过程中是被严格限制的，这也是造成项目资源紧张的一个很重要的因素。

结合以上分析，工程项目中应该注意以下几项原则。

(1)注重资源配置的动态控制。在项目施工过程中，资源配置计划必须随着设计方案、进度计划、环境的变化而作出相应的调整，力求与最新的资源需求情况相吻合。

(2)资源配置的结构要合理。工程项目中，资源配置结构是大的框架，是对资源需求的总判断，应力求合理，不能有所偏差。

(3)在项目施工过程中，在保证项目预定工期的前提下，应尽量使资源的消耗降到最低。

(4)在项目的施工阶段，应尽量保证资源的供需平衡，防止资源供应断断续续或者堆积过多，导致二次搬运困难。

(5)尽量用最低的资源成本，在保证工程质量的前提下，在规定的工期内顺利完成工程项目的建设。

(6)由于资源的稀缺性，项目中有些资源难以获得，要适当运用其他资源替代，合理节约。

2. 资源配置的特点

在公路工程项目中，资源的性质很大程度上决定了资源配置的特点，同样，资源的复杂性决定了资源配置的难易程度，总体而言，公路工程项目资源配置有如下几个特点。

(1)资源配置的时效性。在项目的不同阶段投入相同的资源，资源配置的结果是迥然不同的。

(2)资源配置的相关性。资源配置的结果与项目中资源的具体情况是息息相关的，资源的特殊性、组合方式等直接影响资源配置结果。

(3)资源配置的差异性。资源的组合方式、投入阶段不同会造成资源配置结果产生很大差异。

7.1.2 资源配置的优化

在公路工程项目施工的过程中,负责项目资源配资的具体管理者要确定各类资源在各工序及各施工阶段的需求情况。为了达到这个目的,管理者要结合项目进度计划来完成项目的资源配置。在项目初始阶段,可以收集相关信息,根据具体情况确定一个按照各工序最早开工时间安排的初始的进度计划。根据该进度计划和相关各工序的工程量,可以得到各类资源在单位时间内的需求量。接着根据各工序开工时间、完工时间和前后逻辑关系,就可以得到各段时间内各类资源的需求量,这样就得出了一个初步的资源需求计划。

在实际情况中,任何公路工程项目在施工过程中,都伴随着工序种类众多、各工序对资源需求状况各不相同和各工序前后逻辑关系复杂等状况。因此,在实际资源配置的操作过程中,会发现某些资源在项目的某个阶段分配过分集中,而在其他阶段却很少,造成各类资源需求在项目的整个生命周期分布得很不均衡。这种资源的不均衡会给具体的资源配置和管理带来很大难度,并且很可能会导致资源储备过多、施工现场难以调度及二次搬运费用增加等现象的发生,这种现象产生的直接结果就是工程直接费和间接费增加。此外,在一般情况下,一定时间段内的资源分配是有限的,这就要求施工过程中的资源配置计划必须在这种资源约束下进行。但是,初始资源计划可能会与这种资源需求产生矛盾,从而导致施工无法顺利进行。因此,为了避免此种现象的发生,根据资源限制条件和项目工期对项目进行资源优化配置是必需的,通过调整相关因素,使资源配置达到相应的目标。

资源配置的优化主要涉及资源分配问题和资源均衡问题。

1. 资源分配问题

资源分配问题就是"资源有限、工期最短"问题,具体来说就是怎样在资源受限的情况下进行项目调度,保证资源的用量不超过规定的限制,并且尽可能地缩短工期。这类问题需要建立一定的数学模型,通过项目网络计划采用一定的算法来解决。资源分配问题的研究重点和难点不在于内容的广泛性,而在于找到有效的算法来优化项目调度。在该问题上,国内外众多学者都进行了比较深入的研究,比较具有特点的有蚁群算法。

蚁群算法在 20 世纪 90 年代由意大利学者 Marco Dorigo 提出,它是一种进化算法,模仿了自然界中蚁群的觅食行为。仿生学领域专家通过大量的仔细观察研究发现,蚂蚁个体之间通过信息素传递信息。蚂蚁在行进或觅食过程中能够感知信息素这种物质,通过感知其他同伴在路径上留下的信息素来辨别自己的方向,这种蚁群的集体行为可以被看作一种信息的反馈现象。由此不难推导出,某一路径蚂蚁经过得越频繁,留下的信息素就越多,后来的同伴感知并选择该路径的概率也就越大。蚂蚁就是通过这种信息交流的方法找到觅食的最短路径的。如图 7.1(a)所示,设 A 为蚁穴,H 为食物源,DC 是一个障碍物,蚂蚁要想觅食就必须得绕过障碍物,选择往左或者往右,并且其选择的概率是相等的,设每小时分别有 60 只蚂蚁从 A 到 B 和从 H 到 E,且每只蚂蚁经过一个地方留下的信息素为 1,在 $t=0$ 时刻,蚂蚁在 B 处和 E 处如前所述,选择两边路径的概率是一样的,但 1 h 后,因为 BC 的长度是 DB 的 2 倍,所以经过 BDE 的蚂蚁数量是经过 BCE 的蚂蚁数量的 2 倍,则 BDE 上信息素的数量也是 BCE 上的 2 倍,因此在时刻 $t=1$ 时,将有 40 只蚂蚁从 B 和 E 选择到 D,而只有 20 只蚂蚁选择到 C,如图 7.1(b)所示,久而久之,蚂蚁选择 BDE 的概率就会越来越大,最终完全选择这条路径,即最短路径。蚁群算法正是模拟蚂蚁觅食行为的一种进化算法。蚁群算法具有很好的适应性,可以普遍应用于各种优化组合的问题上。

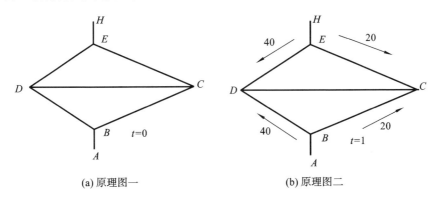

(a) 原理图一　　　　　　　　(b) 原理图二

图 7.1　蚁群算法基本原理

蚁群算法应用在资源优化配置上的基本思路:首先形成各工序的资源配置先后顺序和可行模式组合;然后在此顺序和组合下根据进度计划进行分工;接着通过局部优化流程找到该顺序和组合下的局部最优进度计划;最后应用蚁群算法在这些局部最优计划中找到最优解。该方法由三个模块组成:资源配置顺序和可行模式组合模块、局部最优进度计划模块以及蚁群算法模块。

①资源配置顺序和可行模式组合模块:根据蚁群算法搜索概率和方法形成资源配置顺序和可行模式组合。资源配置顺序的产生方法有两种,根据逻辑关

系的顺序和逆序分为向前和向后。一个包含 A 个工序的项目,资源配置顺序形成的程序有 A 个步骤。在每个层次 B,首先确定该层次中有哪些工序可以进行资源配置,接着根据蚁群算法中的搜索概率和搜索方法从这些工序中选择适合当前层次的工序。每个工序的实施模式是要根据资源配置顺序确定的,所以对于有 A 个工序的项目,也需要 A 个层次来确定可行模式组合。在每个层次 B,同样要根据蚁群算法中的搜索概率和搜索方法确定实施模式,如果工序实施模式会导致资源的冲突,则重新进行以上程序。

②局部最优进度计划模块:一种按照逻辑顺序关系进行资源配置,产生最早进度计划;另一种按照逻辑逆序关系进行资源配置,产生最迟进度计划,同时采用串行进度产生方案,形成进度计划方案。

③蚁群算法模块:为以上资源配置顺序和可行模式组合模块服务,为其提供搜索概率和搜索方法。搜索概率主要根据两方面确定:一方面取决于信息素信息,它按照截至当前蚁群算法搜索到的最优解的目标函数值来确定;另一方面取决于启发式信息,它按照问题本身的信息来确定。搜索时分为两个蚁群,即向前和向后蚁群,分别为向前和向后资源配置顺序提供搜索概率和方法。蚁群算法引导资源配置顺序和可行模式组合模块向着最优解靠近。

2. 资源均衡问题

资源均衡问题也就是"工期固定、资源均衡"问题,也可称为无资源约束的资源均衡问题。这类问题主要研究的是能否在保证工期的前提下,通过有效合理的配置,使资源的供应均衡,不大起大落。这类问题同样需要根据项目网络计划,建立一定的数学模型,采用比较合适的算法来解决。目前解决此类问题比较具有代表性的要数遗传算法,它以良好的算法性能和广泛的适用性得到了众多学者的充分研究和应用。

遗传算法最早由 Holland 在 1975 年提出,之后又因 Goldberg 得到推广和普及,它是一种模拟生物界自然选择和自然遗传机制的随机搜索算法。

遗传算法是针对优化问题的一种通用算法,与其他算法相比,它主要有以下几方面的特点。

(1)遗传算法直接对由参数集编码得来的染色体的编码集进行处理,而不是具体问题参数本身,它的搜索过程不受优化函数连续性的影响,对优化函数也没有特殊的要求。这样一来,遗传算法根据优良染色体的重组对复杂的优化函数进行求解就变得非常有效和方便了。

(2)遗传算法能够进行自适应的概率搜索,它是基于概率的方式来进行选择、交叉、变异等遗传操作的。遗传算法利用了信息自行组织搜索技术,使得适值越大的个体,生存概率越高。

(3)遗传算法根据适值函数对搜索空间中的个体进行评价,这使得对适值函数的形式的确定可以变得很灵活。适值函数的定义域可以自由设定,不受传统函数连续性的约束。

(4)遗传算法和传统单点搜索算法不同,它是多点并行搜索的,能够同时处理编码集中的多个个体。这样就避免了传统算法容易陷入局部最优解的情况,使得问题的处理更加方便。

7.1.3　资源优化配置的基本内容和具体措施

资源的优化配置即生产要素优化配置,就是按照优化的原则安排生产要素在时间和空间上的位置,使得人力、物力、财力等适应生产经营活动的需要,在数量、比例上合理,从而在一定的资源条件下实现最佳的经济效益。资源优化配置的最终目的在于最大限度地提高工程项目的综合经济效益,使之按时、优质、高效地完成项目施工任务。

(1)资金的优化配置。

资金的优化配置主要是按照最优原则合理地筹措项目所需资金,按照计划科学地预测资金的支出情况,从而合理地安排资金在施工生产的不同阶段应投入的数量与方向,最大限度地发挥资金的配置功能,使得资金的使用效益达到最优。优化项目资金主要包括资金运作和成本控制两方面。资金运作优化必须坚持两个原则。①集中统一原则。施工企业对各项目资金必须统一调拨,集中使用。各项目部的资金必须按规定的比例和时间及时上缴企业,不能将资金沉淀在项目上,杜绝资金体外循环,以保证企业从总体上对资金进行优化配置,把资金用到施工生产最关键的环节。②有偿占用原则。资金有偿占用制可增强各部门的资金意识,促进资金合理沉淀和优化使用。资金运作优化的个体操作,可通过设立企业内部银行或资金调度中心来完成。成本控制优化的重点是项目管理层和施工作业层。项目经理部负责对项目资金和专项费用进行控制,做好劳力、机具、设备等在项目上的动态组合,整体优化,主要抓好项目总成本的预测预控。施工作业层进行以项目为单元的投入产出型核算,努力降低项目成本。企业在成本的控制优化中进行计划指导、过程控制、监督制约、考核激励,努力促使人、财、物等要素在项目上达到整体优化。

(2)物资的优化配置。

材料费一般占工程造价的60%～70%,因而材料是物资优化配置及成本控制的重点。材料优化配置的核心是物资采购供应管理机制的优化,按规模经济原则,发展集约化经营。为此,物资采购供应要实行一体化管理,并根据企业所承担的工程项目,对材料管理人员进行统一调配,对所需物资从总体上进行统筹优化,保证项目施工需要,对各项目所需物资按品种、规格、时间、数量进行优化配置和整体平衡,通过招标采购,寻求较理想的供应商,以满足项目施工需要,保证材料质量,同时减少现场物资储备,加速资金周转,提高经济效益。对周转材料的配置一般可采用两种形式:一种是全部配置到施工作业层,由其自行管理使用;另一种是企业物资部门集中管理,如一些通用性周转材料,对项目部实行内部租赁,也可对外开展租赁业务。

(3)机械设备的优化配置。

对机械设备的优化管理需要根据施工生产的具体情况选择先进适用的机械设备,按照项目施工的不同阶段合理地搭配使用各种机械,精心养护与保养,及时按照设备的经济寿命进行更新。要坚持机械设备分级管理、统一调度的原则。大型机械应由企业集中掌握、统一调度,在企业内部寻求机械设备的动态平衡。大型机械在项目部实行内部租赁,运用经济手段来调节和控制各个项目对大型机械设备的需求,以达到机械设备配置总体上优化。对于一些必备的中型机具、运输机械设备,宜直接配置给施工作业层使用和管理。在机具的流运组合中,要强调在项目施工前进行预测预控,做好超前服务,在公路工程项目施工中,根据施工工期的交叉,进行优化组合,集中优势力量,确保网络计划和控制节点按期实现。

(4)人力资源的优化配置。

根据项目对劳动力的需求情况,在各项目之间,对现实和潜在劳动力进行周密计划、有效流动、合理调配,充分调动人的积极性和创造性,提高劳动效率。为此,施工企业要建立劳动力整体优化、劳力供应与项目需求最佳组合的人力资源管理运行机制。①企业要从总体上对人力资源在内部的配置和项目上的组合进行优化控制。按照人工分层管理的原则,对人力资源在项目管理层和施工作业层进行合理配置,并依据网络计划,对劳力的分配和流向做出总体安排,保证劳力与项目要求的总体平衡。②按照精干高效原则,设置弹性动态的项目管理机构,实现项目管理层人员动态组合、精干高效。为此,要全面实行项目经理负责制,授权项目经理代表企业主管全权负责项目管理,行使企业的管理权、监督权和协调权。依据项目需求和人力投入的最佳组合,灵活设置项目机构,并配置相关人员,项目管理层人员根据项目的不同特点和不同阶段的要求,在项目之间合理组合,有效流动。企业领导集中统筹安排,在承担的项目之间合理流动,优化组合,使劳力资源得到最大限度的利用。③实行目标控制、节点考核,即把每个项目的总体需要转化为总体目标,经过层层分解细化,形成形象直观、便于考核的量值目标,并据此进行管理控制,实现项目指标。

7.1.4　资源优化配置有效运行机制

1. 建立责、权、利相统一的激励和约束机制

建立健全各种内部经济责任制体系,以合同的形式明确项目管理层和作业层各自所担负的经济责任和享受的经济利益。着重加强对承包责任制管理的监督、协调和考核,引导和推动企业各层次按集约化经营要求,对项目实施的各环节统一计划、组织、协调和控制,合理组合资源,对投入进行优化控制,不断改进管理,实现资源的最佳组合。

2. 建立科学高效的管理信息系统

管理信息系统:决策层对项目管理层和作业层双道指令;作业层对项目管理层和决策层双道信息反馈;项目管理层对决策层和对作业层双向信息传递。从两个角度反映项目施工的规定,使决策层的判断和决策更加准确,避免单一渠道反馈信息可能造成的偏差而带来决策和管理失误,从而保证项目对资源的合理需求,促使资源整体平衡、高效运转。

(1)建立项目需求与资源配置的动态调控体系。

项目施工力量的配置要进行动态管理,因地制宜地使用人、财、物、机械等生产要素,并在各项目之间合理流动,优化组合,从而使刚性的企业组织在动态中适应项目对资源的弹性需求。

(2)建立任务和能力动态平衡系统。

资源的优化受到任务总量的影响,因此,需要建立总体任务与能力相平衡的系统。要把所有工程项目一律纳入总体统筹网络,按资源的需求量、需求结构、分布状况及时间要求,进行分析预测和追踪管理,从经营管理和人、财、物等方面采取针对性措施,根据总体任务需求和使用能力,实现资源的整体平衡优化。

(3)建立有效的项目责任成本核算和效益评价体系。

资源配置是否优化必须要进行考核评价。这不仅要有完整的经济体系,而

且要包括工期、质量以及社会效益等内容。所以要开展项目责任成本核算来对项目管理成本进行评价,推动资源的组合优化。

7.2 公路工程项目资金管理

7.2.1 项目资金收入与支出的预测及对比

1. 资金收入预测

项目资金是按合同价款收取的,在实施施工项目合同的过程中,应从收取工程预付款(预付款在施工后以冲抵工程价款方式逐步扣还给建设单位)开始,每月按进度收取工程进度款,到最终竣工结算,按时间测算出价款数额,做出项目收入预测表,绘出项目资金按月收入图及项目资金按月累加收入图。

资金收入测算工作应注意以下几个问题。

(1)资金预测工作是一项综合性工作,因此,要在项目经理的主持下,由职能人员参加,共同分工负责完成。

(2)加强施工管理,确保按合同工期要求完成,以免因延误工期而造成经济损失。

(3)严格按合同规定的结算办法测算每月实际应收的工程进度款数额,同时要注意收款滞后时间因素,即按当月完成的工程量计算应收取的工程进度款,不一定能按时收取,但应力争缩短滞后时间。

按上述原则测算的收入,形成了资金收入在时间上、数量上的总体概念,可为项目筹措资金、加快资金周转、合理安排资金提供科学依据。

2. 资金支出预测

(1)项目资金支出预测的依据。

①成本费用控制计划。

②施工组织设计。

③材料、物资储备计划。

根据以上依据,测算出随着工程的实施,每月预计的人工费、材料费、施工机械使用费、物资储运费、临时设施费、其他直接费和施工管理费各项支出,使整个项目的支出在时间上和数量上有一个总体概念,以满足资金管理的需要。

(2)项目资金支出预测程序。

项目资金支出预测程序见图 7.2。

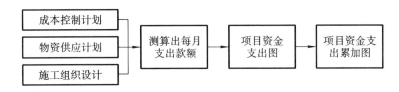

图 7.2 项目资金支出预测程序

(3)项目资金支出预测应注意的问题。

①从实际出发,使资金支出预测更符合实际情况。资金支出预测在投标报价环节就已经开始做了,但不够具体,因此,要根据项目实际情况,将原报价中估计的不确定因素加以调整,使之符合实际。

②必须重视资金的支出时间价值。资金支出的测算是从筹措资金和合理安排调度资金角度考虑的,一定要反映出资金支出的时间价值,以及合同实施过程中不同阶段的资金需要。

3. 资金收入与支出对比

如图 7.3 所示,将施工项目资金收入预测累计结果和支出预测累计结果绘制在一幅图中,其中,曲线 A 是施工计划曲线,曲线 B 是资金预计支出曲线,曲线 C 是资金预计收入曲线。B、C 曲线之间的距离是相应时间收入与支出资金数之差,也即应筹措的资金数量。图中 a、b 之间的距离是本施工项目应筹措资金占合同金额的最大百分比。

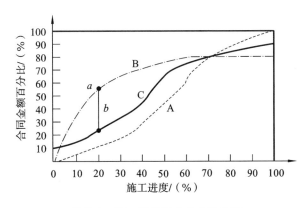

图 7.3 施工项目资金收支对比图

7.2.2 项目资金的筹措

1. 建设项目的资金来源

(1)财政资金:包括财政无偿拨款和拨改贷资金。

(2)银行信贷资金:包括基本建设贷款、技术改造贷款、流动资金贷款和其他贷款等。

(3)发行国家投资债券、建设债券、专项建设债券及地方债券等。

(4)在资金暂时不足的情况下,还可以采用租赁的方式解决。

(5)企业自有资金和对外筹措资金(发行股票及企业债券,向产品用户集资)。

(6)外资:包括外国直接投资资金、外国贷款等。

2. 施工过程所需要的资金来源

施工过程所需要的资金是在承发包合同中作出规定的,一般是发包方提供的工程备料款和分期结算工程款。为了保证生产过程正常进行,施工企业也可垫支部分自有资金,但在占用时间和数量方面必须严加控制,以免影响整个企业生产经营活动的正常进行。因此,施工项目资金来源如下。

(1)预收工程备料款。

(2)已完工程价款结算。

(3)银行贷款。

(4)企业自有资金。

(5)其他项目资金的调剂占用。

3. 筹措资金的原则

(1)充分利用自有资金,优点是调度灵活,无须支付利息,比贷款的保证性强。

(2)必须在经过收支对比后,按差额筹措资金,避免造成浪费。

(3)把利息作为选择资金来源的主要标准,尽量利用低利率贷款。用自有资金时也应考虑其时间价值。

4. 资金筹措计算

(1)利用银行贷款。

如果工程的合同价为 C,工程所需的周转资金为 C 的 $P_1\%$,业主给予的预付款为 C 的 $P_2\%$,预期利润为 C 的 $P_3\%$,工期为 T 年,年平均利润率为 P_A。显然,承包商只用自有资金 S 承包时,则 S 与 C 的关系如式(7.1)所示

$$S = \frac{(P_1 - P_2)}{100}C \tag{7.1}$$

其可以承包的合同金额 C 为式(7.2)

$$C = \frac{100S}{(P_1 - P_2)} \tag{7.2}$$

总利润额 P 为式(7.3)

$$P = CP_3/100 \tag{7.3}$$

自有资金年平均利润率 P_A 为式(7.4)

$$P_A = \frac{100P}{TS}(\%) \tag{7.4}$$

如果该承包商可从银行借到贷款 B,利率为 $P_4\%$(单利),则其可以承包的合同金额 C 为式(7.5)

$$C = \frac{100(S + B)}{(P_1 - P_2)} \tag{7.5}$$

预期利润 P 为式(7.6)或式(7.7)

$$P = 毛利润 - 贷款利息 \tag{7.6}$$

$$P = CP_3/100 - BTP_4/100 \tag{7.7}$$

故自有资金形成的年平均利润率 P_A 为式(7.8)

$$P_A = \frac{100P}{TS}(\%) = \frac{CP_3/100 - BTP_4/100}{TS} \times 100(\%)$$

$$= \frac{CP_3 - BTP_4}{TS}(\%) \tag{7.8}$$

如果 $P_1 = 20, P_2 = 10, P_3 = 6, P_4 = 15, S = 150$ 万元,$B = 400$ 万元,$T = 2$ 年,则分别计算只利用自有资金和利用自有资金+银行贷款两种情况的结果,见表 7.1。

表 7.1　只利用自有资金和利用自有资金＋银行贷款比较

资金筹措	合同金额 C	预期利润 P	年平均利润率 P_A
只利用自有资金	$(100×150)/(20-10)$ $=1500(万元)$	$1500×6/100=90(万元)$	$\dfrac{90}{2×150}×100\%=30\%$
利用自有资金＋银行贷款	$100×(150+400)/(20-10)=5500(万元)$	$(5500×6)/100-(400×2×15)/100=210(万元)$	$\dfrac{210}{2×150}×100\%=70\%$

由表 7.1 可知，当自有资金不变时，利用银行贷款可以显著提高承包合同金额和年平均利润率。即使只能贷款 150 万元，承包合同金额和年平均利润率也可分别提高到 3000 万元和 45%。

从银行贷款可采用存款抵押或短期透支等方式。

(2)资金筹措的动态分析。

资金筹措的动态分析要求编制资金流动计划。编制资金流动计划的目的是要确定在施工过程中承包商何时需要多少资金，以便进行资金筹集安排和成本控制。一般可按月计算资金流动量，大型项目也可按季计算。

资金流动计划由资金投入计划和资金回收计划组成，可用表格或图线形式表示。它们主要依据施工总进度计划、工程预算，并考虑劳力、材料和设备的投入时间，合同价格及合同中支付条款等分项计算。二者的计算时间划分应一致，以便比较分析。

资金投入计划一般考虑前期费用，暂设工程费用，人员费用，施工机具费用，材料费用、项目永久设备采购、运达工地和安装试车费用，不可预见费，贷款利息，管理费等。资金回收计划则考虑工程施工预付款、材料设备预付款、月进度款、最终结算付款、保证金的退还等。

7.2.3　项目资金管理要点

(1)确定施工项目经理资金管理的中心地位。哪个项目的资金由哪个项目支配使用。

(2)项目经理部应在企业内部银行中申请开设独立账户，由内部银行办理项目资金的收、支、划、转，由项目经理签字确认。

(3)内部银行实行有偿使用、存贷计息、定额考核，定额内低利率、定额外高利率的内部贷款办法。项目资金不足时,通过内部银行解决,不作平调。

(4)项目经理部按月编制资金收支计划,企业工程部签订供货合同,公司总会计师批准,内部银行监督实施,月终提出执行情况分析报告。

(5)项目经理部应及时向发包方收取工程预付备料款,做好分期结算、预算增减账、竣工结算等工作,定期进行资金使用效果分析,不断提高资金管理水平和效益。

(6)建设单位所交"三材"和设备,是项目资金的重要组成部分。项目经理部应设置台账,根据收料凭证及时登记入账,按月分析耗用情况,反映"三材"收入及耗用动态。定期与交料单位核对,保证数据资料完整、正确,为及时做好竣工结算创造条件。

(7)项目经理部每月定期召开业主、分包、供应、加工各单位代表碰头会,协调工程进度、资金及甲方供料事宜。

7.3 公路工程项目材料与机械设备管理

7.3.1 现场材料管理

1. 材料管理的作用

(1)公路工程施工材料用量大、品种多、规格复杂,材料消耗不具有连续性,是施工管理的难点,同时工程施工材料费大多占工程成本的一半以上。

(2)材料管理的最终目的是控制材料成本,应对施工过程中涉及材料的各个环节进行管理。加强现场材料成本控制是降低工程施工成本、提高经济效益的重要手段。

2. 材料管理的过程控制

(1)购入原价(材料原价)的控制。材料购入原价是材料费的重要组成部分,特别是钢材、木材、水泥、沥青的材料费所占比重很大。物资采购人员熟悉各类物资产品标准和市场行情,避免购入质次价高材料是基本要求。

(2)运杂费的控制。运杂费是材料自供应地至工地仓库、料场的费用,不包括材料到工地后场内运输、二次倒运、超定额操作的费用。运杂费对于某些材料而言,占供料成本的比重很大,控制运杂费的发生环节、减少支出也是降低供料成本的重要手段。在保证质量的前提下,挑选运价低、运距短的供料方,以及减少运输中的包装费等都是降低材料运杂费的重要措施。

(3)场外运输损耗的控制。公路概预算编制办法规定了某些材料的场外运输损耗率,为了减少这部分成本,物资管理人员要加强收料计量,完善工地计量手段,控制收料损耗。

(4)采购及保管费的控制。采购及保管费是指材料部门在组织采购供应和保管过程中所发生的费用,主要包括工地和各级材料管理人员的开支,以及采购保管费、仓库材料储存损耗等。预算中原材料的采购保管费率为2.5%,外购设备构件的采购保管费率为1%。

3. 材料管理的重点

(1)材料计划。

材料部应依据使用通知单和资金使用情况编制采购计划。通知内容应包含日总计划、月计划、周计划,如有物料数量变动或需求变动,应及时通知工程部和材料部。

(2)材料采购。

应避免暗箱操作、使用次品、吃回扣等问题,让采购过程变得透明。必须采用最佳的采购计划,签订合同,严格控制物料的价格,并在需要时组建专门的项目组,对供应商进行公平、公开的评估。

(3)材料质量。

公路工程施工主要采用粉煤灰、沥青、混凝土等材料,优质的材料和规范的施工工艺是工程质量的重要保证。应确定好材料的检验项目和标准,控制好质量,并依据检验的结果判断是否合格。物料进场时,应由专业人士验收、抽样、清点、核对,不合格的物料不得进入仓库,在制订具体的采购方案后方可再次入库。

(4)材料储存。

进场材料必须标明材料性质和规格,分类堆放。应设专人负责仓库的收发、登记工作,并及时将材料的库存情况上报给有关部门。另外还要做好防火、防水等安全措施,会计核算要与实际情况相符,做好内部监管,并控制物料的库存状况,防止浪费,避免影响工程的进度。

(5)材料使用。

如果出现紧急使用材料的特殊情况,可以按照取料程序先临时取料,之后再进行正式的取料程序。领料时要参考实际的材料需求,若多领材料,应由有关负责人核实并签名。对有价值的物料应及时进行再利用,对无用的物料应按照有关法规进行处理,以免造成污染。材料丢失、损坏要追讨,而需要周转材料和领用低价值易耗品时,需要走正规的程序和建立台账,以确保及时回收。财务部要精确地计算消耗,就得按照仓库经理提供的物料消耗表,对计划费用进行精确的分析,找出错误,从而做出正确的判断。

7.3.2 机械设备管理

1. 机械设备配置

(1)合理配置施工机械。

①目的。

合理配置施工机械是为了提高机械作业的生产率、降低机械运转费用和延长机械使用寿命。在组织机械化施工时,要注意分成几个系列对机械进行组合,同时并列施工,这样可以减少因组合中某一台机械发生故障而造成全面停工的现象。

②选择施工机械的原则。

a.施工机械选择的一般原则。(a)适应性:施工机械要适应工程的施工条件和作业内容,如工地的气候、地形、土质、场地大小、运输距离、工程规模等。(b)先进性:新型的施工机械具有高效低耗、性能稳定、安全可靠、质量好等优点,更能保质、保量地完成公路施工任务。(c)通用性和专用性:选用施工机械时要全面考虑通用性和专用性,尽可能用一种机械代替一系列机械,减少作业环境限制,扩大机械使用范围,提高机械利用率,方便管理和维修。

b.选用的机械应有较好的经济性。机械产品的性价比是用户考虑的具体问题之一,机械类型选定后,必须细致调研具体产品的运转可靠性、维修方便程度和售后服务质量等。

c.合理的机械组合。合理的机械组合包括机械技术性能的合理组合和机械类型及其台数的合理组合。机群的规模由工程量、工期要求和机群的作业能力几方面的因素决定。机械组合要注意牵引车与配置机具的组合、主要机械与配套机械的组合。在组合机械时,力求选用统一的机型,以便维修和管理,从而提高公路施工的水平。

d.利用与更新。在选用施工机械时,应根据工地的实际情况,既充分利用现有机械,又注意机械的更新换代,加强技术改造,以求做到技术上合理、经济上有利,不断提高机械的利用率。

e.安全而不破坏环境。选择的机械在施工作业过程中必须保证工程施工质量,保证作业质量,同时,不应破坏环境,不对环境产生明显的不利影响。

③施工机械需要量的确定。

施工机械需要量是根据工程量、计划时段内的台班数、机械的利用率和台班生产率来确定的,可用式(7.9)计算。

$$N = P/(W_1 Q K_B) \tag{7.9}$$

式中:N——施工机械需要量;P——计划时段内应完成的工程量,m^3;W_1——计划时段内的台班数;Q——机械的台班生产率,m^3/台班;K_B——机械的利用率。

对于工期较长的大型工程,常以年为计划时段。对于工期较短的小型工程或要求在某一时段内完成的工程,可根据实际需要选取计划时段。

(2)路基工程主要机械设备的配置。

①设备种类。

路基工程施工设备主要包括推土机、装载机、挖掘机、铲运机、平地机、压路机、凿岩机及石料破碎和筛分设备,可根据工程的作业要求,选择不同的机械设备。

②根据作业内容选择施工机械。

a.对于清基和料场准备等路基施工前的准备工作,选择的机械与设备主要有推土机、挖掘机、装载机和平地机;对于有沼泽地段的土方挖运任务,应选用湿地推土机。

b.对于土方开挖工程,选择的机械与设备主要有推土机、铲运机、挖掘机、装载机和自卸汽车。

c.对于石方开挖工程,选择的机械与设备主要有挖掘机、推土机、移动式空气压缩机、凿岩机、爆破设备。

d.对于土石填筑工程,选择的机械与设备主要有推土机、铲运机、羊足碾、压路机、洒水车、平地机和自卸汽车。

e.对于路基整形工程,选择的机械与设备主要有平地机、推土机和挖掘机。

(3)路面基层施工主要机械设备的配置。

①选型及组合原则。

a.达到计划生产量,确保工期。

b.充分利用主体机械的生产能力。

c.主体机械、辅助机械及运输工具之间的工作能力要保持平衡,使机群得到合理的配合利用。

d.进行比较和核算,使机械设备经营费用达到最低。

②机械配置。

a.基层材料的拌和设备:集中拌和(厂拌)采用成套的稳定土拌和设备,现场拌和(路拌)采用稳定土拌和机。

b.摊铺平整机械:包括拌和料摊铺机、平地机、石屑或场料撒布车。

c.装运机械:装载机和运输车辆。

d.压实设备:压路机。

e.清除设备和养护设备:清除车、洒水车。

(4)沥青路面施工的机械配置和组合。

①沥青混凝土搅拌设备的配置。

a.沥青混合料拌和厂:一般包括原材料存放场地、沥青贮存及加热设备、搅拌设备、试验室及办公用房。选择厂址不仅要确定场地面积,还要满足拌和对供电和给排水的要求。所用矿料符合质量要求,贮存量应为平均日用量的5倍,堆场应加以遮盖,以防雨水;矿料和沥青贮存量应为平均日用量的2倍。

b.高等级公路:一般选用生产量高的强制间歇式沥青混凝土搅拌设备。高等级公路路面的施工机械应优先选择自动化程度较高和生产能力较强的机械,以摊铺、拌和机械为主导机械,并与自卸汽车、碾压设备配套作业,进行优化组合,使沥青路面施工全部实现机械化。

c.沥青路面:大面积施工前,确定生产配合比,采用计划使用的机械设备和混合料铺筑试验段。拌和设备启动前要拉动信号,使各岗位人员相互联系,确认准备就绪时才能合上电闸。

d.待各设备空运转片刻,确认工作良好时,方可开始上料,进行负荷运转。沥青混合料应按设计沥青用量进行试拌,试拌后取样进行马歇尔试验,并将其试验值与室内配合比试验结果进行比较,验证设计沥青用量的合理性,必要时可做适当调整。

e.间歇式拌和设备每盘拌和时间宜为30～60 s,以沥青混合料拌和均匀为准。沥青的加热温度宜为130~160 ℃,加热时间不宜超过 6 h,不宜多次加热;砂石加热温度为 140~170 ℃;矿粉不加热;沥青混合料出厂温度宜控制在130~160 ℃。

f.沥青混合料用自卸汽车运至工地,车厢底板及周壁应涂一薄层油水混合液。运输车辆上应有覆盖设施,运至摊铺地点的沥青混合料温度不宜低于130 ℃。

②沥青混凝土摊铺机的配置。

通常每台摊铺机的摊铺宽度不宜超过 7.5 m,可以按照摊铺宽度确定摊铺机的台数,调整与选择摊铺机的参数。摊铺机参数包括结构参数和运行参数两大部分。

③沥青路面压实机械配置。

沥青路面压实机械有光轮压路机、轮胎压路机和双轮双振动压路机。

(5)水泥混凝土路面施工主要机械设备的配置。

①设备种类。

水泥混凝土路面施工设备主要有混凝土搅拌楼、装载机、运输车、布料机、挖掘机、吊车、滑模摊铺机、整平机、拉毛机、切缝机、洒水车等。

②根据施工方法配置施工机械。

a.滑模式摊铺施工:混凝土搅拌楼容量应满足滑模摊铺机施工速度为1 m/min时的要求;高等级公路施工宜选配宽度为 7.5~12.5 m 的大型滑模摊铺机;远距离运输宜选混凝土罐送车。滑模式摊铺施工时可配备一台轮式挖掘机辅助布料。

b.轨道式摊铺施工:除水泥混凝土生产和运输设备外,还要配备卸料机、摊铺机、振捣机、整平机、拉毛机等。

(6)桥梁工程施工主要机械设备的配置。

①通用施工机械。

a.常用的有各类吊车、运输车辆和自卸车等。

b.桥梁混凝土生产与运输机械,主要有混凝土搅拌站、混凝土运输车、混凝土泵和混凝土泵车。

②下部施工机械。

a.预制桩施工机械:常用的有蒸汽打桩机、液压打桩机、振动沉拔桩机、静压沉桩机等。

b.灌注桩施工机械:根据不同施工方法配置不同的施工机械,对于全套管施工法,配置全套管钻机;对于旋转钻施工法,配置钻杆旋转机和无钻杆旋转机(潜水钻机);对于旋挖钻孔法,配置旋挖钻桩机;对于冲击钻孔法,配置冲击钻机;对于螺旋钻孔法,配置螺旋钻孔机。

③上部施工机械。

采用不同施工方法时,配置不同的施工机械。

a.顶推法:主要施工设备有油泵车、大吨位千斤顶、穿心式千斤顶、导向装置等。

b.滑模施工方法:主要施工设备有滑移模架、卷扬机油泵、油缸、钢模板等。

c.悬臂施工方法:主要施工设备有吊车、悬挂用专门设计的挂篮设备。

d.预制吊装施工方法:主要施工设备有各类吊车或卷扬机、万能杆件、贝雷架等。

e.满堂支架现浇法:主要施工设备有各类万能杆件、贝雷架和轻型钢管支架等。

(7)隧道工程施工主要机械设备的配置。

①不同施工方法的机械配置。

隧道的类型不同,使用的施工机械也不相同。有的隧道用一般的土石方机械即可施工,有的隧道则须使用专用施工机械,如使用全断面掘进机、臂式掘进机、液压冲击锤等。盾构法施工时采用的盾构形式多样,按开挖方式的不同,可分为手工挖掘式、半机械挖掘式、机械化挖掘式三种。机械化盾构有多种形式,主要有刀盘式、行星轮式、铲斗式、钳爪式、铣削臂式和网格切割式。因此,应根据不同的施工方法配置不同的设备,这里主要介绍暗挖施工法的机械配置。

②暗挖施工法的机械配置。

a.钻孔机械:风动凿岩机、液压凿岩机、凿岩台车。

b.装药台车。

c.找顶及清底机械。

d.初次支护机械:锚杆台车、混凝土喷射机、混凝土喷射机械手。

e.注浆机械(包括钻孔机、注浆泵)。

f.装渣机械(包括轮胎式装载机、履带式装载机、耙爪式装岩机、耙斗式装岩机、铲斗式装岩机)。

g.运输机械(包括自卸汽车、矿车)。

h.二次支护衬砌机械:模板衬砌台车(混凝土搅拌站、搅拌运输车、混凝土输送泵)。

2. 机械设备管理要点

(1)操作规范化。

有关员工要按照作业规范和使用年限来操作设备,提高对设备的技术和纪律的重视。有关工作人员要结合现场的实际情况进行相应的工作,在施工过程中经常对设备进行检查,及时发现问题并及时处理,以降低因缺油等对设备的正常运转造成的影响,同时要记录设备的操作。

(2)做好租赁管理。

租赁机械设备能有效减少机械设备的重复使用,减少因机器闲置而带来的经济损失。要做好租赁市场调研,以便选择具有较高性价比的租赁公司,并与之签署租赁合同,明确双方的职责。物业公司定期检查设备的技术状况,以明确其价值。

(3)实现科学维护、专业检修。

机器需要经常进行检修和保养,需要有科学的保养方案。机器操作员必须严格遵守维修规程,保证机器的工作状况。监测设备的技术状态和性能,可以确定设备的维修时间和内容。在施工中发现机器有问题应立即关停机器,并组织检修人员进行检修,对容易损坏或有故障的设备要加强观察,并定期检查相关保养品和配件,以免影响机械抢修的及时性。

(4)机械设备要进行档案化管理。

要及时、准确地掌握设备的故障与维护状况,建立起一套完整的机械设备档案。对各设备的维修保养等内容,应单独存档。总结机械设备维护的经验,在机械设备发生问题时,相关工作人员可以及时发现问题所在,并进行维护保养。另外,有关部门要对各种设备进行统一的管理,提高设备的使用效率。对机械设备进行归档管理,可以提高设备配置效率,减少管理费用,使相关人员对机械设备的使用更加熟练,从而提高工程的工作效率。

(5)成本控制管理。

对机器使用费用进行控制的关键在于实现单机费用的核算,而在单台设备的成本核算中,数据的统计工作是其重要的基础。每月汇总各设备投资的情况,依据生产记录分析各设备保养品、配件的消耗量,并进行经济性分析,在设备使用中发现费用问题,及时进行整改,以确保设备的合理使用。

7.4 公路工程项目劳务管理

7.4.1 劳动力配置的依据

1. 施工过程的组织实施需要

(1)保证施工过程的连续性。施工过程是由各阶段、各工序组成的,在时间上是连续的。保持和提高施工过程的连续性,可以缩短施工周期,节省流动资金,避免已完工程在等待时可能引起的损失,对提高劳动生产率具有重大的意义。因此,在进行劳动力配置时,劳动力的素质和数量应保证满足施工过程连续性的需要。

(2)保证施工过程的协调性。施工过程的协调性是指工程施工各阶段、各工序的施工能力保持一定的比例。协调性是保证施工顺利进行的前提,可以使施工过程中的人力和设备得到充分利用,避免工程在各个施工阶段和工序之间因劳动力不足、失调而产生停顿和等待,从而缩短施工周期。因此,在进行劳动力配置时,劳动力的素质和数量应保证满足施工过程协调性的需要。

(3)保证施工过程的均衡性。施工过程的均衡性也称施工过程的节奏性,是指各个施工环节的工作负荷保持相对稳定,工作量比较均衡,不出现时紧时松或者前松后紧等现象。均衡施工能充分利用设备和工时,保证正常的施工秩序、施工质量,降低成本。因此,在进行劳动力配置时,劳动力的素质和数量应保证满足施工过程均衡性的需要。

(4)保证施工过程的经济性。施工过程的连续性、协调性、均衡性的实施效果如何,最终都会通过施工项目的经济效益反映出来。因此,在进行劳动力配置时,劳动力的素质和数量应合理搭配,保证满足整个施工项目经济性的要求。

2. 施工进度计划要求

施工进度计划对将要实施的工程项目的各个工序进行了时间规定。施工进度图一般以横道图、直方图、网络图表示,劳动力配置数量、类别根据施工进度计划确定。当劳动力队伍配置不合理时,应对施工进度计划作适当的优化,最终根据优化的施工进度计划确定劳动力配置。

7.4.2 劳动力的组织

1. 劳动力的组织形式

劳动力的组织形式根据施工工程的性质、特点、规模、技术难度、工期要求及施工条件等确定。公路工程劳动力组织形式一般表现为工程施工队、专业班组、混合班组。根据施工项目性质不同,施工队可以设置土方施工队、路面施工队、桥梁施工队、隧道施工队、小型结构物施工队等。施工队根据施工工程内容配置不同数量的班组,如钢筋班、模具班、机务班等。各专业班组根据施工量配置不同数量、不同类型的劳动力。

2. 劳动力数量的计算

(1)工程数量计算:根据施工图纸及有关工程数量的计算规则,按照施工顺序的排列,分别计算各个施工过程的工程数量Q。计算单位应与相应的施工定额的计算单位一致。

(2)劳动量计算:根据工程数量Q及相应的现行定额(施工定额或预算定额)即可计算劳动量D,见式(7.10)。

$$D = Q/C \tag{7.10}$$

式中:D——劳动量,工日;Q——工程数量;C——产量定额。

(3)施工队(班组)配置的人数可根据式(7.11)计算。

$$R = D/(tn) \tag{7.11}$$

式中:R——施工队(班组)配置的人数;D——劳动量,工日;t——施工周期;n——施工队(班组)数量。

3. 公路工程主要施工过程的劳动力组合

(1)材料的装卸与运输。

材料装卸与运输劳动力组合:运输车辆司机、装卸工、机械操作工、起重工。

(2)路基工程。

①土石方开挖劳动力组合:机械操作人员、运输车辆司机、工长、爆破工和普工。

②路基填筑劳动力组合:机械操作人员、运输车辆司机、工长和普工。

③公路路面施工劳动力组合:拌和设备操作人员、装载机操作人员、运输车

辆司机、摊铺机操作人员、压路机操作人员、普工、交通管理人员、指挥人员和工长。

④结构工程施工劳动力组合。a.钻孔灌注桩施工劳动力组合:钻孔机械操作人员、普工和工长。b.混凝土施工劳动力组合:木工、混凝土工、普工和工长。c.钢筋施工劳动力组合:钢筋工、电焊工、工长。

第8章 公路工程项目变更与索赔管理

8.1 工程项目变更概述

8.1.1 工程变更的概念

工程变更是一种特殊形式的合同变更,是指对合同中的工作内容做出修改,或者追加、取消某一项工作。由于土木工程地质水文条件的复杂性,发生合同变更是较常见的。

土木工程合同文件中技术规范、设计图纸或施工方法等发生变更,总是发生在工程施工过程中,有时是事先不可预见的,需要监理工程师依据工程现场情况决定。若处理不当,即使是正常的工程变更也会影响工程进展,因此必须对工程变更予以高度重视。

工程变更不仅会产生额外的工程成本,延长工期,还经常会影响其他相关工作,对工程产生多米诺骨牌效应。若处理不当,会造成人、财、物的浪费,造成停工、窝工,埋下索赔隐患,甚至会使业主对其工程投资失去控制。

8.1.2 工程变更的类型和原因

按照国际土木工程合同管理的惯例,一般合同中都有专门的变更条款,对有关工程变更的问题做出具体规定。依据合同条件有关规定,监理工程师如果认为有必要对工程或其中任何部分的形式、质量、数量做出任何变更,都有权指示承包商进行而承包商也应进行下述任何工作。

①合同所列出的工程项目中任何工程量的增加或减少,如监理工程师可以指示将原定的 35 mm 厚沥青路面改为 40 mm 厚。

②取消合同中任何单项工程的工作(被取消的工作是由业主或其他承包方实施的除外),如监理工程师可以指示取消钢管扶手的建造工作。

③改变合同中任何工作的性质、质量及种类,如监理工程师可以根据业主要

求,将原定的水泥混凝土路面改为沥青混凝土路面,或提高混凝土等级。

④改变工程任何部分的标高、线形、位置和尺寸,如公路工程中要修建的路基工程,监理工程师可以指示将在原设计图纸上标定的边坡坡度,根据实际的地质土壤情况改建成比较平缓的边坡坡度。

⑤为完成工程所必需的任何种类的附加工作,如监理工程师可以指示把原定由业主安装的路面标志纳入本工程项目。

⑥改变工程任何部分的任何规定的施工时间安排等。施工顺序和时间安排一定是在规范里有所规定的。若某一工段因业主的征地拆迁延误,使承包方无法开工,业主对此事是负有责任的。监理工程师应与业主和承包商协商,变更工程施工顺序,让承包商的施工队伍不要停工,以免对工程进展造成不利影响。

但是,监理工程师必须注意,不可以改变承包商既定的施工方法,除非监理工程师可以提出更有效的施工方法予以替代。

8.2 公路工程项目变更的程序

8.2.1 工程变更的提出与申请

1. 工程变更的提出

工程变更的范围广泛且内容较多,按提出工程变更的各方当事人来看,可分为以下 4 种。

(1)承包商提出工程变更。

如果是由承包商提出工程变更,应交与监理工程师审查。承包商提出工程变更,一种情况是工程遇到不能预见的地质条件或地下障碍,如原设计的斜拉桥基础为钻孔灌注桩,承包商根据开工后钻探的地质条件和施工经验,认为改成沉井基础较好,就会上报监理工程师;另一种情况是承包商为了节约工程成本或加快工程施工进度,提出工程变更。

(2)工程相邻地段的第三方提出工程变更。

如果是工程相邻之外的任何第三方提出工程变更的要求,监理工程师要先报请业主,由业主出面与第三方协调,以利于工程进展。

(3)业主提出工程变更。

如果是业主提出工程变更,监理工程师应与承包商协商,看是否合理可行,主要看业主提出的工程变更内容是否超出合同限定的范围。若属于新增工程,则不能算为工程变更,只能另外签合同处理,除非承包方同意作为变更。

(4)监理工程师提出工程变更。

监理工程师往往根据工地现场工程的具体进展,认为确有必要时,可提出工程变更。公路工程承包合同施工中,常有通道、涵洞和排水系统在设计阶段考虑不周,或施工时环境发生变化,监理工程师本着节约工程成本、加快工程进度、保证工程质量的原则,提出工程变更。例如,在三原至铜川高速公路项目中,经现场监理人员调查,考虑排洪,增加 K81+450 处圆管涵洞;取消原设计 K82+340 通道,增加 K82+185.5 通道;增加综合排水系统等。另外,监理工程师提出的变更还有改变桥梁或通道与引道的交角,顺接线路,变更支线或引道工程等。上述变更,因属业主授权的范围,经监理工程师批准才能下达变更指令。桥梁工程施工中,地基基础方面的变更较多。

2. 工程变更的申请

工程变更通常实行分级审批的管理制度。

(1)一般工程变更的审批程序。

一般变更程序通常指一些小型的监理工程师有权直接批准的工程变更工作,其审批程序大致如下。

①工程变更的提出人向驻地监理工程师提出工程变更申请,包括变更的原因、工程变更对造价的影响等分析,必要时附上有关变更设计资料。

②驻地监理工程师对变更申请进行评估,并写出初步的审查意见。

③总监理工程师对驻地监理工程师审查的变更申请进行进一步的审定,并签署审批意见。总监理工程师签署工程变更令。

④承包单位组织变更工程的施工(包括可能的设计工作)。

⑤监理工程师和承包人协商确定变更工程的造价及办理有关的结算工作。

(2)重要工程变更的审批程序。

重要工程变更通常是指对工程影响较大、需要业主批准的工程变更。其审批程序如下:监理工程师在下达工程变更命令之前,一是要报业主批准,二是要与承包人协商确定变更工程的价格不超过业主批准的范围。如果超过业主批准的总额,监理工程师应在下达工程变更命令之前请业主做进一步的批准或授权。

(3)重大工程变更的审批程序。

重大工程变更通常是指一些对工程造价影响很大、可能超出设计概算(甚至投资估算)的工程变更。对于这些工程变更工作,业主在审批工程变更之前应事先取得国家计划主管部门的批准。各省对工程变更的审批程序会有所不同。

8.2.2 工程变更指示和审批原则

从我国现在推行的施工监理制度方面而言,驻地监理工程师每天直接与承包商及其他参加工程建设的人员打交道,应把好工程变更管理与审批的第一个关口。驻地监理工程师和监理人员应负责变更工程的计量与核实,提供有关现场的数据资料和证明,并审查提出工程变更方的理由是否充分,起草工程变更令;然后上报总监理工程师或其代表,总监理工程师或其代表应负责对工程变更令进行最终审查。若基本同意工程变更,可上报业主批准备案。若业主批准了工程变更,监理工程师或其代表可签发工程变更令;若业主不批准变更,监理方应视工地工程进展,实事求是地向业主讲明变更的利弊,必须变更时,还是应先征得业主同意;若遇紧急情况,监理方可先处理工程变更事宜,然后尽快地通知业主。

(1)工程变更指示。

工程变更指示有以下情况。

①监理工程师书面通知承包商进行工程变更,即要有监理工程师签发的书面变更通知令(change order)。

②监理工程师发出口头指示要求工程变更,如增加桥梁桩基的配筋及数量,这种口头指示在事后一定要补加一份书面的工程变更指示。如果监理工程师口头指示后忘了补书面指示,承包商须在7 d内以书面形式证实此项指示,交于监理工程师签字。监理工程师若在14 d之内没有提出反对意见,应签字认可。

③可以例外不用书面指示的变更,如工程量的增减是因其实际工程量超过或少于工程量清单中估算的数量而并非工程师指令的结果,这类增减不需要变更指令。

所有工程变更必须用书面形式或一定规格写明。对于要取消的任何一项分部工程,工程变更应在该部分工程还未施工之前进行,以免造成人力、物力、财力的浪费,并使业主多支付工程款项。

(2)工程变更审批的原则。

工程变更审批的原则如下。

①工程变更对工程进展有利。
②工程变更可以节约工程成本(价值工程成本)。
③工程变更应兼顾业主、承包商或工程项目之外其他第三方的利益,不能因工程变更而损害任何一方的正当权益。
④工程变更应符合工程的技术标准。

总之,监理工程师应注意处理好工程变更问题,并对工程变更后的估价与费率非常熟悉,以免引起索赔或合同争端。

8.2.3 工程变更的估价与计日工

1. 工程变更的估价

变更的估价原则:根据《公路工程标准施工招标文件》(2018年版)的有关规定,变更工程应根据其完成的数量及相应的单价来办理结算。其中,变更工程的单价遵循约定优先原则和公平合理原则。

除专用合同条款另有约定外,因变更引起的价格调整按照如下约定处理。
①如果取消某项工作,则该项工作的总额不予以支付。
②已标价工程量清单中有适用于变更工作的子目的,采用该子目单价。
③已标价工程量清单中无适用于变更工作子目,但有类似子目的,可在合理范围内参照类似子目的单价,由监理工程师按合同约定商定或确定变更工作的单价。例如,工程量清单中已有桥梁明挖基础深度为 1.5 m、2 m 和 2.5 m 的价格,而要决定挖 3 m 深时的价格,可以按前面的价格以线性比例决定。
④已标价工程量清单中无适用或类似子目的单价,可在综合考虑承包人在投标时所提供的单价分析表的基础上,由监理人按合同约定商定或确定变更工作的单价。
⑤如果本工程的变更指示是因承包人过错、承包人违反合同或承包人责任造成的,则这种违约引起的任何额外费用都应由承包人承担。

2. 计日工

根据《公路工程标准施工招标文件》(2018年版)规定,监理工程师如认为必要或可取,可以指令按计日工完成任何变更的工程。

计日工通常包括在有标价的工程量清单中的一项暂定金额内。计日工主要用于工程量清单中没有合适子目的零星附加工作。有关计日工的费率和价格表一般作为工程量清单的附件包括在合同之内。

8.2.4　工程变更的管理

监理工程师对工程变更的指示及管理一定要慎重、稳妥。

(1)监理工程师发布工程变更指示的方法。

依据《公路工程标准施工招标文件》(2018年版)规定,只有监理工程师才能发布变更指令,并且变更指示一般应该是书面形式,但下列情况例外。

①监理工程师认为发布口头变更指示已足够。

②承包商及时发出了要求监理工程师对口头变更指示给予书面确认的请求,工程师没有在规定时间内予以答复。从承包商方面来说,应该在规定时间内尽快致函监理工程师,要求其对口头指示予以书面确认。在接到承包商的来函后,如果监理工程师未在规定时间内予以书面否认,即使在没有给予答复的情况下,也可以推定工程师已承认该变更指示。对此,承包商也应该致函监理工程师声明其沉默已构成合同法律中认为对该指示的确认。

③属于原工程量清单中各工作项目的实际工程量增减。这种情况不需要监理工程师发布任何指示,只要按实际完成的工程量计量与支付即可。

(2)工程变更的时间。

土木工程施工合同中一般对何时可进行工程变更没有明确的限制性规定。从理论上讲,在合同整个有效期间,即从合同成立至缺陷责任终止证书颁发之日,都可以进行工程变更。但从实际合同管理工作来看,工程变更大多发生在施工合同签订以后,工程基本竣工之前。除非有特殊情况(如总监理工程师已对整个工程发放工程竣工交接证书),否则不能再进行工程变更。

如果监理工程师根据合同规定发布了进行工程变更的书面指令,则不论承包商对此是否有异议,也不论监理方或业主答应给予付款的金额是否令承包商满意,承包商都必须无条件地执行该指令。即使承包商有意见,也只能是一边进行变更工作,一边根据合同规定寻求索赔或仲裁解决。在争议处理期间,承包商有义务继续进行正常的工程施工和有争议的变更工程施工,否则可能会构成承包商违约。

工程变更只能在原合同规定的工程范围内变动,业主和监理工程师应注意不能使工程变更引起工程改造性质方面的大变动,否则应重新订立合同。这是因为若工程性质发生重大变更,而承包商在投标时并未准备这些工程的施工机械设备,则需要另外购置或运进机具设备,承包商就有理由要求另签合同,但不能作为原合同的变更,除非合同双方都同意将其作为原合同的变更。承包商认为某项变更指示已超出本合同的范围,或监理工程师的变更指示的发布没有得到有效的授权时,可以拒绝进行变更工作,但承包商在做出这种判断时必须小心谨慎。因为如果提交仲裁,仲裁人可能会对合同规定的监理工程师及业主的权利做出非常广泛的解释。

(3)监理工程师发布变更指示时应注意的问题。

合同变更不仅会使变更工作本身成本增加和工期延长,而且会产生连锁反应,影响与之相关的其他工作。作为承包商,若认为合同变更改变了原工作项目的性质,增加了工作难度,则可以提出索赔,要求提高变更工作的单价;若发生了与变更相关的其他额外成本,也可以进行索赔。如果变更后工程量减少,承包商实际完成工程所需时间也会相应缩短,但工期一般不能缩短,除非合同有规定或业主、承包商和工程师三方协商同意。另外,承包商还应注意,如果业主取消了大量的工程内容,而没有同时增加其他替代工作,据公平合理的原则,承包商可以对相应的可得管理费用和利润损失进行索赔。

承包商在施工中遇到问题或要改变施工方法时,监理工程师可能会应承包商的请求而提出建议,但监理工程师对这种建议不负任何责任,是否采纳以及由此产生的后果均由承包商承担。

(4)合同中的推定变更及处理。

推定变更是指工程师虽没有按合同发布变更令,但实际上要求承包商做的工作已经与原合同不同或已有额外的工作。推定变更可以通过工程师或驻地监理的行为来推定,一般要说明:原合同规定的施工要求是什么,实际上承包商自己的工作已超出了合同要求,并且是按工程师或其代表的要求进行的。这样便可证明为推定变更。推定变更同指令变更一样,承包商有权据《公路工程标准施工招标文件》(2018年版)规定获得额外费用补偿。常发生的推定变更情况如下。

①业主要求的修改与变动。在施工过程中,如果业主对技术规范进行修改或变动,又未按合同规定程序办理变更通知,可看作推定变更。或者是工程项目所在国家新近颁布了技术规范或施工管理规定,对原合同要求的标准提高,也可归属于"业主要求的修改",推定为变更。据此,承包商可提出索赔要求。

②工程师的不适当拒绝。这表现为两个方面。一方面是工程师认为承包商用于工程上的材料或施工方法等不符合技术规范的要求,从而拒绝该方法或材料,可事后又证明工程师的认识是错误的,这种不适当的拒绝则构成了推定变更。若因此使承包商花费了额外款项,承包商有权进行索赔并得到补偿。另一

方面是承包商在施工的过程中,若工程师在发现承包商的施工缺陷后,没有在规定的合理时间内拒绝该工作,也可以认为工程师已默许并改变了原来的工程质量要求,这也构成推定变更。若后来工程师又拒绝接受认可该工作,就又属于不适当拒绝。由此造成的承包商不得不进行的缺陷修复或返工,可认为是推定变更引起的,承包商可要求额外费用补偿。

③干扰和影响了正常的施工程序。如果业主或工程师的行为实质上影响到承包商的正常施工程序,就构成了推定变更。由此产生的干扰会给承包商造成生产效率降低、工程成本增加等问题,即会使承包商不能按计划进行施工,导致停工、人员和机械设备闲置,以及产生其他额外费用等。因此,承包商有权提出索赔并得到相应的经济补偿。

④图纸与技术规范中的缺陷。由业主提供的技术规范和图纸,应由业主负责任。承包商按技术规范和图纸进行施工,如果出现了缺陷,则属于业主的失误和责任。从理论上讲,为了保护承包商的正当利益,起草技术规范和设计图纸的业主,一般被认为提供了暗示担保:如果承包商遵守该技术规范,工程就能够达到合同的预定目标要求。即便建成的工程不能令人满意,承包商也没有责任。如果是因技术规范和图纸有缺陷,则承包商有权向业主索赔由此而增加的额外成本。

⑤按技术规范和图纸工作的不可能。这是指合同所要求的工作根本无法实现,即实际工作上的不可能;或者是合同所要求的工作不能在合理的时间、成本或努力下完成,即商业上的不可行。承包商要以工作实施的不可能为理由得到补偿比较困难,况且在下列几种情况下,承包商应自己承担风险,如签订合同时已能预料到工作实施不可能;仅涉及施工规范;图纸及技术规范等是由承包商提供的;合同中有明文条款规定承包商应承担这种风险。承包商若要对工作实施的不可能得到索赔补偿,则必须设法去证明:从法律和工程意义上看,技术规范所要求的工作是不可行的,并且在签合同时承包商完全不知道或无法合理预料到,这种风险应由业主来承担。

8.3 工程项目索赔概述

由于我国社会主义市场体制尚未完全形成,在工程实施中,业主不让索赔、承包商不敢索赔和不懂索赔、监理工程师不会处理索赔的现象普遍存在。面对这种情况,在建设市场中,应当大力提高业主和承包商对工程索赔的认识,加强研究索赔理论和方法,认真对待和做好工程索赔,这对维护国家和企业利益都有十分重要的意义。

8.3.1 施工索赔的概念、依据、目的、作用

1. 施工索赔的概念

在施工过程中,承包商根据合同和法律的规定,对并非因自己的过错而造成的损失,或承担了合同规定之外的工作所付的额外支出,有权向业主提出经济或者时间上的补偿或赔偿。

需要注意的是,施工索赔既包括承包商向业主的索赔,也包括业主向承包商的索赔。索赔属于经济补偿行为,而不是惩罚,是合法的权利,而不是无理争利。承包商向业主的索赔是索赔管理的重点和难点。

2. 施工索赔的依据

施工索赔的依据是签订的合同,以及有关法律、法规和规章。索赔成功的主要依据是合同和法律及与此有关的证据。若没有依据合同和法律提出的各种证据,索赔不能成立。

3. 施工索赔的目的

施工索赔是承包商保护自身利益、弥补工程在工期和经济上的损失、提高经济效益的重要和有效的手段,可补偿索赔方的损失。

4. 施工索赔的作用

施工索赔是合同赋予合同双方当事人维护自身权益的一种手段和方式,也具有促进建设工程施工合同管理水平提高的作用,它不仅能创造利润、节省投资,更是施工合同管理的核心内容与施工合同法律效力的体现,具体有以下作用。

(1)索赔能够减少合同违约行为的发生,对合同双方当事人有法律约束的作用,当事人在违约前必须先考虑违约后所要承担的后果,这对合同双方当事人都有一定的警告作用,促使合同当事人规范自身的行为,及时履行自身的合同义务。

(2)索赔是合同双方当事人保障自身权益的手段与方法,也是合同风险的合理再分配,当自身的权益因对方不履约而遭受损失时,可以通过索赔来弥补。

(3)索赔能够保证合同顺利实施。建设工程施工合同签订以后,明确了合同双方的权利、责任、义务,如果一方违约或不完全履约而不用承担任何后果,签订的合同也就毫无意义,那么建设工程项目也无法进行管理,因此,索赔是工程合同管理中不可缺少的一部分。

8.3.2 施工索赔的原因与分类

1. 施工索赔的原因

在建设项目实施过程中,索赔的起因有很多,主要有以下几个方面。

(1)施工合同变更。

施工合同变更的实质是在工程实施过程中更改了施工合同的内容,其中包括设计变更、施工方案变更、工期变更以及工程量的增减,这些都给承包人带来工程建设实施的困难,甚至是经济损失,承包人可以向发包人进行索赔。

(2)施工合同存在缺陷、矛盾或歧义。

在公路工程施工合同的具体实施过程中,合同内容及条款不全面、不严谨或合同条款表述有歧义,都可能会造成承包商费用的增加和施工工期的延长,从而引起索赔事件的发生。因为合同文本通常情况下是由承包商起草的,所以承包商应对因合同内容的缺陷、矛盾或歧义引起的过失负责,除非其中有非常明显的遗漏或缺陷,依照常识可以推定承包商有义务在投标时发现并及时向业主报告。

(3)施工延期。

施工延期是比较常见的,具体是指因气候、地质或其他因素导致无法按照原计划进行施工,这些都是非承包商原因造成的。施工延期一般都是无法预见的因素所造成的,一旦发生必然会给承包商带来经济和工期上的损失。但因为施工延期有时是多方因素共同造成的,所以在责任划分时合同双方容易出现分歧,很容易引起承包商向发包商进行索赔。

(4)现场施工条件变化。

施工现场的施工条件变化是指在现场施工时,发现了无法预料的状况,如地下水、地下断层、地下隐藏障碍物、地下文物遗址等,另外未勘察到的地下管道、地下废弃混凝土建筑物等,都会使承包商花费更多的时间、人力、物力以及财力去解决相应的状况,容易引起索赔事件的发生。

(5)风险分配不均。

由于建筑市场中形成了"买方市场"的大环境,发包商处于买方主导地位,这一客观规律导致了合同双方当事人承担的风险并不对等,承包商所承担的风险相对来说总会比较多。当风险实际发生时,承包商只能通过向发包商索赔来进行风险的合理再分配,以达到减少自身利益损失的目的。

(6)发包商违约。

发包商违约的事件是比较常见的,比如发包商未按合同规定的时间为承包商提供"三通一平"的施工条件,未能及时支付公路工程项目的工程款,发包商指定的分包商出现违约现象等,这不仅损害了承包商的权益,还会影响整个公路工程项目预定目标的实现。

(7)监理工程师的不当指令。

监理工程师受发包商的委托对工程建设进行管理监督,以确保合同顺利履行。因此监理工程师有权对承包商发布书面或口头指令,但是如果监理工程师要求承包商进行合同内容以外的工作,将会对承包商造成额外的费用负担,在承包商按其指令完成工作后,有权向发包商进行索赔,以弥补自身的损失。

(8)国家相关法律政策的变化。

国家相关法律法规是建筑工程签订施工合同的依据和准则,如果相关的法律法规发生了变化,如征收税率的变化、建筑材料的变更等,都会影响到公路工程项目的经济效益和总体造价,容易引起索赔。

2. 施工索赔的分类

索赔从不同的角度划分,有不同的分类。

(1)按照干扰事件的性质划分。

①工期拖延索赔,发包人未能按照合同约定为承包人提供相应的施工条件,如拖延交付施工图纸、施工道路与场地不具备施工条件等。

②工程变更索赔,工程变更包括施工合同规定的工程数量的增减、工程量的变化超过一定幅度,承包人受到发包人或监理工程师的指令而更改施工图纸、施工方案等,这些都会造成发包人费用增加或工期延长。

③不可预见的干扰因素索赔,在工程项目施工过程中,遇到无法预见的干扰因素(如地下未勘探到的岩石、断层、地下水等)引起发包人的损失而造成的索赔。

④施工合同终止索赔,不确定性因素(如战争、不可抗力等)导致发包人无法继续履行合同,致使工程无法继续实施对承包人造成经济损失,承包人提出索赔。

⑤其他索赔,通货膨胀、国家的法令政策改变等原因引起的索赔。

(2)按照索赔的目的划分。

①工期索赔,并非发包人自身的原因导致工期滞后而向承包人提出工期延长的索赔。

②费用索赔,即发包人要求承包人补偿自身的经济利益损失。

(3)按照索赔依据的理由划分。

①合同内索赔,索赔的依据在合同文本中能够找到相应的条款。

②合同外索赔,索赔的依据在合同中没有明确的规定,必须按照与合同相关的法律法规来解决索赔争议。

③道义索赔,索赔的要求没有合同依据,也无相关的法律法规支持,而是由于承包人自身的失误导致巨大的经济损失,其后果可能直接影响到承包人对合同的履行能力,发包人从道义上给予承包人一定的经济补偿。

(4)按照索赔的处理方式划分。

①单项索赔,顾名思义就是对发生的索赔事件一项一项地进行索赔,针对某一项索赔事件,合同管理人员向监理工程师递送索赔通知意向书,提出索赔。其优点是处理容易,实施过程简便。

②总索赔,又称综合索赔,是指在工程竣工验收之前将工程建设过程中所有发生的未解决的索赔事件作为一个整体向发包人提出总索赔,由发包人和承包人在指定的时间内一块解决所有的索赔争议,总索赔在国际工程中经常被使用。

(5)按照索赔发生的原因划分。

①延期索赔。

延期索赔主要是因业主未能按合同规定提供施工条件而不能按原计划进行施工所引起的索赔,如业主未及时交付图纸、技术资料,未能及时通路和平整场地,业主指令停止施工,其他不可抗力因素作用等。

②工程变更索赔。

业主或工程师指令修改设计、增加或减少工程量、增加或删减部分工程、修改实施计划、变更施工次序等,造成工期延长和费用增加。

③施工加速索赔。

施工加速索赔经常是延期或工程变更索赔的结果,有时也被称为"赶工索赔",而施工加速索赔与劳动生产率的降低关系极大,因此又称为劳动生产率损失索赔。

如果业主要求承包商比合同规定的工期提前,或者因前一阶段的工程拖期,要求后一阶段的工程弥补已经损失的工期,使整个工程按期完工,则承包商可以因施工加速成本超过原计划的成本而提出索赔。其索赔的费用一般应考虑加班工资、雇用额外劳动力、采用额外设备、改变施工方法、提供额外监督管理人员等所引起的费用增加。

④不利现场条件索赔。

不利的现场条件是指合同的图纸和技术规范中所描述的条件与实际情况有实质性的不同,或合同未做描述而且有经验的承包商也无法预料。不利现场条件索赔应归咎于确实不易预知的某个事实。例如,现场的水文、地质条件在设计时就全部一清二楚几乎是不可能的,只能根据某些地质钻孔和土样试验资料来分析和判断。

8.3.3 施工索赔的证据与计价方法

1. 施工索赔的证据

索赔的证据是在合同签订和合同实施过程中产生的用来支持其索赔成立或与索赔有关的证明文件和资料,主要有合同资料、日常的工程资料和合同双方信息沟通资料等。证据作为索赔文件的一部分,关系到索赔的成败。证据不足或没有证据,索赔不能成立。证据又是对方反索赔攻击的重点之一。

索赔证据是关系到索赔成败的重要条件之一。在合同实施过程中,资料很多,面很广。索赔管理人员需要考虑监理工程师、业主、调解人和仲裁人需要哪些证据。索赔证据资料种类如下。

(1)合同文件、设计文件、计划类索赔证据。

该类索赔证据包括招标文件、合同文本及附件,其他的各种签约备忘录、修正案等;业主认可的工程实施计划、各种工程图纸(包括图纸修改指令)、技术规范等;承包商的报价文件,各种工程预算和其他作为报价依据的资料,如环境调查资料、标前会议和澄清会议资料等。

(2)来往信件、会谈纪要类索赔证据。

该类索赔证据包括业主的变更指令、来往信件、通知、对承包商问题的答复信及会谈纪要、经各方签署做出的决议或决定。

(3)施工进度计划、实际施工进度记录。

该类索赔证据包括总进度计划;开工后业主的工程师批准的详细的进度计划、每月进度修改计划、实际施工进度记录、月进度报表等;工程的施工顺序、各工序的持续时间;劳动力、管理人员、施工机械设备、现场设施的安排计划和实际情况;材料的采购订货、运输、使用计划和实际情况等。

(4)施工现场的工程文件类索赔证据。

该类索赔证据包括施工记录、施工备忘录、施工日志、工长或检查员的工作日志、监理工程师填写的施工记录和各种签证等;劳动力数量与分布、设备数量与使用情况、进度、质量、特殊情况及处理;各种工程统计资料,如周报、旬报、月报;期中以及期末的工程实际进度和计划进度对比、实际成本和计划成本对比,质量分析报告,合同履行情况评价;工地的交接记录(应注明交接日期、场地平整情况,以及水、电、路情况等);图纸和各种资料的交接记录;工程中送停电、送停水、道路开通和封闭的记录和证明;建筑材料和设备的采购、订货、运输、进场及使用方面的记录、凭证和报表等。

(5)工程照片类索赔证据。

该类索赔证据包括表示工程进度的照片、隐蔽工程覆盖前的照片、业主原因造成返工和工程损坏的照片等。

(6)气候报告索赔证据。

该类索赔证据包括天气情况记录等。

(7)验收报告、鉴定报告类索赔证据。

该类索赔证据包括工程水文地质勘探报告、土质分析报告;文物和化石的发现记录;地基承载力试验报告、隐蔽工程验收报告;材料试验报告、材料设备开箱验收报告;工程验收报告等。

(8)市场行情资料类索赔证据。

该类索赔证据包括市场价格、官方的物价指数、工资指数、中央银行的外汇比率等公布材料、税收制度变化(如工资税增加、利率变化、收费标准提高)。

(9)会计核算资料类索赔证据。

该类索赔证据包括工资单、工资报表、工程款账单、各种收付款原始凭证、银行付款延误;总分类账、管理费用报表、计工单、工程成本报表等。

2. 施工索赔的计价方法

在工程索赔中,影响索赔的因素有很多,比如提交索赔意向书的时间限制、索赔相关工程资料的详细程度、索赔理由的充分程度等,但是索赔的金额和计算方法在很大程度上是索赔的关键。所以索赔管理人员应该熟练掌握索赔的计算方法,在不同的施工环境下利用不同的计算方法计算出合理的索赔值,这样才能够加大索赔的成功率。

(1)工期索赔。

工期索赔一般采用分析法进行计算,其主要依据合同规定的总工期计划、进度计划,以及双方共同认可的工期修改文件、调整计划和受干扰后实际工程进度记录(如施工日志、工程进度表等)。分析的基本思路:假设工程施工一直按原网络计划确定的施工顺序和工期进行,现发生了一个或一些干扰事件(如延长持续时间、活动之间逻辑关系发生变化、增加新的活动),使网络计划中的某个或某些活动受到干扰,将这些活动受干扰后的持续时间代入网络计划,重新进行网络分析,得到一个新工期,则新工期与原工期之差即为干扰事件对总工期的影响。通常,如果受干扰的活动在关键线路上,则该活动持续时间的延长值即总工期的延长值。如果该活动在非关键线路上,受干扰后仍在非关键线路上,则这个干扰事件对工期无影响,故不能提出工期索赔。

(2)费用索赔。

在确定费用索赔金额时,应遵循下述两个原则:一是所有赔偿金额都应该是施工单位为履行合同所必须支出的费用;二是按此金额赔偿后,应使施工单位恢复到未发生事件前的财务状况,即施工单位不致因索赔事件而遭受任何损失,但也不得因索赔事件而获得额外收益。根据上述原则可以看出,索赔金额是用于赔偿施工单位因索赔事件而受到的实际损失(包括支出额外成本所损失的可得利润),而不考虑利润,因此,索赔金额计算的基础是成本。索赔金额的计算方法很多,各个工程项目都可能因具体情况不同而采用不同的方法,主要有三种。

①总费用法。

计算出索赔工程的总费用,减去原合同报价,即得索赔金额。这种计算方法简单但不尽合理,一方面,实际完成工程的总费用中可能包括施工单位的原因(如管理不善、材料浪费、效率低等)所增加的费用,而这些费用不属于索赔范围;另一方面,原合同价也可能因工程变更或单价合同中的工程量变化等而不能代表真正的工程成本。凡此种种原因,使得采用此法往往会引起争议,故此法一般不常用。但是在某些特定条件下,如需要具体计算索赔金额很困难,甚至不可能,也可采用此法。这种情况下应具体核实已开支的实际费用,取消不合理的部分,以求接近实际情况。

②修正的总费用法。

修正的总费用法原则上与总费用法相同,只需要对某些方面做出相应的修正,修正的内容主要有:a.计算索赔金额的时期仅限于受事件影响的时段,而不是整个工期;b.只计算在该时期内受影响项目的费用,而不是全部工作项目的费用；c. 不采用原合同报价，而是采用在该时期内如未受事件影响而完成该项目的合理费用。根据上述修正，可比较合理地计算出受索赔事件影响而实际增加的费用。

③实际费用法。

实际费用法即根据索赔事件所造成的损失或成本增加，按费用项目逐项进行分析、计算索赔金额的方法。这种方法比较复杂，但能客观地反映施工单位的实际损失，比较合理，易于被当事人接受，在国际工程中被广泛采用。实际费用法是按每个索赔事件所引起损失的费用项目分别分析计算索赔值的一种方法，通常分三步：第一步分析每个或每类索赔事件所影响的费用项目，不得有遗漏，这些费用项目通常应与合同报价中的费用项目一致；第二步计算每个费用项目受索赔事件影响的数值，通过与合同价中的费用价值进行比较即可得到该项费用的索赔值；第三步将各费用项目的索赔值进行汇总，得到总费用索赔值。

8.3.4　施工索赔处理程序与索赔争议的解决办法

1. 施工索赔处理程序

施工索赔处理程序如图 8.1 所示。

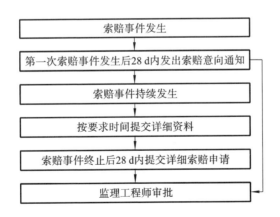

图 8.1　施工索赔处理程序

施工索赔处理的具体程序如下。

(1)索赔事件发生后 28 d 内，承包商须完成索赔事件发生原因分析、索赔理由分析、索赔理由评价等工作，并向工程师发出索赔意向通知。

(2)发出索赔意向通知28 d内,承包商须向工程师提出延长工期和(或)补偿经济损失的索赔报告及有关证据(工期延长或费用增加证据)资料。

(3)工程师在收到承包商提交的索赔报告和有关资料后,于28 d内给予答复,或要求承包商进一步补充索赔理由和证据。

(4)工程师在收到承包商提交的索赔报告和有关资料后28 d内未予答复或未对承包人作进一步要求,视为已经认可该项索赔。

(5)当该索赔事件持续进行时,承包商应当阶段性向工程师发出索赔意向。在索赔事件终止后28 d内,向工程师提交索赔的有关资料和最终索赔报告。

(6)索赔的解决阶段。索赔的解决方法有和解、调解、仲裁、诉讼。

①和解:合同双方在自愿互谅的基础上,按照合同规定自行协商,通过讲道理,厘清责任,共同商讨,互作让步,使争执得到解决。和解是解决任何争执首先采用的最基本的,也是最常见、最有效的方法。

②调解:在合同争执发生后,在第三人的参加和主持下,对双方当事人进行说服、协调和疏导,使双方当事人互相谅解并按照法律的规定及合同的有关约定达成解决合同争执的协议。如果合同双方经过协商谈判不能就索赔的解决达成一致,则可以邀请中间人进行调解。

③仲裁:合同双方达成仲裁协议的,向约定的仲裁委员会申请仲裁。在我国,仲裁实行一裁终局制度。裁决做出后,当事人若就同一争执再申请仲裁或向人民法院起诉,则不再予以受理。

④诉讼:向有管辖权的人民法院起诉。

(7)最终结论。

2.施工索赔争议的解决办法

建设工程项目施工周期长,致使施工合同在履行过程中难免会出现合同双方的索赔争议,而公平地处理索赔争议是建设工程施工合同的基本原则。如何公平、公正地处理索赔争议是施工合同中的难点。因此,根据一般惯例,索赔争议的解决办法主要有以下几种。

(1)友好协商。

友好协商是指合同双方当事人共同根据合同的内容和条款以及相关的法律法规,对已经发生的索赔事件进行共同的探讨、研究,在分析基本事实的基础上,根据合同分清各自的责任和所要承担的风险,找到双方都满意的一个临界点达成共识,从而使索赔争议得到友好的解决。这种解决争议的办法双方都没有太大的压力,并且方式简单,协商气氛融洽,双方的工作量小,是索赔争议较普遍有效的解决方式。

(2)调停解决。

调停解决起源于20世纪90年代,是指在一个中立人即调解人的参与下,合同双方各派代表,在遵守相关法律法规、合同条款及尊重客观事实的基础上,调解人对双方代表进行调解,但无法律约束力。中立人可以由法官、监理工程师等担任。在调解的过程中,双方代表各自陈述自身立场的意见、问题,在中立人的调解沟通下,最终达成一个共同认可的解决方案,一般而言,调解人注重的是实际索赔争议的金额。一个共同认可的解决方案可能要经过好几次反复的调解过程,但是在对最终的调解协议书无异议时,协议书便具有法律效力。这种解决争议的办法通常比较公正、保密效果好,并且在调解的过程中也避免了争议双方的冲突,其成功率也很高。

(3)仲裁或诉讼。

仲裁和诉讼是发包商和承包商在争议和纠纷无法解决的时候,不得已而采用的最后一种手段。因为当合同争议在合同双方当事人之间无法达成一致时,如果采用此种办法,不仅要向仲裁机构上交仲裁费,并且还要请律师,对合同争议进行相应的取证,整理大量的有关资料等。这些都需要消耗大量的人力、物力及财力,并且对于仲裁的结果还不一定有把握,整体算下来,解决争议的费用将会占到合同中争议或者索赔费用的很大一部分,所以仲裁与诉讼是合同双方在最后不得已时采用的办法。对于仲裁机构而言,仲裁是代表着法律而对合同争议进行判决的法律行为,这就需要仲裁机构全面、详细地了解情况,所以其程序较为复杂,等待时间也比较漫长。但是因为仲裁是正规的法律程序,其裁决对争端双方均有法律上的约束力,所以仲裁的结果具有权威性,也比较公正。

总体而言,对于合同双方的合同纠纷与争议,建议在合同签订前详细而认真地探讨合同内容,将合同纠纷与争议消除在发生之前。如果出现了合同争议,还是尽量通过双方的友好协商来解决,这样合同双方都达到"共赢"的目的。

8.3.5 公路工程项目变更索赔工作要点

(1)做好项目准备工作。

变更索赔工作的开展要求管理人员加大对其重视程度,以减少公路工程项目建设施工中的损失为主,事先做好相应的准备工作。很多工程项目建设施工管理部门针对变更索赔现象出台了索赔方案,但是在实践过程中,还是难以根据项目建设的要求提高索赔效率,导致整体进度缓慢。因此,工作人员要针对其中可能产生的问题进行相应的准备,达到未雨绸缪的目的。在落实公路工程项目招标工作之后,施工单位就需要根据其签署的施工合同内容签订项目变更赔付协议,并且协议内容需要让监理人员及承包商等确认,专业的律师团队还可以补充相应的条款,体现协议的全面性。因为部分变更索赔问题在产生之后存在工作人员相互推诿的情况,所以在落实项目建设工作之前还要签署违约责任书,各个参建方都需要明确自身的责任。更重要的是,发包商和承包商需要记录好项目会议资料并对其备份,在必要时可以将其作为补充资料为变更索赔提供参考依据。

(2)定期分析经营项目。

目前我国很多施工单位对公路工程项目建设施工中产生的变更索赔问题都存在一定的疑惑,主要是经营项目不确切,导致最终的变更索赔效果受到影响。基于此,相关单位要定期分析经营项目,利用科学合理的管理办法提高变更索赔效率。项目建设施工单位要针对公路工程建设施工要求,组织相关人员开展经营协调会议,在需要提供变更索赔资料时对其进行补充,还要落实各个工作人员的责任,让其可以确保自身工作效率,最大限度地降低产生变更索赔问题的概率。在分析经营项目时,为了确保其全面性,施工单位可以邀请各个单位的负责人参加会议,做好会议记录,提高总体工作效率,促使其中的问题得到积极解决。

(3)完善管理办法。

任何管理工作的开展都需要以完善的管理办法作为基础,才能够确保综合管理的实效性,尽可能减少其中存在的问题。在实施公路工程项目变更索赔工作时,管理人员就需要完善管理办法,以提高变更索赔管理效率,促使各项工作的开展都能够得到科学的控制。在制订管理办法时,管理人员需要详细分析合同内容的范围,还要让发包商和承包商统一意见,尽可能在短时间内指定变更索赔的管理办法。在确定管理办法之后,还可以让公路工程项目建设施工管理负责人对管理办法的实施效果进行预测,贯彻管理形式与内容,促使整体工作的开展得到有效控制。需要注意的是,在完善管理办法时,管理人员要按照图8.2的变更索赔流程开展各项工作,提高变更索赔的规范性。

(4)提高人员专业性。

科学的人员培训可以从根本上提高管理人员的工作能力,使其站在专业性

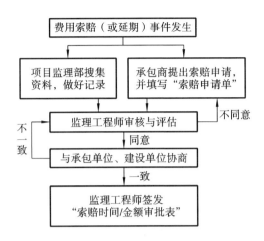

图 8.2 变更索赔流程

的角度分析解决问题。在落实公路工程项目变更索赔工作时,要让技术管理人员参与其中,还要确定发包人及承包商责任人,让其能够以专业的眼光分析看待变更索赔问题,提高变更索赔问题的处理效率。因此,相关单位需要让具备丰富实践经验的造价工程师参与工程变更索赔管理,其不仅需要以提高综合处理效率为主,还要确保施工单位的技术水平达到公路工程项目建设施工的要求。另外,在处理赔付争议性较大的公路工程项目的变更索赔问题时,各个单位都需要结合自身的实际情况让监理人员及技术部门的工作人员对项目赔付情况进行调节,同时还要参考专家团队的意见制订合理的赔付计划,促使变更索赔得到专业支持。

(5)做好凭据管理工作。

凭据管理工作的开展需要体现变更材料的价值,以此作为核心内容让相关单位进行赔付。根据我国目前的条款来看,在公路工程项目建设施工当中,一旦产生合同条款变更问题,就需要以施工材料凭据及签订的施工合同为主,明确现场施工实际情况,并且将其作为变更索赔的根本证据,确保项目索赔的公平性。在实施公路工程项目建设施工管理工作时,要加大对凭据管理的重视程度,在产生变更索赔问题时,则需要让凭据内容经过承建单位和业主的确认,为索赔工作的发起提供材料依据。所以,公路施工企业一旦发现自身的权益受到侵害,就需要采取主动出击的方式发起索赔,结合项目建设施工中的风险,利用科学的凭据提高索赔的合理性,降低谈判的概率。

8.4 公路工程施工反索赔

8.4.1 施工反索赔的概念与意义

1. 施工反索赔的概念

索赔应该是双向的,即当合同一方当事人向另一方当事人提出索赔时,另一方当事人尽可能地按照相关的法律法规以及合同条款去反驳对方的索赔要求,使对方的索赔不成功。反索赔就是合同一方当事人在合理合法的前提下对另一方当事人的索赔要求进行驳回的一种法律行为。在建设工程项目的实施过程中,不仅在建设工程施工合同中有发包商与承包商的索赔与反索赔,还有其他建设工程合同当事人之间的索赔与反索赔,比如总承包商向分包商提出索赔,则分包商必须反索赔;同时分包商向总承包商提出索赔,则总承包商必须反索赔。而在建设工程施工合同中,监理工程师不但要尽量防止索赔事件出现,还要处理好合同双方关于索赔与反索赔的各种问题。现在通常情况下,人们习惯性地把承包商向发包商的索赔称为索赔,而把发包商向承包商提出的索赔称为反索赔。

索赔与反索赔是一种相互博弈的行为。在具体的项目实施过程中,发包商和承包商在同时进行施工合同的管理工作,都在试图寻找向对方索赔的机会,同时也在提防对方向自己索赔,所以不懂得反索赔同样会使自身的利益受到损失。由此可见,反索赔与索赔具有相同的重要性,二者相互依附又相互矛盾,缺一不可。

2. 施工反索赔的意义

工程反索赔与工程索赔具有相同的重要性。与工程索赔一样,工程反索赔也具有十分重要的实际意义,具体有以下几点。

(1)反索赔能够减少自身的利益损失。

反索赔是合理合法驳回对方向自己索赔的一种方式。如果反索赔成功,则自身就不用支付额外的资金;如果反索赔失败,则自身就要承担相应的法律责任,并且向对方补偿经济损失或其他利益,这样就会使自身蒙受损失。综上所述,我们可以看出,反索赔管理工作同样关系到自身工程经济效益,也同样反映着合同管理水平。

(2)反索赔可促进合同管理工作的良性发展。

从索赔的定义可以看出,索赔是双向的,索赔的同时必然有反索赔的存在,所以对于索赔管理人员来说,如果索赔管理水平低下,就抓不住索赔的机会,不能够有效地进行索赔,那么同样对于合同对方当事人提出的索赔也就不能够进行有效的反索赔了,这样在索赔管理的工作中总会处于被动的位置,长此以往就无法提高合同管理水平。因此懂得反索赔对合同管理来说十分重要。

(3)反索赔与索赔具有相互促进的效果。

索赔与反索赔是一种相互博弈的关系,所以当一方成功时,另一方必然失败。反索赔的成功必然促使索赔管理工作水平的提高。如果索赔工作管理者能够成功进行反索赔,其专业水平肯定很高,能够全面地了解合同条款,能抓住索赔的机会,掌握全面的索赔资料,具备丰富的工程经验,从对方提出的索赔要求中能够找到有利于反索赔的要点,成功驳回对方的索赔要求,避免自身经济利益受到损失。这样的管理者同样能够抓住索赔的机会,向对方提出索赔时,往往能一针见血,突出重点,使索赔成功。在施工过程中,工程建设受到许多外在因素的干扰,合同双方往往都有责任与损失,这时候索赔管理人员能否进行成功的索赔与反索赔就决定了自身经济效益的好坏。

8.4.2 工程反索赔的步骤

索赔的工作是双向的,所以在接到合同对方当事人的索赔要求后,应该立即开始反索赔工作,下面就反索赔的步骤进行讲解。

(1)总体分析合同文本。

当实际发生索赔要求时,建设工程施工合同是双方当事人首要依据的准则,并且索赔的处理过程和索赔的结果也是依照合同进行的,所以当发生索赔争端时,总体分析合同文本有助于帮助自身找到反索赔的相关合同条款、内容或者理由,从而向对方开展反索赔工作。而总体分析合同文本的主要目的是对对方所提出的索赔事件及相关的法律依据或者是合同条款进行逐个分析,从中找到有利于反索赔工作的线索。重点分析的内容如下:与建设施工合同相关的法律法规;合同的主要内容、条款及合同变更的内容;合同中所规定的双方当事人的相应责任、义务;工程变更后相应的补偿措施;工期的调整办法;合同双方承担的风险;违约处理及如何解决争议等。

(2)调查事态。

索赔要求的提出是基于相应的事实基础的,因此,反索赔也要尊重事实,在事实的基础上调查事态,首先确定对方提出索赔事件的真实性,其次找出索赔事件的起因、经过、影响范围等,再从当时发生事件时在场的人员中了解情况,尽量还原当时的真实状况。在此基础上,对搜集到的信息进行研究分析,对于无索赔依据或依据不完整、没有充分的理由支撑以及不能确定事实的索赔予以驳回。当然,在整个事态调查过程中,反索赔管理者对合同的实施管理、跟踪监督工作必须与对方同时进行,对于工程实施过程中的相关反索赔资料必须搜集整理完全,这样才能更好地开展反索赔工作。

(3)分析三种状态。

在整理相关工程资料的基础上,还需要分析三种状态,分别是合同状态、可能状态、实际状态。

(4)全面分析索赔报告。

一份索赔报告总会有漏洞,所以要对索赔报告进行全面的分析,找出对方提出索赔的事件、理由、要求,并逐个进行分析,看看有没有以下几点漏洞。

①索赔意向书的提交是否超过期限,如果超出期限则索赔无效。

②对于合同条款的理解是否存在误解,提出索赔的一方是为了维护自身的利益,这就有可能导致对合同条款认识存在主观性,产生错误的理解。

③索赔事件是否夸大事实,如果有,则可以找出反索赔的理由和依据。

④索赔的依据是否充分,相应的证明资料是否完整、详细。

⑤索赔的计算值是否合理。

(5)起草并向对方递交反索赔报告。

反索赔报告也是正规的法律文件。在调解或仲裁中,反索赔报告应递交给调解人或仲裁人。

第9章 工程造价控制概述

9.1 工程造价原理

9.1.1 工程造价定义

工程造价通常是指工程的建造价格。根据所站角度的不同,工程造价有不同含义。

第一种含义:工程造价是指一个建设项目从立项开始到建成交付使用预期花费或实际花费的全部费用。我国现行的制度规定,建设工程造价由建筑安装工程费用、设备和工器具购置费用、工程建设其他费用及预备费等组成。

第二种含义:工程造价是指工程价格,即为建成一项工程,预计或实际在土地市场、设备材料市场、技术劳务市场以及承包市场等交易活动中所形成的建筑安装工程的价格和建设工程总价格。第二种含义是以社会主义市场经济为前提的,它以工程这种特定的商品形式为交易对象,通过招投标、承发包或其他交易方式,在进行多次预估的基础上,最终由市场确定的价格。在这里,工程的范围和内涵既可以是涵盖范围很大的一个建设项目,也可以是一个单项工程,甚至还可以是某个分部工程。

通常把工程造价的第二种含义只认定为工程承发包价格。承发包价格是工程造价中一种重要且典型的价格形式。它是在建筑市场通过招投标,由需求主体(投资者)和供给主体(建筑商)共同认可的价格。建筑安装工程价格在项目固定资产中占有 50%～70%的份额,是工程建设中最活跃的部分,而且建筑企业是建设工程的实施者,占有重要的市场主体地位,因此工程承发包价格被界定为工程价格的第二种含义很有现实意义。但是这种界定对工程造价的理解较狭猫。

工程造价的两种含义是从不同角度把握同一事物的本质。对建设工程的投资者来说,面对市场经济条件下的工程造价就是项目投资,是"购买"项目要付出的价格,同时也是投资者在作为市场供给主体"出售"项目时定价的基础。对于承包商、供应商,以及规划单位、设计单位来说,工程造价是他们作为市场供给主体出售商品和劳务的价格总和,或特定范围的工程造价,如建筑安装工程造价。

区别工程造价两种含义的理论意义在于:为投资者和以承包人为代表的供应商在工程建设领域的市场行为提供理论依据。当投资者提出降低工程造价时,是站在投资者作为市场需求主体的角度;当承包人提出提高工程造价、提高利润率并获得更多的实际利润时,是要实现一个市场供给主体的管理目标。这是市场运行机制的必然。区别两种含义的现实意义在于:为实现不同的管理目标,不断充实工程造价的管理内容,完善管理方法,更好地为实现各自的目标服务,从而有利于推动经济增长。

9.1.2　公路工程造价定义及构成

1. 公路工程造价定义

按照马克思主义政治经济学原理,价格以价值为基础,为价格体系的形成指明方向。同时,价格也表现为围绕价值上下浮动,商品的价格在市场交换中也会发生变动。其浮动变化受各种因素的影响,其影响因素主要有原材料设备和劳动消耗变化等引起商品内在价值成本的变化,以及外在的市场供求变化、通货膨胀、银行利率变化等。

公路工程造价是其工程价值的货币表现,其工程价值组成包括每项公路工程项目从立项到建成交付使用过程中已消耗的劳动力生产要素和材料、机械、土地等生产资料价值,以及公路建设各主体(业主、施工方、设计方、监理方等)共同有序地进行自身职责活动创造的新价值。造价形成的过程受到技术发展水平、各类物质资源利用状况、原材料等物质资料的价格水平、劳动生产力水平、工资水平、产品质量、管理水平等相关因素的影响。我们把公路工程造价概括为两种含义,第一种含义是指为使一项公路工程项目达到设计要求,从立项开始到建成交付使用所有阶段进行的各项投资及管理活动产生的费用总和,该含义主要是站在政府和业主的角度定义的;第二种含义是指在公路建设市场中,各市场主体围绕其建设目标进行公路建设相关生产要素和资料产品交易所需的市场价格的总和,这一含义是站在工程市场承包方、供应方、设计方等市场供给主体的角度定义的。

2. 公路工程造价构成

由于公路工程属于建设工程,其造价同样由建筑安装工程费用、设备和工器具购置费用、工程建设其他费用、预备费等组成。

(1)建筑安装工程费用。

①建筑安装工程费用内容。

a. 路基的特殊地基处理、土石方工程、排水工程和防护工程等建筑工程费用。

b. 路面的垫层、基层、面层等建筑安装工程费用。

c. 桥涵工程的基础、下部结构、上部结构和附属设施等建筑安装工程费用。

d. 交叉工程。

e. 隧道工程的洞口、洞身、附属设施等建筑安装工程费用。

f. 公路沿线设施的建筑安装工程费用。

g. 临时工程。

h. 公路交工前的养护费用。

i. 施工技术装备费用。

j. 计划利润。

k. 税金。

②建筑安装工程费用构成。

我国现行公路工程建筑安装工程费用的具体构成如图9.1所示。

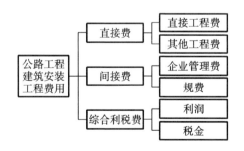

图 9.1 公路工程建筑安装工程费用的具体构成

(2)设备、工器具购置费用。

设备、工器具购置费用的计算应根据设计规格、数量清单,在可行性研究报告、初步设计、技术设计和施工图设计阶段按式(9.1)计算。

$$设备、工器具购置费用 = (货价 + 运杂费) \times (1 + 采购保管费率) + 运输保险费 \quad (9.1)$$

需要安装的设备,如发电机组,其安装工程费应在第一部分建筑安装工程费用的有关项目内计算。

(3)工程建设其他费用。

工程建设其他费用是指从工程筹建到工程交付使用的整个建设期间,除建筑安装工程费用和设备、工器具购置费用以外,为保证工程建设顺利完成和交付使用后能正常发挥效用而发生的各项费用。工程建设其他费用按内容可分为3类。

①土地使用费。

②与工程建设有关的其他费用。

③与未来企业生产经营有关的其他费用。

(4)预备费。

按我国现行规定,预备费包括基本预备费和价差预备费。

基本预备费是指在初步设计和概算中难以预料的工程费用。

价差预备费是指建设项目在建设期间因价格等变化引起工程造价变化的预测预留费用。价差预备费包括人工、设备、材料、施工机械的价差费,建筑安装工程费用及工程建设其他费用的调整,以及利率、汇率调整等增加的费用。

9.1.3　工程造价的计价

作为建设工程这一特殊商品的价值表现形式,工程造价计价除了具有与其他一切商品价格计价的共同特点,还有其自身的特点和模式。

1. 计价特点

(1)单件性计价。

建设工程都有其指定的专门用途,也就有不同的形态和结构,其结构、造型必须适应工程所在地的气候、地质、水文等自然客观条件,由此形成实物形态的千差万别。在建设这些不同实物形态的工程时,必须采取不同的工艺、设备和建筑材料,因而所消耗的物化劳动和活劳动必定也是不同的,再加上不同地区的社会发展致使构成价格和费用的各种价值要素存在差异,最终导致工程造价各不相同,也即任何两个建设项目的工程造价不可能是完全相同的。因此,建设工程不能像工业产品那样,按品种、规格、质量成批量生产和计价,而只能是单件性计价,也就是说,只能根据各个建设工程项目的具体设计资料和当地的实际情况单独计算工程造价。

(2)多次性计价。

建设工程一般规模大、建设周期长、技术复杂、受建设所在地的自然条件影响大,消耗的人力、物力和财力巨大,并要考虑投入使用后的经济效益等因素,一旦决策失误,将造成不可挽回的巨大损失。为了满足建设各阶段的不同需要,适应造价控制和管理的要求,合理使用人力、物力和财力,取得最大的投资效益,必须在建设全过程进行多次计价。公路工程造价文件如图9.2所示。其中涉及的主要文件如下。

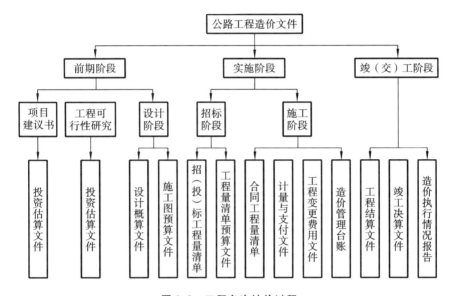

图 9.2 工程多次计价过程

①投资估算。投资估算是指在投资前期(项目建议书、可行性研究报告)阶段,进行某项工程建设所花费的全部固定资产投资的预计费用。

在项目建议书阶段编制项目建议书投资估算,作为可行性研究进行经济评价的依据。经批准后,进入可行性研究报告阶段。

在可行性研究报告阶段编制可行性研究报告投资估算,可行性研究报告经批准后,其投资估算作为控制建设项目投资的依据。

②设计概算。设计概算是指在设计阶段由设计单位根据初步设计文件、概算定额、各类费用定额,以及建设地区的自然条件和技术经济条件等资料,预先计算、确定建设项目从筹建至竣工验收的工程造价经济文件。

在初步设计阶段编制初步设计概算,按两阶段设计建设项目,设计概算经批准后是确定建设项目投资最高限额的依据,也是签订建设项目总承包合同的依据。

在技术设计阶段编制技术设计修正概算,按三阶段设计建设项目,修正概算经批准后是确定建设项目投资最高限额的依据,也是签订建设项目总承包合同的依据。

③施工图预算。施工图预算是由设计单位根据施工图设计的工程量和施工方案,按预算定额和各类费用定额所编制的反映工程造价的经济文件。

在施工图设计阶段编制施工图预算,施工图预算经批准后,是签订建筑安装工程承包合同、办理工程价款结算的依据,也是实行建筑安装工程造价包干的依据。实行招标的工程,其建筑安装工程费用是编制标底的基础。

④工程量清单预算。工程量清单预算是在公路工程施工招标、投标活动中,对采用工程量清单计价的工程,参照编制施工图预算的造价依据和方法,按规定程序对招标工程建设所需的全部费用及其构成进行测算所确定的造价文件。工程量清单预算是评判投标报价合理性的重要依据,也是招标人确定招标标底或最高投标限价的依据。

⑤投标报价。投标报价是指由投标单位根据招标文件及有关定额和招标项目所在地区的自然、社会和经济条件及施工组织方案和投标单位自身的情况,计算完成招标工程所需各项费用的经济文件。

⑥合同工程量清单。合同工程量清单是在公路工程发、承包活动中,发、承包双方根据《中华人民共和国合同法》、招(投)标文件及有关规定,以约定的工程量清单计价方式,签订工程承发包合同时确定的工程量清单。合同工程量清单应包括拟建工程量、单价、合价及总额。

⑦工程结算。工程结算是在公路工程实施过程中或工程完工后,发、承包双方依据国家有关法律、法规,按合同约定计算确定的最终工程价款。结算方式有按月结算、竣工后一次结算、分段结算等。

⑧竣工决算。竣工决算是公路工程经审定的从筹建到竣工验收、交付使用全过程实际支出的全部工程建设费用。工程竣工决算是整个公路工程的最终造价,是建设单位财务部门汇总固定资产的主要依据。

以上是建设单位在不同阶段对建设项目、施工单位对所投标段作出的预期工程造价。确定中标单位后按照合同条款的约定签订合同价,一般都根据工程量清单提供的工程量签订单价合同,在施工过程中根据工程变更和市场物价变动情况确定结算价,结算价才是建设项目分部分项工程的实际造价。全部工程竣工并验收合格后,建设单位在各分部分项工程结算价的基础上编制的竣工决算,才是整个建设项目的实际造价。

一个建设项目各个阶段的计价是相互衔接、由粗到细、由浅到深、由预期到实际、前者制约后者、后者修正和补充前者的发展过程。

(3)按工程构成分部组合计价。

建设工程规模大,工程结构复杂,根据建设工程单件性计价的特点,不可能简单直接地计算出整个建设工程的造价,必须将整个建设工程分解到最小的工程结构部位,直至达到对其进行计量和计价都相对准确的程度,然后再将各部位的费用按设计确定的数量加以组合,即可确定全部工程所需要的费用。

①建设项目的分解。

a.建设项目。建设项目又称基本建设项目,一般是指符合国家总体建设规划,能独立发挥生产功能或满足生活需要,其项目建议书经批准立项和可行性研究报告经批准的建设任务。一个建设项目按照工程特点可进一步分解,如图9.3所示。

图9.3 建设项目的分解

b.单项工程。单项工程又称工程项目,它是建设项目的组成部分,是具有独立的设计文件,在竣工后能独立发挥设计规定的生产能力或效益的工程。工程项目划分的标准因工程专业性质的不同而有所不同。

公路建设的单项工程一般是指独立的桥梁工程、隧道工程。这些工程一般包括与已有公路的接线,建成后可以独立发挥交通功能。但一条路线中的桥梁或隧道若在整个路线未修通前不能发挥交通功能,就不能作为一个单项工程。

c.单位工程。单位工程是单项工程的组成部分,它是单项工程中具有单独设计、可以独立组织施工并可单独作为成本计算对象的部分。一条公路(即一个公路建设项目)中一段路线作为一个单项工程,其中各个路段的路基、路面、桥梁、隧道都可作为单位工程。

d.分部工程。分部工程是单位工程的组成部分,一般按单位工程中的主要结构、主要部位来划分。在公路建设工程中,分部工程是在工程项目界定的范围内,以工程部位、工程结构和施工工艺为依据,并考虑在工程建设实施过程中便于进行工程结算和经济核算来确定的,如按工程部位划分为路基工程、路面工程、桥涵工程等,按工程结构和施工工艺划分为土石方工程、混凝土工程、砌筑工程等。

e.分项工程。分项工程是分部工程的组成部分,是根据分部工程划分的原则,再进一步将分部工程分成若干个分项工程。各种分项工程,每一单位消耗的活劳动和物化劳动都是不等的。分项工程是按照施工方法、工程部位、材料、质量要求和工作难易程度来划分的,它是概算和预算定额的基本计量单位,故也称为工程定额子目或工程细目。

在实际工作中,有了分部、分项工程的划分标准,在测定定额资料,制订概预算定额中的人工、材料、机械使用台班等消耗标准,编制建筑安装工程造价时,就有了统一的尺度,就可以实现建设工程造价管理工作的科学化和标准化。

②工程造价的组合。

与以上工程构成的方式相适应,建设工程具有分部组合计价的特点。计价时,先要对工程建设项目进行分解,再按构成进行分项计算再组合,如图9.4所示。

图 9.4 分部组合计价示意

(4)计价方法的多样性。

项目建设各阶段所掌握的条件、资料深度不同,计算的准确度要求不同,计价方法也就不同。

①投资估算一般采用估算指标法、类似工程比较法、生产能力系数法等进行编制。

②初步设计概算和修正概算一般采用概算定额法、概算指标法、类似工程预算法等进行编制。

③施工图预算按施工图计算工程量,按预算定额计算实物消耗,按市场价格计价,按费用定额计算各项费用及综合利税费。

④投标报价则按清单工程量计算工程量,按企业定额计算实物消耗,按市场价格计价,同时考虑自身的经营状况和工程风险等因素计算得到综合价格。

⑤施工预算则按施工图和实际情况计算工程量,按企业定额计算实物消耗,按市场价格计价,同时考虑自身的经营状况和工程风险等因素计算得到综合价格。

⑥工程结算则采用已完成并符合合同要求的清单工程量和变更工程量,按清单价格和变更价格计算得到综合价格。

⑦竣工决算所反映的公路工程项目建设造价,不仅包括建筑安装工程结算费用,还包括设备、工具、器具及家具购置费,工程建设其他费用(包括征地拆迁、勘察设计、建设期贷款利息等)等用于建设项目全部实际支出费用的总和。

不同的计价方法适用的条件不同,在计价时应正确选择。

(5)计价依据的多样性。

建设项目工程造价的计价依据,一般有以下方面。

①人工、材料、施工机械消耗量。

②工程量。

③工、料、机价格。

④各种取费费率,工程建设其他费用、利润与税金,物价指数及造价指数等。

⑤国家及有关部门的政策、法律、法规,以及有关工程造价的计价规范、计量规范等。

要准确计算建设项目工程造价,则应熟悉、掌握和正确应用这些计价依据。

2. 计价模式

建设项目工程造价的计价模式是与社会经济体制相适应的,随着我国经济体制和工程造价管理体制改革的不断深入,建设项目工程造价的计价模式也发生了根本性的变化,经历了3种不同的计价模式。

(1)政府定价计价模式。

政府定价计价模式即定额计价模式。定额是指中央政府有关部门和各级地方政府有关部门定期颁布的工程估算指标、概算定额、预算定额、费用定额、工程量计算规则等一切工程计价的法定依据。它是政府造价主管部门根据社会平均消耗和平均成本制定的"量价合一"的工程造价计算标准,既规定了工程量的实物资源消耗数量标准,又规定了单价及各种取费费率和计算办法。

(2)政府指导价计价模式。

政府指导价计价模式,即"定额量、指导价、竞争费"的量价分离计价模式。这里讲的"定额量"是指单位工程量的人工、材料、施工机械台班量等实物资源消耗量,按政府工程造价主管部门颁布的"基础定额"规定的消耗量标准计算。"指导价"是指人工、材料、机械台班的预算价格,按中央政府和地方政府造价主管部门定期发布的"指导价格"(又称中准价、信息价)计算。"竞争费"是指其他工程费、间接费、利润等取费费率,由中央政府或地方政府造价主管部门制定指导性费率标准,企业可根据自身具体情况确定投标费率进行竞争。

从实际执行情况看,政府工程造价主管部门发布的工、料、机指导价(中准价),一般略高于市场实际成交价;按定额及指导价格、费率计算的工程预算造价,一般高于工程招标实际中标价。按照计划应留有余地审定概算,审定的概算是投资控制最高限额的要求,目前已被普遍使用。但在编制招标标底或投标报价时应注意,由于与市场竞争规则和《中华人民共和国招标投标法》中规定的中标条件相悖,这种计价模式还不是真正的市场经济计价模式,而是在工程招投标尚未完全成熟时,为避免低价恶性竞争和确保工程质量而采用的一种过渡模式。

(3)工程量清单计价模式。

工程造价管理体制改革的最终目标是逐步建立以市场竞争为主的价格形成机制,逐步建立起由政府颁布的基础定额作为指导,通过市场竞争形成工程造价的机制。工程量清单计价模式内容如下。

①由政府建设行政主管部门统一制定符合国家标准、规范,并反映一定时期施工水平的人工、材料、机械等消耗量标准,实行对定额消耗量标准的宏观管理。

②制定统一的工程项目划分和工程量计算规则,为逐步实现工程量清单计价创造条件。

③建立信息网络系统,加强工程造价信息的收集、处理,及时发布信息。

④建筑施工企业可在基础定额的指导下,结合企业自身的技术和管理情况,制定企业定额,并在投标中结合当地要素、市场行情、自身经营情况及个别成本进行自主报价。

⑤在工程招投标中要贯彻《中华人民共和国招标投标法》第四十一条规定的中标条件,即"能够满足招标文件的实质性要求,并且经评审的投标价格最低;但是投标价格低于成本的除外"。

工程量清单计价模式是国际上通行的做法。我国于 2012 年 12 月 25 日已发布《建设工程工程量清单计价规范》(GB 50500—2013),并于 2013 年 7 月 1 日起实施。《建设工程工程量清单计价规范》(GB 50500—2013)要求,在建设项目工程招投标中,招标人按照统一的项目编码、项目名称、计量单位、工程量计算规则和统一的格式,提供分部分项工程项目、措施项目、其他项目的名称及相应工程数量的明细清单,由投标人依据工程量清单自主报价。通过市场竞争形成工程价格的计价模式,即市场定价模式,是法定招标建设项目必须严格执行的计价模式。

以上 3 种计价模式各有特点,定额计价模式可在项目决策阶段编制投资估算时参考使用;"定额量、指导价、竞争费"的量价分离计价模式可用于编制概预算及标底;工程量清单计价模式是通过市场竞争形成价格的模式,也是工程招投标中应推广的计价模式。

在国内工程建设领域,公路工程建设采用工程量清单计价模式是比较早的。20世纪80年代后期,随着改革开放的不断深入,引入世界银行贷款进行公路工程建设也进入快速发展时期。1986年12月开始施工的"西安—三原一级公路"是第一个使用世界银行贷款建设的公路项目,紧随其后的"京津塘高速公路""济青高速公路"等大量使用世界银行贷款建设的高速公路项目均采用工程量清单计价模式。在随后10多年的公路建设过程中,在不断吸收、消化国际咨询工程师联合会(FIDIC)土木工程施工合同条件的基础上,交通部(现为交通运输部)1999年发布《公路工程国内招标文件范本》(1999年版),于2000年1月1日起实施;2003年发布《公路工程国内招标文件范本》(2003年版),于2003年6月1日起实施;交通运输部2009年发布《公路工程标准施工招标文件》(2009年版),于2009年8月1日起实施,均采用工程量清单计价模式。2017年11月,为了贯彻落实党的十九大精神,适应新的招投标法律法规、部门规章,公路工程相关技术标准、规范,以及公路工程施工招投标新形势和新情况发展的需要,交通运输部发布了《公路工程标准施工招标文件》(2018年版)和《公路工程标准施工招标资格预审文件》(2018年版),并于2018年3月1日起施行。

9.1.4 公路工程造价的计价模式

当前,我国公路工程造价的计价方法主要有实物量法和综合单价法。

(1)实物量法。

实物量法是根据施工图纸分别计算出分项工程量,然后套用相应预算人工、材料、机械台班的定额用量,再分别乘以工程所在地当时的人工、材料、机械台班的实际单价,求出分项工程的人工费、材料费和施工机械使用费并汇总求和,进而求得直接费,最后按规定计取其他各项费用,将以上费用汇总。实物量法主要用于编制施工图预算,其中直接费的计算公式为式(9.2)

$$直接费=\sum(分项工程工程量×定额工料机消耗资源量× \\ 对应工料机单价) \quad (9.2)$$

目前,公路工程项目的投资估算、概算、预算编制均是采用实物量法。实物量法套用的定额是量价分离的定额,即定额仅给出实物消耗量,人工、材料和机械台班则采用工程所在地当时的实际单价计算。在市场经济条件下,人工、材料和机械台班价格是随市场变化的,而且它们是影响工程造价的主要因素。用实物量法编制施工图预算,由于采用工程所在地当时的人工、材料、机械台班价格,能较好地反映实际价格水平,工程造价准确性高。虽然计算过程较单价法烦琐,但通过使用相应的计算机软件即可大大提高计算效率。

(2)综合单价法。

综合单价法是指按各分项工程计算出包括人工费、材料费、机械费,以及间接费、利润、税金等在内的综合单价,然后乘以各分项工程的工程数量,计算出各分项工程的费用,最后汇总出各分项工程的费用,得出工程总费用。招标文件中工程量清单的单价就是指综合单价,综合单价法主要用于投标报价的编制及工程价款的结算,工程量清单中工程造价的计算公式为式(9.3)

$$工程造价 = \sum(分部分项工程量 \times 分项工程综合单价) + 独立费 + 税金 \qquad (9.3)$$

两种方法的本质区别为实物量法一般采用定额规定的消耗量及编制办法规定的费率标准,施工企业采用这种方法可能难以准确反映自身的生产效率与管理水平,因此这种方法主要用于政府在项目决策、计划阶段估计造价;而综合单价法不受政府定额及编制办法的约束,更能反映企业真实的生产效率与管理水平,在制定招标文件及企业投标报价时通常采用这种计价方法。

9.2　工程造价管理

工程造价管理是指为了实现工程造价管理目标,而对工程造价工作过程进行的计划与预测、组织与指挥、监督与控制、教育与激励、挖潜与创新的综合性活动的总称。进行工程造价管理可以合理地确定工程造价和有效控制工程造价,提高投资效益和施工企业的经营效果。工程造价管理包含两个方面的含义:一是工程投资费用管理;二是工程价格管理。

工程投资费用管理是指为实现投资目标,在拟订的规划、设计方案的条件下,预测、确定和监控工程造价及其变动的系统活动,它属于投资管理范畴。工程价格管理属于价格管理范畴。价格管理分为两个层次,即宏观层次和微观层次。在宏观层次上,价格管理是指政府根据社会经济发展的要求,利用法律、经济和行政手段对价格进行管理和调控,以及通过市场管理规范市场主体价格行为的系统活动;在微观层次上,价格管理是指生产企业在掌握市场价格信息的基础上,为实现管理目标而进行的成本控制、计价和竞价活动。

9.2.1　工程造价管理的发展概况

1. 国外工程造价管理的发展特点

工程造价管理在国际上有着悠久的历史,在西方工业发达国家,特别是在英国,其工程造价管理经过几百年的不断发展和完善,逐渐形成了系统、完善的管理机制和管理方法。工程造价管理的发展具有以下特点。

(1)从事后算账发展到预先算账,也就是从最初的只是消极地反映已完工程的价格,逐步发展到在工程开工前进行工程量计算和计价,进而发展到在初步设计时提出概算、在可行性研究时提出投资估算,为业主投资决策提供重要的科学依据。

(2)从被动地反映设计和施工发展到主动地影响设计和施工,即从最初只负责某个阶段工程造价的确定和结算,逐步发展到在投资决策阶段、设计阶段对工程造价做出预测和估算,并在设计和施工过程中对工程造价进行计算、监督和控制,实现了对工程建设全过程的造价管理,预算工程师自始至终都要对工程造价管理负责。

(3)从依附于施工者或建筑师发展成为一个独立、公正的专业,并拥有自己的专业协会(工程造价管理协会)。

(4)从预算工程师各行其是逐步发展到全国制定统一的规则或办法来进行管理,如制定全国统一的工程量计算办法(规则)、成本分析方法、预算人员教育考核办法和职业纪律守则等。

2. 我国工程造价管理的变革

我国的工程造价管理是在特殊的历史条件下逐渐发展起来的,工程造价管理体制也在逐渐变革和完善中。这种改革主要表现在以下几个方面。

(1)重视和加强项目决策阶段的投资估算工作,努力提高可行性研究报告投资估算的准确度,切实发挥其控制建设项目总造价的作用。

(2)进一步明确概预算工作的重要作用。概预算不仅要计算工程造价,更要能动地影响设计、优化设计,并发挥控制工程造价、促进合理使用建设资金的作用。工程设计人员要做很多方案的技术经济比较,通过优化设计来保证设计的技术经济合理性。

(3)推行工程量清单计价模式,以适应市场发展的需要和国际市场竞争的需要,逐渐与国际惯例接轨。

(4)把竞争机制引入工程造价管理体制,通过招标方式选择工程承包公司及设备材料供应单位,以促使这些单位改善经营管理,提高应变能力和竞争能力,降低工程造价。

(5)提出用"动态"方法研究和管理工程造价。研究如何体现项目投资额的时间价值,要求各地区、各部门工程造价管理机构定期公布各种设备、材料、工资、机械台班的价格指数及各类工程造价指数,要求尽快建立地区、部门乃至全国的工程造价管理信息系统。

(6)提出要对工程造价的估算、概算、预算、承包合同价、结算价、竣工决算实行"一体化"管理,并研究如何建立一体化的管理制度,改变过去分段管理的状况。

(7)发展壮大工程造价咨询机构,建立健全造价工程师执业资格制度。

我国工程造价管理体制改革的最终目标:建立市场形成价格的机制,实现工程造价管理市场化,形成社会化的工程造价咨询服务业,从而与国际惯例接轨。

9.2.2　工程造价管理的目标、任务及基本内容

1. 工程造价管理的目标

工程造价管理的目标:按照经济规律的要求,根据社会主义市场经济的发展形势,利用科学的管理方法和先进的管理手段,合理地确定工程造价和有效地控制工程造价,以提高投资效益和建筑安装企业的经营效果。

2. 工程造价管理的任务

工程造价管理的任务:加强工程造价的全过程动态管理,强化工程造价的约束机制,维护有关各方的经济利益,规范价格行为,促进微观效益和宏观效益的统一。

3. 工程造价管理的基本内容

工程造价管理的基本内容就是合理地确定工程造价和有效地控制工程造价。

(1)合理地确定工程造价。

合理地确定工程造价,就是在工程建设各个阶段采用科学的计算方法和切

合实际的计价依据,合理地确定投资估算、设计概算、施工图预算、承包合同价、工程结算价、竣工决算价。

①在项目建议书阶段,按照有关规定编制的投资估算,经有关部门批准,作为开展前期工作的控制造价。

②在可行性研究报告阶段,按照有关规定编制的投资估算,经有关部门批准,作为该项目国家计划控制造价。投资估算是建设项目的最高限额,在实行限额设计的建设项目中,投资估算是确定限额设计额度的依据。投资估算的内容包括固定资产估算和铺底流动资金估算。

③在初步设计阶段,按照有关规定编制的初步设计总概算,经有关部门批准,作为控制拟建项目工程造价的最高限额。对于初步设计阶段,实行建设项目招投标承包制签订承包合同协议的,其合同价也应该在最高限价(总概算)范围内。设计概算是设计方案经济性的反映,任何设计意图都要在设计概算中反映出来。它的一系列指标体系,如建设项目总造价、单项工程造价、单位工程造价、单位面积或体积造价、单位生产力投资、工程量指标、主要材料消耗指标等都可用来对不同的设计方案进行技术经济比较,以便选取最佳设计方案。

④在施工图设计阶段,按照有关规定编制的施工图预算,用以核实施工图阶段造价是否超过批准的初步设计概算。经承发包双方共同确认、有关部门审查通过的预算,即为结算工程价款的依据。

⑤对于以施工图预算为基础进行招投标的工程,承包合同价也是以经济合同形式确定的建筑安装工程造价。

⑥在工程实施阶段要按照承包方实际完成的工程量,以合同价为基础,同时考虑因物价上涨所引起的造价提高以及在设计中难以预计而在实施阶段实际发生的工程费用,合理确定工程结算价。

⑦在竣工验收阶段,全面汇集在工程建设过程中实际花费的全部费用,编制竣工决算,如实体现该建设工程的实际造价。

(2)有效地控制工程造价。

有效地控制工程造价,就是在优化建设方案、设计方案的基础上,在投资决策阶段、设计阶段、建设项目发包阶段和建设实施阶段,采用一定的方法和措施把建设工程造价控制在合理的范围和批准的造价限额内,随时纠正发生的偏差,以保证项目管理目标的实现,在各个建设环节合理地使用人力、物力、财力,从而取得较好的投资效益和社会效益。

①建设工程造价控制目标的设置。

控制是为确保目标的实现而服务的。一个系统若没有目标,就不需要、也无法进行控制。目标的设置是很严肃的,应有科学的依据。

工程项目建设过程是一个周期长、数量大的生产消费过程,建设者在一定时间内拥有的经验和知识是有限的,不但受科学条件和技术条件的限制,而且也受客观过程的发展及其表现程度的限制,因而不可能在工程项目刚开始就设置一个科学、固定的造价控制目标,而只能设置一个大致的造价控制目标,这就是投资估算。随着工程建设实践、认识、再实践、再认识,投资控制目标进一步清晰、准确,这就是设计概算、施工图预算、承包合同价和工程结算价等。也就是说,建设工程造价控制目标的设置应随着工程项目建设实践的不断深入而分阶段进行。

具体来讲,投资估算应是选择设计方案和进行初步设计的建设工程造价控制的目标;设计概算应是进行技术设计和施工图设计的工程造价控制的目标;施工图预算或建筑安装工程承包合同价则应是施工阶段控制建筑安装工程造价的目标。造价控制的目标是一个有机联系的整体,各阶段目标相互制约、相互补充,前者控制后者,后者补充前者,共同组成工程造价控制的目标系统。

目标既要有先进性,又要有实现的可能性。目标水平要能激发执行者的进取心,并充分发挥他们的工作能力,既不能太低,也不能太高。

②以设计阶段为重点的建设全过程造价控制。

工程造价控制贯穿项目建设全过程,但是必须突出重点。很显然,工程造价控制的关键在于施工前的投资决策和设计阶段,而在项目作出投资决策后,控制工程造价的关键就在于设计。据分析,设计费一般不足建设工程全寿命费用的1%,但正是这不足1%的费用,对工程造价的影响程度占75%以上。由此可见,设计质量对整个工程建设的效益是至关重要的。

长期以来,我国普遍忽视工程建设项目前期工作阶段的造价控制,而往往把控制工程造价的主要精力放在施工阶段——审核施工图预算、合理结算建筑安装工程价款等。这样做虽然也有效果,但毕竟是"亡羊补牢",事倍功半。要有效地控制建设工程造价,就要坚决把控制重点放在建设前期阶段,要抓住设计这个关键阶段,做到未雨绸缪,以取得事半功倍的效果。

在满足公路建设项目设计方案应有的公路技术等级标准及使用功能的前提下,可以运用价值工程分析方法,通过调整路线方案、限额设计、标准化设计等措施来达到控制和降低工程造价的目的。

③主动控制,以取得令人满意的结果。

一般来说,造价工程师在项目建设时的基本任务是对建设项目的建设工期、工程造价和工程质量进行有效的控制。为此,应根据业主的要求及建设的客观条件进行综合研究,实事求是地确定一套切合实际的衡量准则。只要造价控制的方案符合这套衡量准则,能取得令人满意的结果,造价控制就达到了预期的目标。

长期以来,人们一直把控制理解为目标值与实际值的比较,当实际值偏离目标值时,分析其产生偏差的原因,并确定下一步的对策。当然,在工程项目建设全过程进行这样的工程造价控制是有用的,但问题在于,这种建立在调查—分析—决策基础上的偏离—纠偏—再偏离—再纠偏的控制方法,只能发现偏离,不能使已产生的偏离消失,不能预防可能发生的偏离,因此只能说是被动控制。20世纪70年代初,人们将系统论和控制论研究成果用于项目管理,事先主动地采取控制措施,以尽可能地减少甚至避免目标值与实际值产生偏离。这是主动、积极的控制方法,因此被称为主动控制。也就是说,工程造价控制不仅要反映投资决策,反映设计、发包和施工,被动地控制工程造价,更要能动地影响投资决策,影响设计、发包和施工,主动地控制工程造价。

④技术与经济相结合是控制工程造价最有效的手段。

要有效地控制工程造价,就应从组织、技术、经济等多方面采取措施。a.从组织上采取措施,如明确项目组织结构;明确造价控制者及其任务,以使造价控制有专人负责;明确管理职能分工。b.从技术上采取措施,如重视设计方案的选择,严格审查监督初步设计、技术设计、施工图设计、施工组织设计,深入技术领域研究节约投资的可能性。c.从经济上采取措施,如动态地比较造价的计划值和实际值,严格审核各项费用支出,采取对节约投资有利的奖励措施等。

工程造价的确定和控制之间存在相互依存、相互制约的辩证关系。首先,工程造价的确定是工程造价控制的基础和载体。没有造价的确定,就没有造价的控制;没有造价的合理确定,也就没有造价的有效控制。其次,造价的控制应贯穿工程造价确定的全过程,造价的确定过程就是造价的控制过程。只有通过逐项控制、层层控制,才能最终合理地确定工程造价。最后,确定造价和控制造价的最终目的是统一的,即合理使用建设资金,提高投资效益,遵守价格运动规律和市场运行机制,维护有关各方合理的经济利益。

9.2.3 公路工程造价管理组织模式

公路工程造价管理的过程是一个多主体参加的过程,要想进行有效的造价管理与控制,各主体必须明确自身的职责。直接参与公路工程造价管理的主体有业主或投资人(建设单位)、承包商或承建商(设计单位、施工企业),以及监理、咨询等机构及其工作人员。行业主管部门在公路工程造价过程中起宏观指导与监督的作用。不同层次的造价管理主体,其工作范围、工作内容也各不相同。

公路工程造价管理主体按照其履行职能可分为以下三个层次:决策层[交通厅(授权造价委员会)]、管理层(造价站及造价协会)和操作层(建设单位、设计单位、施工单位、监理单位及咨询公司等)。其各自的职能及工作范围的设定呈金字塔形,并能够高效运作。决策层主要进行宏观调控及监督管理,维护市场秩序,并对造价从业企业进行资质审查和对造价从业人员进行资格审查;管理层主要负责整个公路工程造价行业的管理与组织;操作层则主要对某个具体项目实施工程造价管理活动。公路工程造价管理组织模式如图9.5所示。

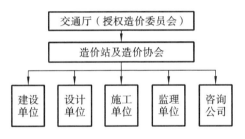

图 9.5 公路工程造价管理组织模式

就我国目前的状况而言,按照管理的权限和职责范围划分,公路工程造价管理的决策层和管理层形成公路工程造价管理监督系统,参建单位形成公路工程造价管理执行系统。其中公路工程造价管理监督系统的主要职责如下。

(1)贯彻国家有关公路工程造价管理的方针政策,制订公路工程造价的计价依据和管理规章制度,并对其执行情况进行监督检查。

(2)对建设项目的估算、概算、预算、标底和结算的合理性进行审核。

(3)对各阶段造价执行情况进行监督和检查;对公路造价从业机构和从业人员进行资质管理。

(4)建立信息网络,收集、整理、发布有关工程造价信息。

(5)制订造价管理长远规划,研究发展趋势等。

公路工程各参建主体执行工程造价管理工作的对象是具体的,通常是针对具体的建设项目而实施工程造价管理活动。各主体工程造价管理的组织可分为业主方工程造价管理的组织、承包方工程造价管理的组织和技术服务方工程造价管理的组织。虽然它们都是进行微观的工程造价管理工作,但由于它们是不同利益的主体,它们的职责范围和重点有所不同,具体如下。

(1)业主方工程造价管理的主要职责。

业主对建设项目全过程的造价管理负责。其职责包括可行性研究报告的编制和估算的确定与控制；设计方案的选定和概算的确定与控制；施工招标文件与标底的编制；工程进度款的支付和工程结算价的控制；合同价的调整；索赔与风险管理；竣工决算的编制等。

(2)承包方方工程造价管理的主要职责。

承包方工程造价管理的主要职责包括施工定额的编制；投标决策及投标文件的编制；施工项目成本的预测、控制与核算；工程计量与进度款的支付；工程索赔与风险管理等。

(3)技术服务方工程造价管理的主要职责。

技术服务方包括工程设计方和工程造价咨询方。其主要职责包括按照业主或委托方的意图，在可行性研究报告阶段和设计阶段合理确定和有效控制建设项目的工程造价，通过限额设计、技术经济比较等手段实现控制工程造价的目标；在招标工作中编制标底，参加评标、议标；在项目实施阶段，通过对设计变更、工期、索赔和结算等的管理来控制造价。

9.3 公路工程全过程造价控制理论及研究方法

9.3.1 全过程造价控制理论

公路工程全过程造价控制，就是在投资决策阶段、设计阶段、施工阶段、招投标阶段和竣工决算阶段，将建设工程造价控制在批准的造价限额以内，随时纠正发生的偏差，合理使用人力、物力、财力，以保证项目建设目标的实现，取得较好的经济效益和社会效益。

20 世纪 80 年代，我国提出建设项目全过程造价管理(whole process cost management，WPCM)，指建设项目从可行性研究阶段工程造价的预测开始，到经济后评价为止的整个建设过程的工程造价管理。

全过程造价管理是我国工程造价管理学界提出的。他们认为，工程造价的控制必须从立项就开始，直到工程竣工为止。1997 年，我国进一步明确了工程造价管理的目标和管理方针，即"造价预测要合理""实际造价不超概算"。造价预测要合理是指在工程造价确定方面努力做到科学合理；实际造价不超概算是指要开展科学的工程造价控制。

由于公路工程项目建设是一个周期长、数量大的复杂的生产消费过程,建设者在一定时间内占有的经验知识和技术条件是有限的,因而不可能在工程项目伊始,就确定一个一成不变的造价目标,而只能给出一个大致的造价控制目标,即投资估算。随着工程建设实践、认识、再实践、再认识,投资估算控制目标一步步清晰、准确,这就是概算、预算、决算等。公路工程具有分阶段多次计价的特点,基本上分为估算、概算、预算和决算四个层次。其中估算又可分为项目建议书阶段估算与可行性研究阶段估算;概算又可分为初步设计阶段概算与技术设计阶段修正概算;预算又可分为施工图设计阶段设计预算和施工阶段的施工预算;决算又可分为单项(位)工程结算和工程竣工决算。公路工程造价四个层次之间的关系是:概算与估算投资额的差距控制在10%以内,预算不得超过概算,决算不得超过预算,概算是投资控制的最高限额。

9.3.2 全过程造价控制体系的研究方法

1. 寿命周期成本评价

工程寿命周期成本包括工程寿命周期经济成本、工程寿命周期环境成本和工程寿命周期社会成本。寿命周期成本评价又称寿命周期成本分析,它是指为了从各可行方案中筛选出最佳方案以有效地利用稀缺资源,而对项目方案进行系统评价的过程或者活动。

常用的寿命周期成本评价方法有费用效率法、固定效率法、固定费用法、权衡分析法等。寿命周期成本评价过程如下。

(1)明确系统(对象)的任务。

系统的任务必须以目的或目标的形式具体地、定量地加以明确。

(2)资料收集。

在评价寿命周期成本时,通常需要的资料有市场分析资料;用户的使用资料;设计资料;可靠性、维修性资料;制造、安装、试运行资料;后勤支援资料;费用计算资料;价值分析和降低费用的资料;系统的计划和进度管理关系的资料。

(3)方案创造。

为了更好地进行权衡,对系统各组成部分要考虑多种方案,以便从中选出可以完成任务而且经济性高的最佳方案。如果只有一个方案,就没有取舍的余地。在该步骤中,应掌握所能想到的各种方案的特征,以及通过选定的系统获得预定效果所需的费用概算。

(4)明确系统的评价要素及其定量化方法。

寿命周期成本最终要根据系统的效率(有效度)和费用两个方面来进行评价。由于寿命周期成本必须考虑资金的时间价值,建造进度和系统的使用年限将直接影响到最终的评价成本。

(5)方案评价。

方案评价可按以下步骤进行:先从已确定的评价要素着眼,以最重要的评价要素为依据对各方案进行一次评价,将评价显然不高的方案排除掉;对经过"粗筛选"剩下的方案进行有效度和费用的详细估算;用固定费用法和固定效率法进行试评;从效率和费用两个方面对系统进行详细的比较、研究,选出最佳方案。

选择最佳方案的原则如下。

①如果系统的效率和费用两个方面都是最优的,则选取该方案。

②如果系统的效率相同,费用也没有大的差别,则需要通过分析定性因素来择优选用。

③如果不存在各方面都是优秀的方案,则在选取方案时,以与系统预期功能关系较大的因素为依据。

此外,对于在耐用年限期内利益大体相同的两种方案,其优劣是难以判断的。此时,可以分不同的期限加以考察。如估算的耐用年限为50年,可假定将其使用年限分为20年、25年、30年、40年等,并据此计算出利益加以考察。当某方案在利益和费用两个方面都被认为最佳时,也可用该方法进行考察。

(6)编制评价报告。

2. 价值工程原理

价值工程(value engineering,VE)要求以最低的寿命周期成本实现工程的必要功能,着重于功能分析和有组织的活动。价值工程涉及价值、功能和寿命周期成本三个基本要素,它把价值 V 定义为功能 F 与获得该功能的全部成本 C 之比,见式(9.4)

$$V = F/C \tag{9.4}$$

价值工程包含了三个方面的内容。

(1)价值工程要从降低项目全寿命周期成本(life cycle cost,LCC)的角度来提高研究对象的价值。全寿命周期成本包括项目建设成本和使用成本。价值工程要重视降低全寿命周期成本,而不是仅考虑建设成本。价值工程的目的是以研究对象的最低寿命周期成本可靠地实现使用者所需的功能。实施价值工程既可以避免一味地降低成本而导致研究对象功能水平偏低的现象,又可以避免一味地提高成本而导致功能水平偏高的现象,使工程成本及建筑产品功能合理匹配,节约社会资源。

(2)价值工程的核心是对项目进行功能分析。在价值工程活动中,不仅要分析产品的结构,更重要的是分析产品的功能。进行功能分析可找出并删除不合理的功能要求和过剩的功能,加强不足功能,把节约的成本放在保证工程质量方面。

(3)价值工程是一种依靠集体智慧所进行的有组织有领导的系统活动。开展价值工程活动要组织有关各方面人员参加,通常有专业人员参加,必要时还有用户参加。可通过开展价值工程活动提出技术方案,吸取各方面的经验,把方案优选和方案改进结合起来,达到提高价值的目的。

价值工程本质上是以功能为中心来规划某项工作的,其目的有以下几方面。

(1)尽量实现必要功能,剔除多余功能。

(2)求得必要功能与成本的最佳匹配。

(3)使各部分的功能、寿命大体一致,以取得最好的经济效益。

一般来说,提高产品的价值有以下五种途径。

(1)提高功能,降低成本。这是最理想的途径。

(2)保持功能不变,降低成本。

(3)保持成本不变,提高功能水平。

(4)成本稍有增加,但功能水平大幅度提高。

(5)功能水平稍有下降,但成本大幅度下降。

价值工程已发展成为一门比较完善的管理技术,在实践中已形成了一套明确的实施程序。这套程序实际上是发现矛盾、分析矛盾和解决矛盾的过程。价值工程实施程序如下。

(1)准备阶段:选择对象;组建价值工程小组;制订工作计划。

(2)方案创新和评价阶段:提出改进方案;评价改进;选择最优方案。

(3)实验与验收阶段:提出新方案,报送审批;实施新方案,并进行跟踪检查;进行成果验收和总结。

3. 模糊层次分析法

在进行方案比选时,往往要确定指标的权重。确定指标权重的方法很多,而其中较为有效的方法就是层次分析法。层次分析法可以将人们的主观判断用数量形式来表达和处理,特别适用于处理那些难以完全用定量方法来解决的复杂经济系统问题。

层次分析法把复杂的问题分解为各个组成因素,将这些因素按支配关系分组形成有序的递阶层次结构,通过两两比较的方式确定层次中诸因素的相对重要性,然后综合判断,以给出诸因素的相对重要性排序。它体现了人们决策思维的基本特征,即分解、判断和综合。层次分析法的核心是利用1～9个数量标度建立各层次上的判断矩阵。目前,层次分析法已成为系统工程中常用的一种定量分析与定性分析相结合的方法。

第10章 公路工程全过程造价控制

10.1 投资决策阶段工程造价控制

10.1.1 项目投资决策的含义与可行性研究

1. 项目投资决策的含义

项目投资决策是选择和决定投资行动方案的过程,是对拟建项目的必要性和可行性进行技术经济论证,对不同建设方案进行技术经济比较及做出判断和决定的过程。正确的项目投资行动来源于正确的项目投资决策,正确的项目投资决策是合理确定与控制工程造价的前提。可行性研究是项目投资做出正确决策的主要依据。

2. 可行性研究

可行性研究就是在项目投资决策前,运用近代的经济分析理论,采用先进的技术和方法,选择项目实施的最佳方案,避免项目实施的盲目性,减少项目投资的风险,提高项目决策的科学化、民主化水平,为项目投资决策提供科学依据。

可行性(feasibility)一词与"可能性"同义。可行性研究实际包含两层意思:一是技术的可行性;二是经济的合理性。技术的可行性是指实施项目需要采用的技术手段,包括技术的先进性和可靠性。经济的合理性是可行性研究的核心。

(1)公路建设可行性研究的阶段与要求。

公路建设项目可行性研究分为两个阶段,即预可行性研究阶段和工程可行性研究阶段。编制预可行性研究报告,应以国民经济与社会发展规划、路网规划和公路建设五年计划为依据,重点阐明建设项目的必要性。通过踏勘和调查研究,提出建设项目的规模、技术标准,进行简要的经济效益分析,经审批后作为编制工程可行性研究报告的依据。编制工程可行性研究报告,应以批准的预可行性研究报告和项目建议书(或省、自治区、直辖市及计划单列市级单位的委托书)为依据,通过必要的测量(高等级公路必须做)、地质勘探(大桥、隧道及不良地质地段等),在认真调查研究、占有必要资料的基础上,对不同建设方案从经济上、技术上进行综合论证,提出推荐建设方案,经审批后作为测量以及编制初步设计文件的依据。工程可行性研究的投资估算与初步设计概算之差,应控制在10%以内。可行性研究两个阶段的工作要求与区别如表10.1所示。

表10.1 可行性研究两个阶段的工作要求与区别

阶段		预可行性研究阶段	工程可行性研究阶段
总体要求		(1)偏重研究项目建设的必要性; (2)概略研究,初步得出结论; (3)工程作业以1:50000的地图为基础,辅以踏勘、调查; (4)提出方案设想和投资估算	(1)全面研究建设的必要性、技术的可行性、经济的合理性、实施的可能性; (2)要求研究结论建立在定性、定量充分论证的基础之上; (3)高等级公路工程作业基础为1:10000的地形图,根据具体情况可选用更大比例尺的地形图,需要进行必要的测量和钻探; (4)解决路线大方案,投资估算与概算误差控制在10%以内
提供的主要图表要求		在1:5000000~1:200000的地图上标出路线方案	高等级公路要求在1:10000的地形图上标出路线方案
资料要求	社会经济调查	资料要求简要、概略,内容及范围参见相关编制办法,未来年份社会经济资料可以既有经济计划和规划为基础	资料要求全面、系统,内容及范围参见相关编制办法,未来年份要求进行社会经济发展预测
	交通情况调查	范围:五种运输方式 内容:参见相关编制办法,不要求进行交通起止点调查	范围:五种运输方式 内容:参见相关编制办法,高等级公路要求进行交通起止点调查
	运输路况调查	路网及相关公路概况; 公路部门运输效率指标	路网概况,其他交通线路及相关公路路况,全社会公路运输效率指标

续表

阶段	预可行性研究阶段	工程可行性研究阶段
交通量预测	以基年交通量和交通量增长率为基础,采用定基与定标相结合的预测技术	高等级公路和特大桥要求进行交通量生成、交通量分布和路网分配的分析与预测,研究收费情况下的交通量预测
经济评价	(1)按经济评价办法提出初步经济评价; (2)效益计算中的某些参数不要求进行动态处理; (3)效益费用调整可直接参考《建设项目经济评价方法与参数(第三版)》; (4)不要求进行敏感性分析; (5)收费公路要求进行粗略的财务分析	(1)按经济评价办法提出完整的经济评价; (2)效益计算中的某些参数要求进行动态处理; (3)效益费用调整须根据项目具体情况进行研究; (4)要求进行敏感性分析; (5)收费公路要求进行财务分析

(2)可行性研究工作步骤。

①可行性研究组的筹建和委托。

一般公路建设项目可行性研究工作,必须由获得相应等级公路勘察设计资质证书的单位承担。一些特殊复杂项目,也可由专业技术、经济管理、交通规划等方面的专家及有关人员组成临时研究机构来进行可行性研究。委托任务必须有上级批准的项目建议书,建设单位与可行性研究工作承担单位要签订合同,明确研究任务、工作深度、完成时间、双方责任及费用支付办法等。

②研究准备阶段。

a.按照项目建议书的要求,进一步明确研究目的和范围。

b.编制研究大纲,确定工作的具体步骤和内容。

c.编制研究计划,确定具体实施时间和进度。

d.熟悉研究环境,提出配合要求,做好有关资料准备。

③勘测与调查。

a.外业勘测主要是通过现场测量、勘探和试验等手段来获取水文地质等研究数据。

b.工程项目所在地区及其影响地区的社会经济现状、远景规划资料、对公路运输及其他运输方式的需求状况。

c.工程项目所在地区及其影响地区的综合运输资料、公路交通运输历史和现状统计调查资料。

d.与项目建设有关的资源条件、技术力量和机具设备等资料。调查资料和数据要准确、可靠,满足研究深度要求。

④分析研究阶段。

分析研究阶段是可行性研究的中心环节,它要求对调查的数据资料进行整理计算、分析研究和预测,主要有以下几项内容。

a.项目提出的背景、建设的必要性及将来对社会经济发展的促进作用。

b.研究分析公路交通运输历史和现状资料,建立交通量预测数学模型,并进行远景交通量预测和评价。

c.筹措建设资金及研究分析投资效益,做出明确的经济评价结论。

d.研究项目建设规模、技术标准,分析比选路线和桥隧方案,并提出推荐方案。

e.分析评价环境保护条件,分析建设资源及设施条件,提出初步项目建设计划安排。

⑤编制报告文本。

可行性研究报告是可行性研究的最终成果。编制可行性研究报告,应严格执行国家的各项政策、法规和交通运输部颁布的技术标准、规范等。公路建设项目可行性研究报告的主要内容包括建设项目的依据、历史背景;建设地区综合运输网的交通运输现状和建设项目在交通运输网中的地位及作用;原有公路的技术状况及适应程度;论述建设项目所在地区的经济特征;研究建设项目与经济发展的内在联系,预测交通量、运输量的发展水平;建设项目的地理位置,地形、地质、地震、气候、水文等自然特征;筑路材料来源及运输条件;论证不同建设方案的路线起讫点和主要控制点、建设规模、标准,提出推荐意见;评价建设项目对环境的影响;测算主要工程数量、征地拆迁数量,估算投资,提出资金筹措方式;制订勘测、设计、施工计划;确定运输成本及有关经济参数,进行经济评价、敏感性分析。收费公路、桥梁、隧道尚应作财务分析,评价推荐方案,提出存在的问题并给出建议。

交通量预测和经济评价,应分别按《公路建设项目可行性研究报告编制办法》和《公路建设项目经济评价方法与参数》进行。

可行性研究报告编制完成后,建设单位应专门组织有关人员进行预审,报告内容齐全,研究成果符合规定要求后,才能呈送上级主管单位审批,否则应进行必要的补充、修改后再行报审。

(3)可行性研究在项目建设中的作用。

①项目建设投资决策和编制设计任务书的依据。投资筹措落实,经济评价可行,推荐方案合理,就可以决策项目进入设计阶段,并依据可行性研究报告编制设计任务书。

②向银行申请贷款的依据。目前,世界银行等许多国际性金融机构都把可行性研究报告作为建设项目申请贷款的先决条件。我国各银行也是在对可行性研究报告进行审查后,确认项目经济效益好,承担风险小,并具备偿还能力,才给予贷款。

③建设项目初步设计的基础。可行性研究对项目的建设规模、技术标准、起讫点、主要控制点、主要构造物的设置和选型、总体布置及重大技术措施等都进行了方案比选和论证,确定了原则,推荐了建设方案,设计任务书批准下达后,初步设计工作必须以此为基础。

④采用新技术和新设备的依据。建设项目若采用新技术、新设备,需要在可行性研究中经过分析论证,证明这些新技术、新设备是可行的,才可以拟订计划,进行研制和应用。

10.1.2　投资估算

投资估算一般是指在投资前期(规划、项目建议书、可行性研究阶段),建设单位向国家申请拟定项目或国家进行决策时,确定建设项目在规划、项目建议书、可行性研究等不同阶段的相应投资总额而编制的经济文件。

国家对任何一个拟建项目,都要通过全面评审可行性研究报告,才能决定是否正式立项。在可行性研究中,除了考虑国家经济发展上的需要和技术上的可行性,还要考虑经济上的合理性。投资估算为投资决策提供数量依据,也是建设项目经济效益分析中确定成本的主要依据,因此,它是建设项目在初步设计前的各阶段工作中,判断拟建项目经济合理性的重要文件,具有如下几个方面的作用。

①投资估算是国家决定拟建项目是否继续进行研究的依据。

②投资估算是国家审批项目建议书的依据。

③投资估算是国家审批建设项目可行性研究报告的依据。可行性研究报告被批准后,投资估算就作为控制初步设计概、预算的依据,也是国家对建设项目所下达的投资限额,并可作为资金筹措计划的依据。

④投资估算是国家编制中长期规划和保持合理投资结构的依据。

投资估算的作用不同,其内容的深浅程度也不尽相同。公路工程投资估算是公路建设项目可行性研究报告中的重要内容,它可分为两类:一类是项目建议书投资估算;一类是工程可行性研究投资估算。交通运输部在2018年发布了《公路工程建设项目投资估算编制办法》(JTG 3820—2018)和《公路工程估算指标》(JTG/T 3821—2018),在编制公路工程投资估算时,应按其规定执行,并应满足预可行性研究和工程可行性研究的要求。

1. 投资估算的费用组成

项目建议书投资估算和可行性研究投资估算的费用组成类同,都分成建筑安装工程费用、设备和工器具购置费用、工程建设其他费用以及预备费等。但可行性研究投资估算的费用项目划分更细,费用组成更具体,更接近公路工程概、预算的项目划分。特别是许多费用计算方法,可行性研究投资估算与公路工程概、预算中的规定完全一样。项目建议书投资估算的费用组成见图10.1。

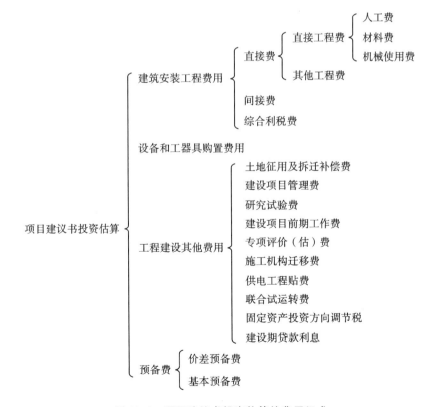

图 10.1 项目建议书投资估算的费用组成

2. 投资估算表

项目建议书投资估算表有 6 种,可行性研究投资估算表有 8 种。项目建议书投资估算表组成关系和可行性研究投资估算表组成关系分别如图 10.2 和图 10.3 所示。

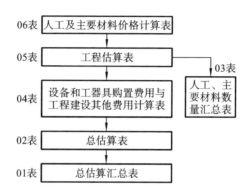

图 10.2 项目建议书投资估算表组成关系

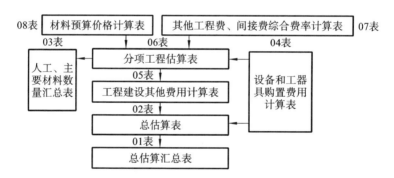

图 10.3 可行性研究投资估算表组成关系

各种表中的工程或费用项目,应按《公路工程建设项目投资估算编制办法》(JTG 3820—2018)中规定的项目表的序列及内容编制,且建筑安装工程费用、设备和工器具购置费用、工程建设其他费用部分的序号保持不变,而项、目、节的序号可以按实际发生的顺延。

3. 投资估算编制程序和费用计算方法

(1)编制程序。

①熟悉拟建项目的建设规模、技术标准,了解路线(或桥型)设计方案和工程

全貌,掌握建设项目现场的有关实际情况。

②对踏勘调查所涉及的有关投资估算的基础资料进行分析整理。

③对路线中的路基土石方、排水与防护、路面、大(中)桥、立体交叉工程等主要工程项目每千米的实际含量与指标进行分析比较,以便确定是否应对综合指标进行调整。

④研究建设项目的总体施工部署和实施方案,确定合理的建设工期。

⑤确定工资标准(人工费单价)、材料供应价格和运输方案,计算材料的预算价格。

⑥对适用指标中的其他材料和机械使用费进行调整,并对指标规定的应予调整的其他项目进行调整。

⑦进行人工和材料需要量的分析计算。

⑧计算各项费用并汇编总估算。

⑨写出编制说明,进行复核与审核。

(2)计算建筑安装工程费用。

①直接工程费。

直接工程费由人工费、材料费和机械使用费组成。人工费(材料费)以综合指标的人工工日数(各种材料数量)乘以工程所在地的人工单价(材料预算单价)计算。其中人工单价和材料预算单价按《公路工程建设项目概算预算编制办法》(JTG 3830—2018)的规定计算,并在预算价格的基础上,根据《公路工程估算指标》(JTG/T 3821—2018),采用加权平均法计算指标材料综合价格。例如,路线工程所需要的砂、砂砾预算价格为:砂 24.5 元/m³、砂砾 20.7 元/m³,则中砂(砂砾)的估算价格为 24.5×80%+20.7×20%=23.74(元/m³)。

机械使用费和其他材料费在估算指标中是以金额反映的,在计算时应按年价格上涨率进行调整,这主要是为了消除因物价波动而产生的影响,可按式(10.1)进行计算,但设备摊销费和指标基价不得按此规定进行调整。

$$A = B(1+C)^{n-1} \tag{10.1}$$

式中:A——投资估算编制年指标消耗量,元;B——各项指标中相应的额定消耗量(青海、新疆、西藏的机械使用费为乘以系数 1.15 后的数值),元;C——年价格上涨率,%,一般可按 5% 估列,亦可通过必要的测算合理取定;n——计算年数,即投资估算编制年份减去估算指标编制年份加 1。

在套用指标进行直接工程费计算时,应注意以下 4 点。

a.综合估算指标是以新建工程为对象制订的,当为改建工程时,其指标应乘以 0.8 的系数。若项目既有新建又有改建,可将新建工程和改建工程合并在一起计算,按式(10.2)中的调整系数 K 调整使用指标。

$$K = (L_1 + 0.8L_2)/L \tag{10.2}$$

式中:L_1——拟建项目中的新建长度,km;L_2——拟建项目中的改建长度,km;L——拟建项目的总长度,km。

b.当经过分析比较,确定综合指标中的主要工程数量需要进行调整时,一般应采用将其增减的主要工程数量,分别套用调整指标,逐项计算直接工程费的方式,意在不对综合指标本身进行调整换算。

c.综合估算指标是按一般标准路基宽度编制的,若拟建项目的路基宽度与适用指标所采用的宽度不同,应对指标进行调整,一般采用增减主要工程含量的方法进行。

d.当项目建议书阶段的工作深度已达到可行性研究阶段的深度时,也可提出各项主要的工程量,采用分项指标编制项目建议书投资估算中的直接工程费。

②其他工程费。

其他工程费以直接工程费为计算基数,按《公路工程估算指标》(JTG/T 3821—2018)规定的其他工程费费率进行计算。其他工程(即清除场地等)所需的人工和主要材料数量,以及冬季、雨季、夜间施工增加的人工和临时设施用工量,应参照以往的工程造价历史资料,在人工及主要材料数量汇总表中予以增列。

③综合利税费。

综合利税费指利润和税金之和。其计算方法是以直接费、间接费之和扣除规费为基数,按综合利税率 7% 计算。可行性研究报告中税金的综合税率按 3.14% 计算。

(3)计算设备和工器具购置费用。

设备和工器具购置费用有如下两种计算方法,一般采用第二种计算方法。

①以第一部分建筑安装工程费总额为基数,按《公路工程建设项目投资估算编制办法》(JTG 3820—2018)规定的费率计算。

②按照与建设项目主管部门或建设单位商定的设备购置计划清单计算。

(4)计算工程建设其他费用。

工程建设其他费用中的土地征用及拆迁补偿费、建设项目前期工作费、专项评价(估)费、供电工程贴费及固定资产投资方向调节税,按国家颁发的收费标准和有关规定进行计算;建设项目管理费(含建设单位管理费、工程质量监督费、工程监理费、工程定额测定费、设计文件审查费)、联合试运转费以建筑安装工程费用总额为基数,按《公路工程建设项目概算预算编制办法》(JTG 3830—2018)中规定的费率计算;研究试验费、施工机构迁移费及建设期贷款利息均按《公路工程建设项目概算预算编制办法》(JTG 3830—2018)中的规定计算。

(5)计算预备费。

①价差预备费。价差预备费按《公路工程建设项目概算预算编制办法》(JTG 3830—2018)的规定计算。

②基本预备费。基本预备费按建筑安装工程费用、设备和工器具购置费用、工程建设其他费用之和(扣除固定资产投资方向调节税和建设期贷款利息)的11%计算。可行性研究报告中基本预备费的费率按9%计算。

10.1.3 财务分析

1. 财务分析的内容及步骤

公路建设项目进行财务分析的前提条件是,项目的全部或部分投资,须通过收取过路(桥)费的形式予以偿还。财务分析是通过比较研究项目资金投入和收费收入,分析收费道路的盈利能力和清偿能力。

盈利能力分析主要是以财务净现值、财务内部收益率及投资回收期等为评价指标,考察投资的盈利水平。

清偿能力分析主要是考察项目各年的财务状况及可用于偿债的额度,以此进行借款还本付息预测,并计算借款偿还期。

公路建设项目上述的财务分析工作步骤可用图 10.4 表示。

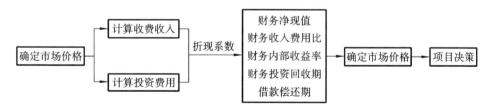

图 10.4 财务分析工作步骤

2. 资金筹措

公路建设项目资金来源渠道见图 10.5。需要进行财务分析的公路建设项目资金来源见图 10.6。

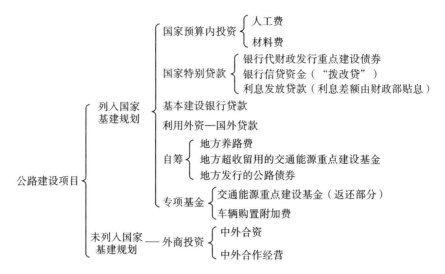

图 10.5 公路建设项目资金来源渠道

$$\text{国内贷款项目} \begin{cases} \text{国家计划内的"拨改贷"项目} \\ \text{国家计划外的信贷项目} \\ \text{地方发行的公路（桥梁）建设债券} \end{cases}$$

$$\text{国外贷款项目} \begin{cases} \text{接受国外贷款（如国际金融机构、政府、私人贷款）} \\ \text{吸收外商直接投资（外商独资、中外合资）} \end{cases}$$

图 10.6 需要进行财务分析的公路建设项目资金来源

建设单位从自身利益出发,希望贷款额在总投资中的比例尽可能大,以提高自有资金收益率。当获得优惠贷款时,希望还本付息时间长一些,以便获取投资收益率与利息率之间的差值收益。但国外可行性研究的分析认为,只有当年净收入额为当年偿还债务本息的 1.5~3 倍时,贷款使用者在经营上才能应付自如;因此,在采用贷款方式集资时,贷款额所占比重需要慎重考虑。

债券是建设单位向持券人借款。与银行贷款相比,债券是筹集长期贷款较理想的方式。由于债券只付固定利息和返还本金,提高债券筹资比重同样可以提高自有资金的收益率。

3. 财务费用组成

公路建设项目的财务费用包括建设项目总投资和运营费用两部分。但应注意,收费道路的总投资中应包括收费站、收费系统和传输线路等设施的费用。

财务分析用的总投资估算为工程总投资估算减去项目建设期间的物价上涨费用。

运营费用包括道路养护费、大中修费及交通管理费。对于收费道路,运营费用还包括收费人员的工资和福利、收费站的水电费、收费设施的维修费和收费工作的管理费等。

4. 收费分析

(1) 收费条件。

进行财务分析的收费道路主要有两种类型:收费还贷道路和收费经营道路。收费还贷道路是指由县级以上地方人民政府主管部门使用贷款或集资建成的道路。收费经营道路是指由国内外经济组织依法投资建成或有偿转让收费还贷道路收费权的道路。这两类道路的技术等级和建设规模,须达到交通运输部有关规定标准,并经省级人民政府批准后,方可进行收费。

(2) 收费标准测算。

对财务分析而言,收费是为了按期偿还贷款(或集资),收费价格过高或偏低都可能导致投资难以按期回收。这不仅使道路收费的财务目标不能实现,还会导致道路建设的经济效益和社会效益不能充分发挥,资源利用效率低下。因此,制定收费标准的原则应为:①尽可能使因道路收费所引起的经济效益下降最少;②保证道路收费实现财务目标。在不能实现财务目标时,应调整建设资金的结构。

目前国内收费标准测算方法主要有成本反算法、类比法和消费水平测算法。

成本反算法是根据投资中的贷款份额、利率、偿还年限,以及道路养护费、大中修费等计算收费的总金额,然后根据不同年份、不同车型的交通量预测值,考虑其收费标准、调整次数及相对幅度,从而反算出收费标准。这种方法看似合理准确,但往往不切实际。一旦收费标准设置较高,车辆就会选择老路或其他平行路段行驶,从而造成交通量下降,收费额也随之降低。

类比法主要是参照已建成收费道路的收费标准,按地区经济发展水平、交通量、投资结构等进行类比分析,然后按类型相近道路的收费标准加以调整后确定。该方法的关键是要较好地掌握收费标准对交通量的影响及用路者的承受能力,合理调整类型相近道路的收费标准。但调整过程受人们主观意识的影响较大,往往很难做到准确、合理。

消费水平测算法是按收费的负担度,即人们的收入水平对收费的承受能力进行测算确定。该方法要了解车辆用户愿意支付怎样水平的通行费来使用高标准的道路设施,由于国有车辆在我国交通组成中占主导地位,其负担度是难以确定的。另外,这种方法未能与回收投资联系起来,其价格标准往往不能保证投资按期回收。

国外目前常用考虑收费弹性(敏感性)的道路收费标准确定方法。它主要研究在行驶时间、舒适性及安全性等道路交通条件一定的情况下,交通量随收费标准变化的情况。这一方法是建立在大量收费历史资料、社会和经济发展状况、道路使用者对收费的承受能力等基础上的,在我国仅有十余年的收费历史、收费标准的制定仍停留在经验决策的情况下,采用该方法有很大困难。

事实上,道路收费标准的测算是一个复杂的大系统,系统中各要素间存在着复杂的因果关系和生克关系,并处于不断的发展变化之中,因此,上述局部的、静态的测算方法无法解决收费标准制定的种种问题。这就要求我们要用系统的观点,动态地研究各要素之间的关系,从而制定相应的收费标准。图10.7为道路收费系统动态分析流程。国内一些学者在这方面已经进行了较深入的研究,提出了基于系统动力学原理的收费分析法和基于寿命费用周期的收费标准测算法。

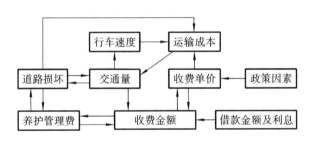

图 10.7 道路收费系统动态分析流程

5.借款还本付息预测

当已知项目资金来源及运用计划,并预测出每年道路收费后,可据此预测投资借款还本付息的进度和时间。这一预测不仅可以得出借款偿还期,还可以了解各年还本付息后的余额情况。预测应分建设期和使用期进行。

(1)建设期每年应计利息。

国内借款项目一般在建设期不支付利息,按复利计算,项目建成使用后与本金一起偿还。根据《建设项目经济评价方法与参数(第三版)》的规定,每笔借款

发生当年均假定在年中支用,其后年份按全年计算,建设期每年应计利息可根据式(10.3)计算

$$建设期每年应计利息 = \left(年初借款累计 + \frac{本年借款支用}{2}\right) \times 年利率 \tag{10.3}$$

外汇借款项目建设期间的利息可根据不同情况处理,如为中国银行的外汇借款则可按复利计算,待项目投产后,与本金一起偿还;如为国外银行借款,须在建设期间支付利息,则可向中国银行进行短期借款支付。

(2)使用期每年还本付息数及应计利息。

项目使用期每年的还本付息数应是当年的净收益(即收费收入扣除当年的管理费和道路养护费后的余额)。若年初借款累计数大于当年的还本付息数,当年的还本付息也按半年计息,使用期每年应计利息可根据式(10.4)计算

$$使用期每年应计利息 = \left(年初借款累计 - \frac{本年还本付息}{2}\right) \times 年利率 \tag{10.4}$$

(3)还清借款年份应计利息。

如果年初借款累计数小于当年的净收益,则说明当年有可能还清全部本息,可按式(10.5)简单计算还清借款年份应计利息。

$$还清借款年份应计利息 = \frac{年初借款累计}{2} \times 年利率 \tag{10.5}$$

(4)年末借款累计。

当年的借款本金和利息计算公式见式(10.6)。

$$年末借款累计 = 年初借款累计 + 当年借款支用 + 当年应计利息 - 当年还本付息 \tag{10.6}$$

10.2 设计阶段工程造价控制

工程设计是指在工程施工之前,设计者根据批准的设计任务书,为具体实现拟建项目的技术、经济要求,拟订建筑、安装及设备制造等所需技术文件的工作。工程设计按设计的深度可分为初步设计、技术设计和施工图设计3个阶段,进而工程造价文件相应的也有3种,即设计概算、修正概算和施工图预算。

(1)初步设计与设计概算。

初步设计是以批准的可行性研究报告为依据,主要是解决路线、大型构造

物、路面结构形式、软土处理以及生态环境保护等方面的问题。在初步设计阶段要编制设计概算,它是以《公路工程概算定额(上、下册)》(JTG/T 3831—2018)为依据的。若初步设计总概算超过可行性研究报告确定的投资估算的10%或其他指标必须变更,要重新报批可行性研究报告。此外,设计概算较投资估算准确性有所提高,但它受投资估算的控制。

(2)技术设计与修正概算。

技术设计是根据批准的初步设计文件和补充初测或定测资料来进行编制的,是对初步设计中的设计方案的进一步优化和落实,并据以编制修正概算。修正概算是对初步设计概算进行修正调整,比设计概算准确,但受设计概算的控制。

(3)施工图设计与施工图预算。

施工图设计是根据批准的初步设计文件或技术设计资料来进行编制的,是对初步设计或技术设计中的设计方案的进一步优化和落实,并据以编制施工图预算。在此阶段编制的施工图预算是以《公路工程概算定额(上、下册)》(JTG/T 3831—2018)为依据的,它比设计概算和修正概算更详尽和准确,但同样受前一阶段所确定的工程造价即设计概算(修正概算)的控制。

10.2.1　设计概算的编制与审查

1. 设计概算的基本概念

(1)设计概算的含义。

设计概算是设计文件的重要组成部分,是指在投资估算的控制下,在初步设计或技术设计阶段,由设计单位根据设计图纸、概算定额、各项费用定额或取费标准(指标),以及建设地区自然、技术经济条件等资料,概略计算出拟建工程项目造价的文件。

(2)设计概算的作用。

①设计概算是编制建设项目投资计划、确定和控制建设项目投资的依据。设计概算一经批准,即作为控制工程建设投资的最高限额。竣工决算不能突破施工图预算,施工图预算不能突破设计概算。如果因设计变更而使建设费用超过概算,则必须重新报经审查批准。

②设计概算是签订建设工程合同和贷款合同的依据。《中华人民共和国合同法》明确规定,建设工程合同价款是以设计概算为依据的,且总承包合同不得

超过设计总概算的投资额。

③设计概算是控制施工图设计和施工图预算的依据。设计单位必须按照批准的初步设计及其总概算进行施工图设计,施工图预算不得突破设计概算。如果确需突破总概算,应按规定程序报经审批。

④设计概算是衡量设计方案经济合理性和选择最佳设计方案的依据。

⑤设计概算是考核建设项目投资效果的依据。将设计概算与竣工决算进行对比,可以分析和考核投资效果,同时还可以验证设计概算的准确性,有利于加强设计概算管理和建设项目的造价管理工作。

(3)设计概算的编制依据。

①国家有关公路工程建设和造价管理的法律、法规和方针政策。

②可行性研究报告投资估算文件,是控制设计概算的依据。国家要求在批准的投资估算允许范围内做好限额设计,不断提高设计概算的编制质量。

③国家颁发的建设征用土地补偿标准,工程勘察设计收费标准,以及其他应计入建设项目投资的费用的标准。

④初步设计图表资料和文字说明。根据设计图纸上所表示的结构形式和尺寸计算的工程数量,以及它反映的设计、施工的基本内容,是编制设计概算的基础资料,也是决定建设工程造价的主要因素。

⑤施工方案。根据交通部(现交通运输部)颁发的《公路工程基本建设项目设计文件编制办法》(交公路发〔2007〕358号)对编制施工方案的具体规定,应做好兴建工程项目年度和季度的概略工程进度安排,以及明确临时工程和临时用地的需要数量,而这些都是与计价有关的主要因素,对设计概算有极其重要的影响。

⑥现行的《公路工程概算定额(上、下册)》(JTG/T 3831—2018)。《公路工程概算定额(上、下册)》(JTG/T 3831—2018)是编制设计概算的基础资料,是交通运输部统一制定颁发的指令性文件。在编制设计概算时,无论是划分分部、分项工程项目,确定计量单位,还是计算和摘取工程量,都必须以概算定额为标准和依据,才能做到不重不漏,符合规定。

⑦补充定额。随着新技术、新材料、新工艺在工程建设中的使用,现行的概算定额可能会缺项。当定额缺项时,应按概算定额的编制原则和方法编制补充概算定额,作为编制设计概算的依据。

⑧人工、材料、施工机械台班预算价格。它是按建设工程所在地的实际价格确定的,是计算直接工程费直接的基础资料。其工资标准和材料的供应价格,应

以当地公路工程定额站发布的价格信息为依据。

⑨其他工程费、间接费等各项取费标准。这些取费标准是交通运输部及各省、自治区、直辖市的交通主管部门，根据国家有关基本建设政策，以及公路建设工程施工和生产管理情况，制定的以费率形式表现的费用标准，是计算除直接工程费以外的各种费用的依据。

⑩设计概算编制办法及其计算表格。它是交通运输部统一颁发的，是编制设计概算文件的重要依据，是规范人们编制设计概算行为的准则。按统一的计算表格编制概算，可使设计概算的编制更加科学化和规范化。

⑪工程量计算规则。《公路工程概算定额（上、下册）》(JTG/T 3831—2018)章、节说明中的工程量计算规则，对编制概算如何选用定额及计算计价工程量作了明确而具体的规定，是必须严格遵守的重要规则。

2.设计概算文件组成

概算文件是设计文件的组成部分，它是由封面、目录、编制说明及全部概算表格组成的。

(1)封面及目录。

①概算文件的封面和扉页应按《公路工程基本建设项目设计文件编制办法》（交公路发〔2007〕358号）中的规定制作，其格式如下：

×× 公路初步设计概算

（K××+××××～K××+××××）

第 册 共 册

编制：［签字并加盖执业（从业）资格印章］

复核：［签字并加盖执业（从业）资格印章］

（编制单位）

年 月

②目录应按概算表的表号顺序编排。

目 录

（甲组文件）

a.编制说明

b.总概(预)算汇总表(01—1表)

c.总概(预)算人工、主要材料、机械台班数量汇总表(02—1表)

d.总概(预)算表(01表)

e. 人工、主要材料、机械台班数量汇总表(02 表)

f. 建筑安装工程费用计算表(03 表)

g. 其他工程费及间接费综合费率计算表(04 表)

h. 设备和工器具购置费用计算表(05 表)

i. 工程建设其他费用及回收金额计算表(06 表)

j. 人工、材料、机械台班单价汇总表(07 表)

……

(2)编制说明。

概算表格编制完成后,应写出编制说明,文字力求简明扼要。编制说明应叙述的内容一般如下。

①工程概况及其建设规模和范围。

②建设项目设计资料的依据及有关文号。

③采用的定额、费用标准,人工、材料、机械台班单价的依据或来源,补充定额及编制依据的详细说明。

④与概算有关的委托书、协议书、会谈纪要的主要内容(或将抄件附后)。

⑤总概算金额,人工、钢材、水泥、木材、沥青的总需要量情况,各设计方案的经济性比较,以及编制中存在的问题。

⑥其他与概算有关但不能在表格中反映的事项。

(3)概算表格。

公路工程概算应按统一的概算表格计算。因表格样式较多,在此不一一列举。

3. 设计概算的审查

(1)设计概算的审查内容。

①审查设计概算的编制依据。

a. 审查编制依据的合法性。采用的各种编制依据必须经过国家授权机关的批准,符合国家的编制规定,未经批准的不能采用。

b. 审查编制依据的时效性。各种依据,如定额、指标、价格、取费标准等,都应符合国家有关部门的现行规定。

c. 审查编制依据的适用范围。

②审查设计概算的编制深度。

a. 审查编制说明。审查编制说明可以检查设计概算的编制方法、深度和编制依据等重大原则问题,若编制说明有差错,具体概算必有差错。

b.审查设计概算编制的完整性。设计概算编制完成后,应有完整的编制说明,文字力求简明扼要。

c.审查设计概算的编制范围。审查设计概算的编制范围及具体内容是否与主管部门批准的建设项目范围及具体工程内容一致;审查分期建设项目的工程范围及具体工程内容有无重复交叉,是否重复计算或漏算;审查其他费用应列的项目是否符合规定,静态投资、动态投资和经营性项目铺底流动资金是否分别列出等。

③审查设计概算的内容。

a.审查工程建设规模、建设标准等是否符合批准的可行性研究报告的标准。对总概算投资超过投资估算10%以上的,应查明原因,重新上报审批。

b.审查工程量计算是否正确。工程量的计算是否根据初步设计图纸、概算定额、工程量计算规则和施工组织设计的要求进行,有无多算、重算和漏算,尤其对于那些工程量大,造价高的项目要重点审查。

c.审查材料用量和价格。审查主要材料用量计算是否正确,材料价格是否与工程所在地的价格水平相符合。

d.审查设备种类、规格、型号和数量是否符合初步设计要求,是否与设备清单相一致,设备单价是否按合理的设备原价和运杂费进行编制。

e.审查建筑安装工程的各项费用的计取是否符合国家或地方有关部门的现行规定,计算程序和取费标准是否正确。

f.审查总概算文件的组成内容,是否完整地包括了建设项目从筹建到竣工交付使用的全部费用,并注意是否将设计外的工程项目列入概算。

g.审查工程建设其他各项费用。这部分费用内容多、弹性大,要按国家和地区规定逐项审查,不属于总概算范围的费用项目不能列入概算审查,审查具体费率或计取标准是否按国家、行业有关部门规定计算,有无随意列项、多列、交叉计列和漏项等。

h.审查技术经济指标。审查技术经济指标和各项费用比重计算是否正确,各种指标与同类型工程指标相比是偏高还是偏低,找出原因并予以纠正。

(2)设计概算的审查方法。

①对比分析法。

对比分析法主要是通过建设规模、标准与立项批文对比;工程数量与设计图纸对比;综合范围、内容与编制方法、规定对比;各项取费与规定标准对比;材料、人工单价与统一信息对比;引进设备、技术投资与报价要求对比;技术经济指标与同类工程对比等,发现设计概算存在的主要问题和偏差。

②查询核实法。

查询核实法是对一些关键设备和难以核算的较大投资进行多方查询核对,逐项落实的方法。主要设备的市场价向设备供应部门或招标公司查询核实;引进设备价格及有关费税向进出口公司调查核实;复杂的建筑安装工程向同类工程的建设、承包、施工单位征求意见;深度不够或不清楚的问题直接向原概算编制人员、设计者询问清楚。

③联合会审法。

联合会审前,可先采取多种形式分头审查,如设计单位自审,主管、建设、承包单位初审,工程造价咨询公司评审,同行专家预审,审批部门复审等,经层层审查把关后,由有关单位和专家进行联合会审。在会审大会上,首先由设计单位介绍概算编制情况及有关问题,各有关单位和专家汇报初审、预审意见;其次进行认真分析、讨论,结合对各专业技术方案的审查意见所产生的投资增减,逐一核实原概算出现的问题;最后经过充分协商,认真听取设计单位意见后,实事求是地处理和调整。

联合会审后,对审查中发现的问题和偏差进行分类整理,汇总核增或核减的项目及其投资额,相应调整所属项目投资合计,再依次汇总审核后的总投资及增减投资额。对于差错较多、问题较大或不能满足要求的设计概算,责成按会审意见修改返工后,重新报批;对于无重大原则问题,深度基本满足要求,投资增减不多的设计概算,当场核定概算投资额,并提交审批部门复核后,正式下达审批概算。

10.2.2 施工图预算的编制与审核

1. 施工图预算的基本概念

(1)施工图预算的含义。

施工图预算是施工图设计预算的简称,又称设计预算。它是由设计单位在施工图设计完成后,根据施工图设计图纸、现行预算定额、费用定额,以及地区设备、材料、人工、施工机械台班等预算价格编制和确定的建筑安装工程造价的文件。

(2)施工图预算的作用。

①施工图预算是衡量设计方案经济合理性的依据。将施工图预算提供的总预算造价指标和各分项工程的造价指标与以往的技术经济指标进行比较,进一步论证初步设计或技术设计所确定的设计方案是否经济合理,同时还应将施工图预算提供的总预算造价指标与初步设计概算或技术设计修正概算中的各项技术经济指标进行对比,以检查概算编制的质量和水平。

②当建设项目实行施工招标时,审定的施工图预算也可以作为编制工程标底的依据。施工图预算审定后就要进行建设项目的组织招标,施工图预算提供的工程量,以及人工、材料、机械台班用量是编制工程标底的依据。施工招标的标底价格不但要反映价值,还要反映供求关系,所以它不完全是按照预算的编制模式一统到底的,它与施工图预算是有区别的,但工程标底的制定仍然是以预算为依据,按照编制施工图预算的原则和方法,结合市场行情和招标工程的实际情况来编制的。

③施工图预算是施工单位组织施工的依据。编制施工图预算的主要目的是指导建设项目的施工。施工单位在组织施工时,应根据施工图预算计算出来的各项工程的工程量编制计划,组织施工。预算中提供的材料、半成品、各种构件的用量、品种、规格及质量标准,是施工单位组织采购、加工、供应的依据。预算中提供的人工、机械台班用量也是安排施工计划的依据。

④施工图预算是施工单位统计完成工程量的依据。施工单位在掌握工程进度时,除了要有工程量和形象进度,还要有以货币形式表现的工作量,它是根据施工期内实际完成的各种工程量乘以相应的预算单价来计算的,是考核工程进度和完成计划的一个综合指标。

⑤施工图预算是施工企业进行经济核算的依据。施工图预算计算出来的单项、单位工程技术经济指标,是建筑安装工程产品的计划价格。施工企业为了取得较好的经济效益,必须在预算提供产品价格的范围内,通过加强经济核算,努力提高劳动生产率,降低人力、物力、财力的消耗,以达到降低成本的目的,为企业提供更多的积累和盈利。

⑥施工图预算是施工单位和建设单位进行工程结算的依据。经审定的施工图预算是建设单位与施工单位进行工程结算的依据。单位工程竣工后或根据施工进度安排完成部分工程量后,应以施工图预算中所确定的价格进行结算。

⑦施工图预算是进行工程拨款的依据。建筑安装工程的拨款,是以施工图预算和建设单位与施工单位结算的工作量为依据的,并以施工图预算对合同甲、

乙双方实施财政监督,促使建设单位合理使用建设资金。

⑧施工图预算也是工程决算的依据。工程竣工后应根据所完成的工程量和施工图预算所确定的价格进行决算,最后形成总的新增固定资产价值。

⑨建设项目需要由审计单位进行审计时,施工图预算是审计工作的依据。

(3)施工图预算编制的依据。

施工图预算的编制必须遵循以下各项依据。

①就不同设计阶段而言,建设项目采用一阶段设计时的可行性研究报告投资估算,采用两阶段设计时的初步设计概算,采用三阶段设计时的技术设计修正概算,是编制施工图预算的主要依据。经批准的投资额是进行施工图限额设计的主要依据,施工图预算不得随意突破经批准的投资额。

②施工设计图纸和说明。

③施工组织设计资料。施工组织设计对施工工期、施工方法、机械化程度,以及大型构件预制厂、路面混合料拌和场、材料堆放地点、临时工程的位置和临时占用土地数量等,都作出了明确而具体的规定,而这些资料是计算辅助工程数量、临时工程数量,套用预算定额和计算有关费用的重要依据。

④预算定额。预算定额既是计算建设项目的人工、材料、机械台班消耗量的主要依据和标准,也是计算和确定工程量的主要依据。

⑤人工、材料、机械台班预算价格,以及据以计算这些价格的工资标准、材料供应价、运价、机械台班费用定额等,都是编制施工图预算的基础资料。

⑥其他工程费、间接费等各项取费标准。

⑦工程量计算规则和预算编制办法。

a.工程量计算规则包括两个方面的含义:一是根据施工设计图纸资料计算工程量;二是按预算定额的内容要求正确计取工程量。两者都是编制施工图预算时必须严格遵守的规则。

b.对于预算编制办法,工程量计算规则除了规定各种费率标准,还对组成预算文件的各种计算表格的内容、填表程序和方法都作出了十分明确的规定,不得随意修改。

⑧勘察设计合同、协议以及建设项目主管部门或建设单位的有关规定。

⑨当采用新技术、新材料、新工艺、新设备出现现行定额缺项时,可按规定编制补充定额,该补充定额也是编制施工图预算的依据。

⑩其他有关资料。比如为了加快公路建设,解决资金不足的问题,很多省对公路建设征用土地和拆迁补偿费制定了一些优惠政策及规定等。

2. 施工图预算的费用组成及项目

施工图预算的费用组成及项目、施工图预算的文件组成及相关表格同设计概算完全一致,只是表头中的"概算"换成"预算",这里不再详述。

3. 施工图预算的审查

(1)施工图预算的审查内容。

①工程量的审查。根据设计图纸、定额、工程量计算规则和施工组织设计的要求,对工程量进行审查。

②定额或指标的审查。审查定额或指标的适用范围、定额基价或指标的调整、定额或指标中缺项的补充。其中,补充定额时,要求补充定额的项目划分、内容组成、编制原则等与现行的定额精神相一致。

③材料预算价格的审查。要着重审查材料原价和运输费用。为做好材料预算价格的审查工作,先要根据设计文件确定材料耗用量,将耗用量大的主要材料作为审查的重点。

④各项费用的审查。审查时,结合项目的特点,搞清各项费用所包含的具体内容,避免重复计算或遗漏。取费标准根据国家有关部门或地方标准执行。

(2)施工图预算的审查方法。

①逐项审查法(又称全面审查法)。逐项审查法是按定额顺序或施工顺序,对各个分项工程中的工程细目从头到尾逐项详细审查的一种方法。这种方法适合于一些工程量较少、工艺比较简单的工程。

②标准预算审查法。标准预算审查法是对利用标准图纸或通用图纸施工的工程,先集中力量编制标准预算,以此为标准审查预算的方法。这种方法的优点是时间短,效果好,好定案;缺点是适用范围小。

③分组计算审查法。这种方法是先把若干分部分项工程,按相邻且有一定内在联系的项目进行编组,再利用同组中分项工程间具有相同或相近计算基数的关系,审查一个分项工程数量,从而判断同组中其他几个分项工程量的准确程度。

④对比审查法。对比审查法是利用已建成工程的预算,或虽未建成但已审查修正的工程预算,对比审查拟建的同类工程预算的一种方法。

⑤重点审查法。重点审查法是抓住工程预算中的重点进行审核的方法。审查的重点一般是工程量大或造价较高的各种工程、补充单位估价表、计取的各项费

用(计取基础、取费标准等)。重点审查法的优点是重点突出,审查时间短,效果好。

10.3 招标阶段工程造价控制

10.3.1 招投标的概念和性质

1. 招投标的概念

工程招标是指招标人依照法定程序,以公开招标或邀请招标方式,鼓励潜在投标人依据招标文件参与竞争,通过评定,从中择优选定中标人的一种经济活动。

工程投标是工程招标的对称概念,指具有合法资格和能力的投标人根据招标文件的要求,在指定期限内填写标书,提出报价,争取中标的经济活动。

2. 招投标的性质

我国法学界一般认为,建设工程招标是要约邀请,而投标是要约,中标通知书是承诺。《中华人民共和国合同法》也明确规定,招标公告是要约邀请。也就是说,招标实际上是邀请投标人对其提出要约(即报价),属于要约邀请。投标则是一种要约,它符合要约的所有条件,如具有缔结合同的主观目的。一旦中标,投标人将受投标书的约束,投标书的内容具有足以使合同成立的主要条件等。招标人向中标的投标人发出的中标通知书,则是招标人同意接受中标的投标人的投标条件,即同意接受该投标人的要约的意思表示,应属于承诺。

10.3.2 招标标底的编制

1. 标底的概念及特征

标底是指招标人根据招标项目的具体情况,根据国家规定的计价依据和计价办法计算出来的工程造价,是招标人对建设工程的期望价格。

标底的编制一般应注意以下几点。

(1)根据设计图纸及有关资料、招标文件,参照国家规定的技术、经济标准定额及规范,确定工程量和设定标底。

(2)标底价格应由成本、利润和税金组成,一般应控制在批准的建设项目总概算及投资包干的限额内。

(3)标底价格作为招标人的期望价,应力求与市场的实际变化相吻合,要有利于竞争和保证工程质量。

(4)标底价格考虑人工、材料、机械台班等价格变动因素,还应包括施工不可预见费、包干费和措施费等。工程要求优良的,还应增加相应费用。

(5)一个标段只能编制一个标底。

2. 标底与概、预算的区别

(1)概、预算是计划经济的产物,反映的是计划价格,在概、预算编制过程中,除材料价格已修改为按市场价格来确定材料费外,其他如人工费、机械台班折旧费以及管理费均按概、预算编制办法中的预算价格(即计划价格)来确定。

标底是市场经济的产物,反映的是建筑产品的市场价格,在编制标底过程中,施工中所消耗的各种资源的价格原则上应根据市场价格来确定,特别是在完全竞争市场环境中更是如此。

(2)概、预算在编制中主要反映的是价值规律的作用和影响,而标底除考虑价值规律的作用外,还应考虑供求关系的作用。

(3)概、预算反映的是施工企业过去的劳动生产力水平,而标底应反映施工企业当前的劳动生产力水平。编制概、预算定额所依据的统计数据是施工企业在过去施工过程中所发生的数据,随着生产力水平的提高,这些数据滞后于当前的生产力水平,不能真实地反映当前先进的劳动生产力水平下的工、料、机消耗。

(4)二者包含的费用范围不同。概、预算是根据设计文件及概、预算定额和编制办法来确定工程造价,而标底应根据招标文件(或合同)中明确的承包商的义务来编制。例如,在编制标底时,其费用通常应包括建筑安装工程费用、根据合同需由承包商承担的不可预见风险费、施工投标中发生的费用(即交易成本)、合理利润等。

(5)概、预算定额及编制办法具有法令性,原则上应遵照执行。但在编制标底时却不受上述规定的限制,当运用概、预算定额及编制办法来编制和确定标底时,对于定额中不合理、不能真实地反映当前劳动生产力水平的工、料、机消耗应如实地进行抽换。

3. 标底的编制依据

(1)国家的有关法律、法规及有关部门制定的有关工程造价的文件和规定。

(2)工程招标文件中确定的计价依据和计价办法,招标文件的商务条款(包括合同条件中规定应由工程承包方承担义务而可能发生的费用),以及招标文件的澄清、答疑等补充文件和资料。在计算标底价格时,计算口径和取费内容必须与招标文件中有关取费要求一致。

(3)设计文件、图纸、技术说明及工程量清单等相关基础资料。

(4)国家、行业、地方的工程建设标准,包括工程施工必须执行的技术标准、规范和规程。

(5)采用的施工组织设计、施工方案、施工技术措施等。

(6)工程施工现场地质、水文勘探资料,现场环境和条件及反映相应情况的有关资料。

(7)招标时的人工、材料、设备及施工机械台班等市场价格信息,以及国家和地方有关政策性调价文件的规定。

4. 标底的编制方法

(1)完全竞争市场下的标底编制办法。

在完全竞争市场下,市场价格是一种反映资源使用效率的价格,因此,完全竞争市场下的标底可直接根据建筑产品的市场交易价格来确定。

(2)不完全竞争市场下的标底编制方法。

①工料单价法编制标底。

依赖于概、预算定额及编制办法来确定标底的方法称为工料单价法。在运用工料单价法编制标底时,应注意以下事项。

a. 按概算编制标底时,应在概算的基础上适当下浮,因为概算定额所考虑的工、料、机消耗量通常比预算定额有一定的富余(一般富余3%~5%)。

b. 对概、预算中未考虑到的,而根据合同承包商必须发生的费用应在标底中予以考虑。如投标中发生的费用、履约担保费等,这些费用在概、预算建筑安装费中未考虑,而根据合同,承包商须发生和承担,因此,在编制标底时给予考虑。

c. 对于概、预算中明显偏高或偏低的费用,应如实进行调整,或对概、预算定额中的数据如实进行抽换。

d. 概、预算的项目划分与招标文件中工程量清单的项目划分不一致,且各自对应的计量方法不相同,因此,在编制工程细目的单价时,应在分项工程概、预算的基础上,组合出与工程量清单中的工程细目相适应的单价。

e.因为当前的劳动生产力水平总体高于概、预算定额数据中反映的劳动生产力水平,而招标又是建立在买方市场基础上,所以在确定标底时,应在概、预算的基础上乘以小于1的修正系数。

②统计平均法确定标底。

在介绍此方法之前,先提出如下假定:所有投标人或至少大部分投标人都是理性的投标人,即他们的报价是严格基于自身的施工成本和在相应的投标策略下的一种报价,而不是一种盲目报价。

对于经验丰富的投标人,由于他们在施工方法、施工成本和价格上拥有完全的信息,对此,理性的投标人能提出一个充分反映自身竞争实力的投标报价,因此,只要对这些投标报价进行适当地技术处理,即可确定出施工项目的标底,这种方法称为统计平均法。

10.3.3 投标报价的编制

1.投标报价前期的调查研究,收集信息资料

(1)政治和法律方面。

投标人应了解在招投标活动中及在合同履行过程中有可能涉及的法律,也应了解与项目有关的政治形势、国家政策等。

(2)自然条件。

自然条件包括工程所在地的地理位置和地形、地貌、气象状况及其他自然灾害状况等。

(3)市场状况。

投标人调查市场状况主要包括建筑材料、施工机械设备、燃料、动力、水、生活用品的供应情况和价格水平,还包括过去几年物价指数以及对今后物价指数变化趋势的预测;劳务市场情况,如工人技术水平、工资水平、有关劳动保护和福利待遇的规定等;金融市场情况,如银行贷款的难易程度、银行贷款利率等。

(4)工程项目方面的情况。

工程项目方面的情况包括工程的技术规模和对材料性能及工人技术水平的要求;总工期及竣工交付使用的要求;施工场地的地形、地质、地下水位、交通运输、供水、供电、通信条件的情况;工程项目资金来源;工程价款的支付方式、外汇所占比例；监理工程师的资历、职业道德和工作作风等。

(5)业主情况。

业主情况包括业主的资信情况、对实施工程需求的迫切程度等。

(6)投标人自身情况。

投标人对自己内部情况、资料也应当进行归纳管理。这类资料主要用于招标人要求的资格审查和本企业履行项目的可能性。

(7)竞争对手资料。

2. 对是否参加投标做出决策

(1)承包招标项目的可行性与可能性。如：本企业是否有能力(包括技术力量、设备等)承包该项目，能否抽调出管理力量、技术力量参加项目承包，竞争对手是否有明显的优势等。

(2)招标项目的可靠性。如：项目的审批程序是否已经完成、资金是否已经落实等。

(3)招标项目的承包条件。如果承包条件苛刻，自己无力完成施工，则也应放弃投标。

3. 研究招标文件并制订施工方案

(1)研究招标文件。

投标单位通过资格审查之后，首要的工作就是认真研究招标文件，充分了解其内容和要求，以便有针对性地安排投标工作。

(2)制订施工方案。

施工方案应由投标单位的技术负责人主持制订，主要应考虑施工方法，主要施工机具的配置，各工种劳动力的安排及现场施工人员的平衡，施工进度及分批竣工的安排，安全措施等。

4. 标价的编制

(1)标价的费用构成及计算。

①标价的费用构成。

标价的费用构成如图10.8所示。

②标价计算。

标价计算方法：按照定额或市场的单价，逐项计算每个项目的单价与合价，

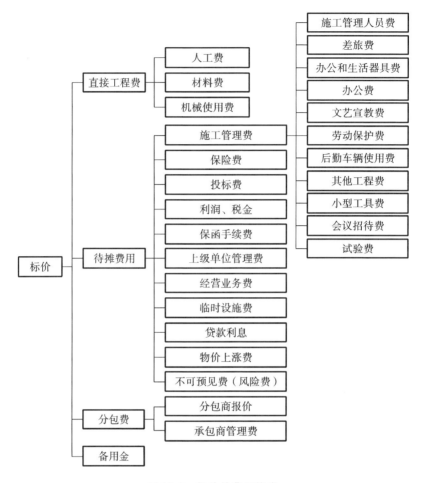

图 10.8 标价的费用构成

分别填入招标人提供的工程量清单,包括人工费、材料费、机械使用费、其他工程费、间接费、利润、税金及材料价差和风险费等全部费用。

a. 人工、材料、机械单价。投标时采用的人工、材料、机械单价应根据企业自身的情况、建设市场情况,以及劳动力、机械设备租赁市场情况综合确定。

b. 其他工程费、间接费、利润、税金的计算。在计算出直接工程费的基础上,依据企业自身情况确定各项费率及法定税率,依次计算出其他工程费、间接费、利润和税金。

c. 风险费的计算。风险费是指在工程承包过程中因发生各种不可预见的风险而增加的费用。通常由投标人分析具体工程项目的风险因素之后,确定一个比较合理的工程总价的百分数作为风险费。

计算标价时，定额是影响投标的关键因素。因此，应根据工程条件和竞争情况加以分析，对定额予以适当调整。根据经验，在国外承包工程时一般选用较高定额（可按国内现行定额提高 10% ~ 30% 使用），这是因为人员素质高，机械化程度高，条件供应及时，同时施工目标单一，干扰较少。

（2）标价分析。

① 标价的宏观审核。

a. 分项统计计算书中的汇总数据，并计算其比例指标。

b. 分析各类指标及其比例关系，从宏观上分析标价结构的合理性。例如，分析总直接工程费和总管理费的比例关系，劳务费和材料费的比例关系，临时设施和机具设备费与总直接工程费的比例关系，利润、流动资金及其利息与总标价的比例关系等。

承包过类似工程的有经验的承包商可以从这些比例关系中判断标价的构成是否合理。如果发现有不合理的部分，应当初步探讨其原因。首先研究拟投标工程与其他类似工程是否存在某些不可比因素，如果考虑不可比因素的影响后，仍存在不合理的情况，就应当深入探讨其原因，并考虑调整某些基价、定额或分摊系数。

c. 探讨上述人均月产值和人均年产值的合理性及实现的可能性。如果从公司的实践经验角度判断这些指标过高或过低，就应当考虑所采用的定额是否合理。

d. 参照同类工程的经验，排除不可比因素后，分析单位工程价格及人工、材料用量的合理性。

e. 通过以上分析，对明显不合理的标价构成部分进行微观分析，重点是在提高工效、改变施工方案、降低材料和设备价格、节约管理费用等方面提出切实可行的措施，并修正初步计算标价。

② 标价的动态分析。

a. 工期延误的影响。如果是承包商导致工期延误，承包商就会增加管理费、人工费、机械使用费及贷款利息，并且还要缴纳延期违约罚金。一般情况下，可以测算工期延长某一段时间，上述各种费用增大的数额及其占总标价的比率。这些增加的开支部分只能用风险费和计划利润来弥补。因此，可以经过多次测算，得出利润全部丧失的工期延误时间。

b. 物价和工资上涨的影响。调整标价计算时材料、设备和工资上涨系数，测算其对计划利润的影响，同时调查工程物资和工资的升降趋势和幅度，以便做出合理判断，分析后可以得知投标利润对物价和工资上涨因素的承受能力。

c. 其他可变因素影响。影响标价的可变因素很多,而有些是投标人无法控制的,如贷款利率的变化、政策法规的变化等。分析这些可变因素的变化,可以了解投标项目计划利润的受影响程度。

③标价的盈亏分析。

初步计算标价经过宏观审核与动态分析后形成基础标价,再经盈亏分析,提出可能的低标价和高标价,供投标报价决策时选择。盈亏分析包括盈余分析和亏损分析两个方面。

a.盈余分析是从标价组成的各个方面挖掘潜力、节约开支,计算出基础标价可能降低的数额,即所谓的"挖潜盈余",进而算出低标价。盈余分析主要从下列几个方面进行。

(a)对人工、材料、机械台班消耗定额,以及人工、机械效率进行分析。

(b)对劳务、材料设备、施工机械台班(时)价格3个方面进行分析。

(c)对管理费、临时设施费等进行逐项分析。

(d)其他方面,如对流动资金、贷款利息、保险费、维修费等进行逐项复核,找出有潜可挖之处。

考虑到挖潜不可能百分之百实现,尚须乘以一定的修正系数(一般取 0.5~0.7),据此求出可能的低标价,见式(10.7)

$$低标价 = 基础标价 - (挖潜盈余 \times 修正系数) \qquad (10.7)$$

b.亏损分析是分析在计算标价时,因对未来施工过程中可能出现的不利因素考虑不周和估计不足,而可能产生的费用增加和损失。亏损分析主要从以下几个方面进行。

(a)人工、材料、机械设备价格。

(b)自然条件。

(c)管理不善造成的质量、工作效率等问题。

(d)建设单位、监理工程师方面的问题。

(e)管理费失控。

以上分析估计出的亏损额,同样乘以修正系数(0.5~0.7),并据此求出可能的高标价,见式(10.8)

$$高标价 = 基础标价 + (估计亏损 \times 修正系数) \qquad (10.8)$$

(3)单价分析的方法及步骤。

根据公路工程项目工程量清单中分项工程的单价分析表,计算分项工程的单位工程量直接工程费 a,见式(10.9)

$$a = a_1 + a_2 + a_3 \quad (10.9)$$

式中：a_1、a_2、a_3分别为单位工程量劳务费、材料费、施工机械使用费。

单价分析表中各种材料（如水泥、碎石等）、劳务（人工）、施工机械的单位工程量计价，均由基价乘以定额消耗量得到。材料费和人工费应视情况根据市场行情预测并考虑物价上涨系数和工资上涨系数。

分项工程直接工程费根据式（10.10）计算

$$A = aQ \quad (10.10)$$

式中：A——分项工程直接工程费；a——分项工程的单位工程量直接工程费；Q——分项工程量。

(4)计算分项工程分摊费和分摊系数。

分项工程分摊费根据式（10.11）计算

$$B = A\beta \quad (10.11)$$

式中：B——分项工程分摊费；A——分项工程直接工程费；β——分摊系数。

分项工程的单位工程量分摊费根据式（10.12）计算

$$b = a\beta \quad (10.12)$$

式中：b——分项工程的单位工程量分摊费；a——分项工程的单位工程量直接工程费；β——分摊系数。

分摊系数β等于各分项工程待摊费用之和除以各分项工程直接工程费之和，见式（10.13）

$$\beta = \frac{\sum 各分项工程待摊费}{\sum 各分项工程直接工程费} \times 100\% \quad (10.13)$$

(5)计算分项工程的单价和合价。

分项工程单价根据式（10.14）计算

$$U = a + b = a \times (1 + \beta) \quad (10.14)$$

式中：U——分项工程单价；a——分项工程的单位工程量直接工程费；b——分项工程的单位工程量分摊费；β——分摊系数。

分项工程合价根据式（10.15）计算

$$S = UQ = A + B \quad (10.15)$$

式中：S——分项工程合价；U——分项工程单价；Q——分项工程量；A——分项工程直接工程费；B——分项工程分摊费。

汇总工程量清单中所有分项工程的合价，即可算出工程总标价，见式（10.16）

$$总标价 = \sum 分项工程合价 + 备用金额 \qquad (10.16)$$

招投标中的标价计算不像编制概、预算那样有统一的编制办法,计算标价要按照合同要求并结合经验和习惯,来确定计算方法、计算程序及报价策略。常用的标价计算方法有单价分析法、系数法、类比法。具体应用时最好不要采用单一的方法,而用几种方法进行复核和综合分析。

5. 投标策略

投标策是指投标人在投标竞争中所采取的方式和手段。常用的投标策略如下。

(1)不平衡报价。

不平衡报价就是在不影响投标总报价的前提下,将某些分部分项工程的单价定得比正常水平高一些,某些分部分项工程的单价定得比正常水平低一些。不平衡报价是单价合同投标报价中常见的一种方法,一般遵循以下原则。

①对于能早期结算的工程项目,可适当提高单价;对于后期结算的工程项目,适当降低单价。

②对于预计工程量会增加的项目,适当提高单价;对于预计工程量将减少的项目,降低单价。

③对于设计图纸不明确或有错误,估计修改后工程量会增加的项目,提高单价;对于工程内容说明不清楚的项目,可适当降低单价。

④对于没有工程量、只填单价的项目,可提高一些单价,这样做既不影响投标总价,以后发生时承包人又可多获利。

⑤对于暂列,预计会做的可能性较大的项目,单价定高一些;对于不一定发生的项目,单价则定低一些。

⑥零星用工(计日工)的报价可高于一般分部分项工程中的工资单价,这是因为它不属于承包总价的范围,发生时实报实销,价高一些会多获利。

(2)多方案报价法。

在充分估计投标风险的基础上,按多个投标方案进行报价,即在投标文件中报两个价,一个是根据原工程说明书和合同条件计算的,另一个是根据作某些改变的工程说明书或合同条件(需加以注释)计算的。这样可降低报价,吸引招标人。

(3)突然降价法。

投标报价是一项商业秘密性的竞争工作,竞争对手可能会随时互相探听对方的报价情况。在整个报价过程中,投标人先按一般态度对待招标工程,按一般情况进行报价,甚至可以表现出自己对该工程的兴趣不大,但等到投标即将截止时,再突然降价,使竞争对手措手不及。

(4)无利润报价。

缺乏竞争优势的承包商,在不得已的情况下,只好在报价时不考虑利润而去夺标。这种办法一般是处于以下条件时采用。

①有可能在得标后,将大部分工程分包给索价较低的一些分包商。

②对于分期建设的项目,先以低价获得首期工程,而后赢得机会创造第二期工程中的竞争优势,并在以后的实施中盈利。

③较长时期内,投标人没有在建的工程项目,如果再不得标,就难以维持生存。因此,虽然本工程无利可图,但只要能有一定的管理费维持公司的日常运转,就可设法度过暂时的困难。

10.4 施工阶段工程造价控制

10.4.1 施工组织设计与工程预算

施工组织设计是在对拟建的公路工程现场进行充分调查,结合施工条件进行具体分析的基础上,从技术、经济方面进行研究对比,选择技术上可行、经济上合理的方案。

施工组织设计对预算的影响是多方面的,但主要是对直接费的影响。对预算影响较大的因素如下。

1. 施工现场平面布置

施工现场平面布置是施工组织设计在空间上的综合描述,也是施工组织设计的重要组成部分。它是在基础资料调查的基础上,结合建设工程的实际情况,按照一定的布置原则和方法,对建设工程在施工过程中的材料供应和运输路线、供电、供水、临时工程、工地仓库、生活设施、机械设施、服务区、加油站、道班房、预制场、拌和厂以及大型机械设备工作面的布置和安排。施工现场平面布置决定了预算中相应的直接费,如场内运输的价格、临时工程的费用、租用土地的费用、平整场地的费用等。

2. 施工工期

由于直接工程费随工期的缩短而增加,间接费随工期的缩短而减少,这样就存在一个最优工期。合理地确定施工工期,对工程质量和预算造价都会产生极大的影响。

3. 施工方法

随着新工艺、新技术的不断发展,完成一个项目有多种施工方法,而每种施工方法又有其自身的特点和不足,这就要求设计人员根据工程的具体条件,选择经济适用的方法。

(1)路基施工方法。

目前高等级公路一般都采用机械施工,低等级公路一般采用人工、机械组合进行施工。如采用机械施工,其施工方法的选择其实就是施工机械的选择,应根据施工的作业种类及运输距离合理选择机械。

(2)路面施工方法。

路面施工方法主要分为路拌法和厂拌法,面层施工主要有热拌、冷拌、贯入等方法。各种施工方法的工程成本各不相同,应结合公路等级要求、路面工程规模和工期要求进行综合分析后确定。

(3)构造物施工方法。

构造物成型简单,石砌圬工是以人工施工为主,混凝土工程不是采用木模就是钢模,没有更多的施工方法可供选择。构造物安装复杂,有些构造物有特殊的施工方法,这在工程设计时就已经确定了,如T形梁一般采用导梁作为安装工具,箱形拱桥则采用缆索进行吊装,悬臂拼装就要配用悬臂吊机等,这些都是长期实践经验积累起来的施工方法,有定型配套的安装工具。

4. 运输组织计划

运输组织计划是施工组织设计中的一项重要内容,它不仅直接影响施工进度,而且在很大程度上也影响了工程造价。

10.4.2　工程变更与补偿

1. FIDIC 合同条件下的工程变更与变更估价

(1)工程变更。

工程变更是指在工程实施中,对某些工作内容做出修改,或者追加、取消某些工作内容。显然,由于勘测、设计、试验与实际的差异,在合同执行过程中,工程变更是不可避免的。

工程变更包括工程量变更、工程项目变更(如发包人提出增加或者删减原项目内容)、进度计划变更、施工条件变更等。

(2)工程变更的类型。

①合同中包括的任何工作内容的数量的改变。为便于进行合同管理,当事人双方应在专用条款中约定工程量变化较大时可以调整单价的百分比。

②任何工作内容的质量或其他特性的改变。

③任何部分工程标高、位置和尺寸的改变。

④任何工作的删减,但要交由他人实施的工作除外。

⑤永久工程所需的任何附加工作、生产设备、材料或服务,包括任何有关的竣工试验、钻孔和其他试验及勘探工作。

⑥实施工程的顺序或时间安排的改变。

(3)变更程序。

在颁发工程接收证书前,工程师可以通过发布变更指令或以要求承包商递交建议书的任何一种方式提出变更。

①指令变更。

工程师在业主授权范围内根据施工现场的实际情况,在确属需要时有权发布变更指令。指令的内容应包括详细的变更内容、变更工程量、变更项目的施工技术要求和有关部门文件图纸,以及变更处理的原则。

②要求承包商递交建议书后再确定的变更。

其程序如下。

a.工程师将计划变更事项通知承包商,并要求他递交实施变更的建议书。

b.承包商应尽快予以答复。一种情况是工程师受到某些非自身原因的限制而无法执行此项变更。另一种情况是承包商依据工程师的指令递交实施此项变更的说明,内容包括将要实施的工作的说明书,以及该工作实施的进度计划;承包商依据合同规定对进度计划和竣工时间做出任何必要修改的建议,提出工期顺延要求;承包商对变更估价的建议,提出变更费用要求。

③工程师收到此类建议书后,应尽快给予批准、不批准或对提出的意见给予回复。承包商在等待答复期间,不应延误任何工作。对于工程师发出的每一项实施变更的指令,承包商应记录支出的费用。

(4)变更估价。

①变更估价的原则。

变更工程的价格或费率往往是双方协商时的焦点。计算变更工程应采用的费率或价格,可分为3种情况。

a.变更工作在工程量表中有同种工作内容的单价,应以该单价计算变更工程费用。

b.工程量表中虽然列有同类工作的单价或价格,但对具体变更工作而言已不适用,则应在原单价的基础上制订合理的新单价。

c.变更工作的内容在工程量表中没有同类工作的单价,应按照与合同单价水平相一致的原则,确定新的单价。

②可以调整合同工作单价的原则。

具备以下条件时,允许对某一项工作的单价加以调整。

a.此项工作实际测量的工程量相对工程量表或其他报表中规定的工程量的变动大于10%。

b.工程量的变更与对该项工作规定的具体费率的乘积超过了接受的合同款额的0.01%。

c.由此工程量的变更直接造成该项工作每单位工程量费用的变动超过1%。

③删减原定工作后对承包商的补偿。

工程师发布删减工作的变更指令后,承包商不再实施该部分工作,合同价格中包括的直接费部分没有受到损害,但摊销在该部分的间接费、利润和税金实际上并不能合理回收。此时承包商可以就其损失向工程师发出通知,并提供具体的证明资料,工程师与合同双方协商后确定一笔补偿金额加到合同价内。

2. 工程索赔

(1)工程索赔。

工程索赔是指在工程承包合同中,当事人一方因对方不履行或不完全履行既定的义务,或者由于对方的行为使权利人受到损失时,要求对方补偿损失的权利。索赔是双向的,它包括承包人向发包人的索赔,也包括发包人向承包人的索赔。

(2)工程索赔的处理原则。

①索赔必须以合同为依据。

②要有损害事实,即合同中规定由业主承担的风险责任的确给承包商造成了实际损害,使承包商增加了额外费用或发生了损失。

③及时、合理地处理索赔。

④加强主动控制,减少工程索赔。

(3)FIDIC合同条件规定的索赔处理程序。

FIDIC合同条件对承包商的索赔做出以下规定。

①发出索赔意向通知。

承包商应在察觉(或者应当察觉)该事件或情况后28 d内发出意向通知,否则竣工时间不得延长,承包商无权获得追加付款,而业主应免除有关该索赔的全部责任。

②递交索赔报告。

在承包商察觉(或者应当察觉)该事件或情况后42 d内,或在承包商可能建议并经工程师认可的其他期限内,承包商应当向工程师递交一份详细的索赔报告,包括索赔的依据、要求延长的时间和(或)追加付款的详细资料。如果引起索赔的事件或者情况具有连续影响,则:a.上述充分详细索赔报告应被视为中间索赔报告;b.承包商应当按月递交进一步的中间索赔报告,说明累计索赔时间(或金额),以及能说明其合理要求的进一步详细资料;c.承包商应当在索赔事件结束后28 d内,或在承包商可能建议并经工程师认可的其他期限内,递交一份最终索赔报告。

③工程师的答复。

工程师在收到索赔报告或对过去索赔的任何进一步证明资料后42 d内,或在工程师可能建议并经承包商认可的其他期限内,应做出回应,表示批准或不批准并附具体意见。工程师应当商定或者确定应给予延长的竣工时间,以及承包商有权得到的追加付款。

(4)索赔的计算。

①承包人可索赔的费用。

费用内容一般可以包括以下几个方面。

a.人工费。人工费包括增加工作内容的人工费、停工损失费和工作效率降低的损失费等。其中增加工作内容的人工费应按照计日工费计算,而停工损失费和工作效率降低的损失费按窝工费计算,窝工费的标准双方应在合同中约定。

b.设备费。设备费可采用机械台班费、机械折旧费、设备租赁费等几种形式。对于因工作内容增加而引起的设备费索赔,设备费的标准按照机械台班费计算。对于因窝工引起的设备费索赔,若施工机械为企业自有,则按照机械折旧费计算索赔费用;若施工机械为外部租赁,则按租赁费计算索赔费用。

c.材料费。材料费包括因索赔事项材料实际用量超过计划用量而增加的材料费,因客观情况材料价格大幅上涨而增加的费用。非承包商责任的工程延误导致材料价格上涨和超期储存增加的费用。

d. 保函手续费。工程延期时,保函手续费相应增加。反之,取消部分工程且发包人与承包人达成提前竣工协议时,承包人的保函金额相应折减,计入合同价内的保函手续费也应扣减。

e. 贷款利息。

f. 保险费。

g. 管理费。此项又可分为现场管理费和公司管理费两部分,由于二者的计算方法不一样,在审核过程中应区别对待。

h. 利润。

FIDIC 合同条件中,对承包人索赔可能给予合理补偿工期、费用和利润的情况,都作了相应的规定,见表 10.2。

表 10.2 可以合理补偿承包商索赔的条款

序号	主要内容	可补偿内容		
		工期	费用	利润
1	延误发放图纸	√	√	√
2	延误移交施工现场	√	√	√
3	承包人依据工程师提供的错误数据导致放线错误	√	√	√
4	不可预见的外界条件	√	√	
5	施工中遇到文物和古迹	√	√	
6	非承包人原因导致施工的延误	√	√	√
7	变更导致竣工时间延长	√		
8	异常不利的气候条件	√		
9	由于传染病或其他政府行为导致工期延误	√		
10	业主或其他承包人的干扰	√		
11	公共当局引起的延误	√		
12	业主提前占用工程		√	√
13	对竣工检验的干扰	√	√	√
14	后续法规的调整	√	√	
15	业主办理的保险未能从保险公司获得补偿部分		√	
16	不可抗力事件造成的损害	√	√	

②费用索赔的计算方法。

a.实际费用法。实际费用法是工程索赔计算时常用的一种方法。这种方法的计算原则:以承包商为某项索赔工作所支付的实际开支为依据,向业主要求费用补偿。

b.总费用法。总费用法又称总成本法,就是当多次发生索赔事件后,重新计算该工程的实际总费用,实际总费用减去投标报价总费用,即索赔金额,具体公式为式(10.17)

$$索赔金额=实际总费用-投标报价总费用 \qquad (10.17)$$

c.修正总费用法。这种方法是对总费用法的改进,即在总费用计算的原则上,去掉一些不确定的可能因素,对总费用法进行相应的修改和调整,使其更加合理。

③工期索赔的计算。

a.网络分析法。网络分析法是对进度计划网络图中关键线路上的关键工作进行分析。如果延误的工作是关键工作,则总延误的时间为批准顺延的工期;如果延误的工作为非关键工作,当该工作由于延误超过时差限制而成为关键工作时,可以批准延误时间与时差的差值;如该工作延误后仍为非关键工作,则不予以工期索赔。

b.比例计算法。该方法主要用于工程量增加时工期索赔的计算,其计算公式为式(10.18)

$$工期索赔值 = \frac{额外增加的工程量的价格}{原合同总价} \times 原合同总工期 \qquad (10.18)$$

(5)共同延误的处理。

在实际施工过程中,工期延误很少是由一方造成的,往往是由几种情况同时发生形成的。两种或两种以上的单独延误同时发生的情况就称为共同延误。

①在同一项工作上发生的共同延误。

a.可补偿延误与不可原谅延误同时存在。在这种情况下,不能批准承包商延期和经济补偿的要求。因为即便没有可补偿延误,不可原谅延误也已造成工程延误。

b.不可补偿延误与不可原谅延误同时存在。在这种情况下,工程师不能批准延长工期。

c.不可补偿延误与可补偿延误同时存在。此时,工程师可以批准承包商延期的要求,但不能给予经济补偿,因为即便没有可补偿延误,不可补偿延误也已造成工程施工延误。

d. 两项可补偿延误同时存在。此时,工程师只能批准承包商延期或经济补偿的要求。

②在不同的工作上发生的共同延误。

这是指在不同的工作上同时发生了两项或两项以上的延误,从而产生了对整个工程综合影响的共同延误。这种情况比较复杂,由于各项工作在总进度表中所处的地位和重要性不同,同等时间的相应延误对工程进度所产生的影响也就不一样。工程师在处理这种共同延误时,应认真分析单项延误分别对工程总进度所造成的影响,然后将这些影响进行比较,对相互重叠部分按在同一项工作上发生的共同延误处理。对剩余部分进一步分析延误引起的原因和影响,从而断定是否延长工期和给予经济补偿。

共同延误的最终结果,可能是承包商可以延长工期和获得经济补偿,也可能是承包商要向业主支付延误赔偿金。

10.4.3 工程计量与工程结算

1. 工程计量

(1)计量的概念。

计量是指按照设计文件及承包合同中关于工程量计算的规定,对承包商已完成合格工程的实际数量所进行的测量、计算、核查和确认的过程。

工程量清单中的工程数量是在图纸和规范的基础上估算出来的,它只能作为投标报价的基础,而不能作为结算的依据。实际工程量只有通过计量才能揭示和确定。按实际完成的工程量付款可以减少工程量的估计误差给双方带来的风险,提高造价结算结果的公平性,这正是单价合同的优点之一。

(2)计量方法。

①实地量测计量法。

当监理工程师欲对工程的任何部位进行量测计量时,应先通知承包人,承包人必须立即派人协助监理工程师进行计量。量测工作按合同有关规定进行,量测计量后双方签字确认。

如果承包人收到监理工程师发出的计量通知后,不参加或未派人参加实地量测计量工作,监理工程师自己量测或经监理工程师批准的计量结果即为正确的计量,作为支付的依据。

②记录、图纸计量法。

对于永久工程,可采用记录、图纸计量法,监理工程师应准备该项工程项目的记录和图纸。当承包商被通知要求参加此项计量时,应在通知发出 14 d 内同工程师共同查阅和确认记录与图纸,并在双方同意后签字确认。如果承包商不参加或不派人参加上述记录和图纸的审查与确认,则认为这些记录和图纸是正确无误的,除非承包商在上述计量后 14 d 内向工程师提出申辩,说明记录和图纸有不正确之处,要求工程师予以决断。工程师在收到承包商的申辩后应进一步检查记录和图纸,并做出决定,并将此决定通知承包商。

无论采用哪种方法,其结果必须经监理工程师和承包人双方同意,签字确认,方可进入支付环节。

(3)计量依据。

计量的主要依据有质量合格证书、工程量清单及说明、工程变更令及修订的工程量清单、合同条件、技术规范、合同图纸、有关计量的补充协议、索赔时间和金额审批表等。

(4)计量范围。

①工程量清单中的全部项目。

②合同文件中规定的项目。

③工程变更项目。

(5)计量规则和计量方法。

计量规则和计量方法在技术规范的有关内容和工程量清单的前言中给予明确规定,在进行计量时必须遵守其要求。

应该注意的是:监理工程师除应对工程量清单的各个细目进行计量,还应对所有有关支付的其他事务进行计量。如计日工使用的具体数量、工程变更后的工程量等,均应加以计量,以便进行支付。

2. 工程结算

工程结算就是业主将承包人在一定时期内(一般按月),已经完成并符合质量要求的工程进行计量,并按合同约定的价格计价后支付给承包人。在工程施工管理中,施工结算又称为费用支付(含前期支付、中期支付和最终支付)。费用支付的内容、程序和方法,都应按照合同规定进行。

(1)工程结算的分类。

①按时间分类。

工程结算按时间可以分为预结算、期中结算、交工结算、最后结算 4 种。

a. 预结算。按照 FIDIC 合同条件规定,预结算包括开工预付款和材料预付款。预结算是业主提供给承包人的无息款额,按一定条件支付并扣回。

b. 期中结算。期中结算是工程进度款的结算,一般按月进度支付,即按当月完成的工程价值及其他有关款项进行综合支付,根据工程师开具的期中支付证书实施。

c. 交工结算。交工结算即在项目完工或基本完工,监理工程师签发交工证书后办理的支付。

d. 最后结算。最后结算即在缺陷责任期结束,监理工程师签发缺陷责任证书后,办理的最后一次结算工作。

②按结算的内容分类。

工程结算按结算的内容可分为工程量清单内的结算和工程量清单外的结算。

a. 工程量清单内的结算。工程量清单内的结算是按合同条件和技术规范,通过监理工程师的质量检查、计量,确认已完成的工程量,然后按报价单中的单价,结算和支付工程量清单中的各项工程费用,简称清单支付。清单支付是期中支付中的主要项目,占有很大的比重。

b. 工程量清单外的结算。工程量清单外的结算是按合同规定,监理工程师根据工程实际情况和现场实证资料,确认清单以外的各项工程费用,如索赔费用、工程变更费用、价格调整等。此项费用在期中支付中虽然占的比重较小,却是比较难以控制和掌握的。它一方面取决于合同规定,另一方面取决于工程施工中实际遇到的客观条件和各种干扰。

③按工程内容分类。

工程结算按工程内容可分为路基工程结算、路面工程结算、桥梁工程结算、隧道工程结算等。

④按合同执行情况分类。

工程结算按合同执行情况可分为正常结算和合同终止后的结算两类。正常结算是指业主与承包人双方履行合同约定,使工程顺利实施并结算。合同终止后的结算是指业主或承包人违约或发生了双方无法控制的情况,使合同不可能继续履行而终止时,业主向承包人所作的结算。

(2)工程结算的费用项目。

工程正常结算的费用项目按其内容一般可以划分为两类:一类是工程量清

单内的费用项目,它包括清单内构成合同价格的工程细目、工程量清单汇总表中包含的计日工、暂定金额项目;另一类是工程量清单以外、合同以内的费用项目,它包括开工预付款、材料预付款、保留金、工程变更费用、价格调整费用、索赔费用、拖期违约损失偿金、提前竣工奖金、迟付款利息等费用项目。

①工程量清单内的费用项目。

a.开办项目的支付。

开办项目的计量支付在技术规范中有明确规定,在开办支付时,应先落实开办项目的完成情况,然后按技术规范中的规定办理支付。

b.合同永久工程的支付。

其工程量按技术规范中的计量方法进行计量,并有工程师的签认,其单价按工程量清单中的单价来确定。

②工程量清单以外、合同以内的费用项目。

a.开工预付款。

开工预付款是业主提供给承包人用于支付施工初期费用的一笔无息款额。监理工程师在确认承包人已提供相当于开工预付款金额的银行担保或保函以后,向业主签发合同规定的开工预付款支付证书,业主按监理工程师签发的支付证书向承包人付款。开工预付款总额在合同文件投标书附录中有明确规定,一般相当于合同价格的10%。监理工程师应根据合同规定,在工程进度款的支付证书中逐月扣回开工预付款。

b.材料预付款。

材料预付款是由业主预先支付给承包人用于购买永久工程组成部分的材料的一笔无息款额。

监理工程师在确认承包人所购材料的质量和储存方法符合合同要求后,按合同规定将所购材料款额的某一百分比计入下次工程进度款证书中,业主根据监理工程师的证明进行付款。

当材料已用于永久工程,材料预付款应在以后的工程进度款支付证书中,按合同规定逐月扣回。

c.保留金。

保留金是业主为了使承包人履行合同而在承包人应得款额中扣留的那部分金额。一旦承包人未履行合同中规定的责任,则保留金归业主所有,业主可用此金额雇用其他承包人来完成工程。保留金的数额、扣留标准及返还方式应在合同中明确。

d. 工程变更费用。

变更工程估算的主要工作包括确定项目与细目、计算变更工程量、确定单价与金额。

(a)确定项目与细目。项目与细目通常按下列原则确定：变更工程与工程量清单中若有相同的项目和细目，则应与工程量清单中的细目划分及计量要求一致；若无相同的新增项目，则必须先明确工程细目的计量要求、技术标准，以及每个计量细目所包括的所有工作内容，避免漏计或重计。

(b)计算变更工程量。变更工程的工程量应按要求与程序进行计量，计量的结果汇总于"中间计量证书"和"竣工计量证书"等有关表格中，结算按计量的工程量进行。

(c)确定单价与金额。

e. 索赔费用。

赔偿费用的支付额应按监理工程师签发的索赔审批书来确定或按监理工程师暂时确定的赔偿额来支付。

f. 计日工。

合同中通常含有计日工明细表，表中列有不同劳务、材料、施工设备的估计数量，计日工单价由承包人报价，然后将汇总的计日工费用合计在投标总价中。《公路工程国内招标文件范本》规定计日工的支付条件如下。

(a)每天提交一式两份计日工使用清单。对所有按计日工施工的工程，承包人应在该工程持续进行过程中，每天向监理工程师提交从事该项工作的所有工人的姓名、工种及工时的清单一式两份，以及该工程所有材料和承包人装备的名称、数量的报表一式两份，其中的一份经监理工程师确认并签字后，退还给承包人。

(b)每个月末送交一份附有价格的详细清单。在每月结束时，承包人应向监理工程师提交一份所有劳务、材料和承包人装备的附有价格的账单。如果监理工程师认为承包人应该提交而未提交清单与报表时，承包人无权获得计日工付款。

g. 暂定金额。

暂定金额主要用于以下情况。

(a)招标时尚未能确定，或在施工中可能增加的工程细目。

(b)专项工程的施工或货物、材料、设备的供应。

(c)不可预见费。除合同另有规定外，这项金额应由监理工程师报业主批准后指令全部或部分地使用或根本不予使用。

对于经业主批准的每一笔暂定金额,监理工程师可以指令承包人完成,也可以指令指定分包人完成,但结算的方式有所不同。

h. 价格调整。

(a)物价浮动对合同价格的调整。对于施工期较长的合同,为了合理分担市场物价变化对施工成本影响的风险,在合同内要约定调价的方法。FIDIC 合同条件规定采用公式法调价。

调价公式见式(10.19)

$$P_n = a + b \times \frac{L_n}{L_0} + c \times \frac{M_n}{M_0} + d \times \frac{E_n}{E_0} + \cdots \qquad (10.19)$$

式中:P_n——第 n 期内所完成工作以相应货币所估算的合同价值所采用的调整倍数,这个时间通常是 1 个月,除非投标函附录中另有规定;a——数据调整表中规定的系数,代表合同支付中不调整的部分;b、c、d——数据调整表中规定的系数,代表与实施工程有关的每项费用因素的估算比例,如劳务、设备、材料;L_n、E_n、M_n——第 n 期时使用的现行费用指数或参照价格;L_0、E_0、M_0——基本费用指数或参照价格。

对于可调整的内容和基价,承包商在投标书内填写,并在签订合同前谈判中确定。

延误竣工分为非承包商负责的延误和承包商负责的延误两种。对于非承包商负责的延误,工程竣工前每一次支付时,调价公式继续有效;对于承包商负责的延误,在后续支付时,分别计算应竣工日和实际支付日的调价款,经过对比后按照对业主有利的原则执行。

(b)基准日后法规变化引起的价格调整。在投标截止日期前的第 28 d 以后,国家的法律、法规或国务院有关部门的规章,以及工程所在地的省、自治区、直辖市的地方法规或规章发生改变,导致施工所需的工程费用发生增减时,监理工程师与当事人协商后可以调整合同金额。如果导致变化的费用包括在调价公式中,则不再予以考虑。较多的情况发生于承包商须缴纳的税费变化,这是当事人双方在签订合同时不可能合理预见的,因此可以调整相应的费用。

i. 拖期违约损失偿金。

拖期违约损失偿金是指承包人未能按合同工期完成工程施工,或在监理工程师批准的延期内未能完成工程的施工而给予业主的补偿。

拖期时间按规定竣工之日到合同工程交工证书中写明的实际竣工日期计算,不足一日的按比例计算。

如果工程项目的任一部分在该工程项目竣工前已签发了交工证书,则拖期违约损失偿金应按已签发交工证书的单项工程的价值占合同工程价值的比例予以减少,但拖期违约损失偿金的最高限额不变。

j.提前竣工奖。

如果合同中有此条款,而承包人比规定的工期提前完工,则可以得到提前竣工奖。该奖金时间是按工程移交证书的签署日期与合同规定的完工时间之差,按天数计算,奖金的比率在合同中规定。

k.迟付款利息。

如果业主不按合同规定时间付款,则应支付承包人迟付款额的利息。

③合同终止后的结算。

合同终止后的结算是指由于某种情况的发生导致合同无法履行而终止合同后的结算。通常,合同终止可能是由承包人违约、特殊风险和业主违约导致的。

a.承包人违约导致合同终止后的结算。

合同终止后,业主应暂停向承包人支付任何款项,在工程缺陷责任期满之后,再由监理工程师查清承包人实施和完成工程与缺陷修复应结算的费用,应扣除拖期违约损失偿金(如有)以及业主已实际支付的各项费用。

根据监理工程师查清证实,承包人仅能得到约定的已完成合格工程的款额,并扣除上述应扣款之后的余额。如果应扣款额超过约定的已完成工程的款额,此超出部分款额应被视为承包人欠业主的应还债务,由承包人偿还给业主。

b.特殊风险导致合同终止后的结算。

因发生特殊风险而导致合同终止时,业主应向承包人支付终止之日前已完成的全部工程费用,其范围限于在已给承包人的暂付款中尚未包括的款额与款项,其单价和总额价应符合合同规定。另外还应支付下述费用。

(a)合同终止日前,承包人已按合同规定完成的工作或服务的相应比例费用。

(b)承包人为工程合理订购的材料、设备或货物的费用,此费用由业主支付后,其财产归业主所有。

(c)承包人已合理开支的、确实是为了完成工程而预期开支的任何款额,而该开支没有包括在其他支付项目内。

(d)因特殊风险而产生的附加费用。

(e)承包人装备撤离的合理开支部分。

(f)承包人雇员的合理遣返费。

除业主应向承包人支付上述费用外,对于承包人应归还业主的各项预付款余额及业主应收回的任何其他款项,应根据合同文件的规定,在应支付的款额中扣除。

c.业主违约导致合同终止后的结算。

合同终止后,业主对承包人的支付义务除同前述以外,还应支付给承包人因该项合同终止而引起的损失,该款额应由监理工程师与承包人和业主协商后确定。

④施工结算的程序和内容。

施工结算的程序和内容如下。

a.月结算。

承包人应在每月末向监理工程师提交按批准格式填写的期中支付申请书一式六份,该申请书包括以下项目:(a)截至本月末已完成的工程价款;(b)截至本月初已完成的(已实际结算的)工程价款;(c)本月完成的(应结算的)工程价款;(d)本月完成的(应结算的)计日工价款;(e)本月应支付的暂定金额价款;(f)本月应支付的已进场将用于或安装在永久工程中的材料、设备预付款;(g)根据合同规定,本月应结算的其他款项;(h)费用和法规变更发生的款项;(i)本月应扣留的保留金和扣回的材料、设备预付款及动员预付款;(j)根据合同规定,本月应扣除的其他款项。

监理工程师在收到上述期中支付申请书后审核确认,并在 21 d 或专用条款规定的天数内签发中期支付证书,签发其认为应该到期结算的价款及需要扣留和扣回的款额,并报业主审批。

如果该月应结算的价款经扣留和扣回后的款额少于投标书附录中列明的中期支付证书的最低金额,则该月监理工程师不签发支付证书,承包商得不到工程进度款,该款额将结至下月,直至累计应支付的款额达到投标书附录中列明的中期支付证书的最低金额为止。

业主应在收到该中期支付证书后 21 d 内或在投标书附录中规定的天数内向承包人付款。

b.交工结算。

在工程移交证书签发后 42 d 之内,承包人应以监理工程师批准的格式向监理工程师提交一份交工结账单,并附上用详细资料说明的证实文件,文件中应表明:(a)直到工程移交证书写明的交工日期为止,按合同完成的全部工程的最终价值;(b)承包人认为应付给自己的其他款项的估算值。其中,(b)款各款项估算值应在完工结账单内单独填报,监理工程师按规定审核后报业主审批。

c.最后结算。

在发出缺陷责任终止证书后的28 d之内,承包人应以监理工程师批准的格式向监理工程师提交一份最后结账单草案,并附上详细的证实文件,供监理工程师考虑,文件中应表明:(a)根据合同规定已经完成的全部工程价值;(b)承包人根据合同规定认为应该付给自己的任何其他款项。

如果监理工程师不同意或者不核证最后结账单草案的任一部分,承包人应按监理工程师的合理要求,提交进一步的资料。经双方协商同意后,由承包人编制并提交修改后的最后结账单。如果双方存在纠纷不能达成一致,监理工程师仅对不存在纠纷部分(如果有)签发支付证书,有纠纷的部分按合同规定解决。

交最后结账单的同时,承包人还应向监理工程师递交一份书面清账书,确认最后结账单中的总金额(包括索赔要求)代表了根据合同规定应付的全部款项的最后结算。

监理工程师在收到最后结账单和清账书14 d之后,签发最后支付证书报业主审批。证书中应说明:(a)监理工程师认为根据合同规定的最后应付的款额;(b)在对业主以前所付的全部款额和业主根据合同规定应得的全部款额予以确认后,证实业主欠承包人或承包人欠业主的差额(如果有)。

业主应在收到最后支付证书42 d内向承包人付款。

10.4.4 资金使用计划的编制和投资偏差分析

1.施工阶段资金使用计划的编制

首先,编制资金使用计划可以合理确定工程造价的目标值,使工程造价的控制有依据,并为资金的筹集与协调打下基础;其次,编制资金使用计划可以对未来工程项目的资金使用和进度控制有所预测,避免不必要的资金浪费和进度失控;最后,执行资金使用计划可以有效地控制工程造价,最大限度地节约投资,提高投资效益。

施工阶段资金使用计划的编制方法主要有以下几种。

(1)按不同子项目编制资金使用计划。

一个建设项目往往由多个单项工程组成,每个单项工程还可能由多个单位工程组成,而单位工程由若干个分部分项工程组成。只有合理划分工程项目,才能保证按子项目分配资金的合理性,划分的粗细程度根据实际情况而定。

(2)按时间编制资金使用计划。

计算网络计划各项工作的最早开始时间和最早完成时间,就可获得项目进度计划的横道图,在横道图的基础上便可编制按时间划分的投资支出预算,进而绘制时间-投资累计曲线(S形曲线)。时间-投资累计曲线的绘制步骤如下。

①确定工程进度计划,编制进度计划的横道图,如表10.3所示。

表10.3　某工程进度计划的横道图(单位:万元)

分项工程	进度计划/月											
	1	2	3	4	5	6	7	8	9	10	11	12
A	100	100	100	100	100	100	100					
B		100	100	100	100	100	100	100				
C			100	100	100	100	100	100	100	100		
D				200	200	200	200	200	200			
E					100	100	100	100	100	100	100	
F						200	200	200	200	200	200	200

②根据每单位时间内完成的工程量或投入的人力、物力和财力,计算单位时间的投资,如表10.4所示。

表10.4　按月编制的资金使用计划表

时间/月	投资/万元
1	100
2	200
3	300
4	500
5	600
6	800
7	800
8	700
9	600
10	400
11	300
12	200

③计算规定时间 t 计划完成的投资额,可按式(10.20)计算

$$Q_t = \sum_{n=1}^{t} q_n \qquad (10.20)$$

式中:Q_t——某时间 t 计划完成的投资额;q_n——单位时间 n 的计划完成投资额;t——规定的计划时间。

④按各规定时间的 Q_t 值,绘制 S 形曲线,如图 10.9 所示。

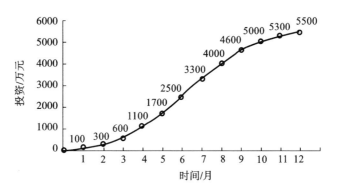

图 10.9　S 形曲线示意图

每一条 S 形曲线都对应某一特定的工程进度计划。因为在进度计划的非关键路线中存在许多有时差的工序或工作,所以 S 形曲线必然包括在由全部活动都按最早开工时间开始和全部活动都按最迟开工时间开始的曲线所组成的"香蕉图"内,见图 10.10。

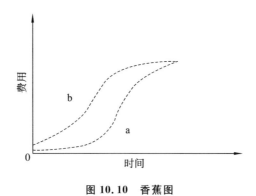

图 10.10　香蕉图

建设单位可根据编制的资金使用计划来合理安排资金,也可以根据筹措的资金来调整 S 形曲线,即通过调整非关键路线上工作的开工时间,力争将实际的

投资支出控制在计划范围内。

一般而言,所有活动都按最迟时间开始,对节约建设资金贷款利息是有利的,但同时也降低了项目按期竣工的保证率,因此必须合理地确定投资支出预算,达到既节约投资支出,又控制项目工期的目的。

2. 投资偏差分析

在施工过程中,工程实际进展情况总是或多或少地与计划存在差异。我们把实际投资与计划投资、实际进度与计划进度的差异称为投资偏差和进度偏差,这些偏差是施工阶段工程造价计算与控制的对象。

(1)实际投资与计划投资。

时间-投资累计曲线中既包含了投资计划,也包含了进度计划,因此有关实际投资与计划投资的变量包括了拟完工程计划投资、已完工程实际投资和已完工程计划投资。

①拟完工程计划投资。拟完工程计划投资是指根据进度计划安排,在某一确定时间内所应完成的工程内容的计划投资。它可以用式(10.21)表示

$$拟完工程计划投资 = 拟完工程量 \times 计划单价 \quad (10.21)$$

②已完工程实际投资。已完工程实际投资是根据实际进度完成状况,在某一确定时间内已经完成的工程内容的实际投资。它可以用式(10.22)表示

$$已完工程实际投资 = 实际工程量 \times 实际单价 \quad (10.22)$$

在进行有关偏差分析时,通常进行如下假设:拟完工程计划投资中的拟完工程量与已完工程实际投资中的实际工程量在总额上是相等的,两者之间的差异只在于完成的时间进度不同。

③已完工程计划投资。已完工程计划投资是为了更好地辨析拟完工程计划投资和已完工程实际投资这两种偏差而引入的变量,是指根据实际进度完成状况在某一确定时间内已经完成的工程所对应的计划投资额,可以用式(10.23)表示

$$已完工程计划投资 = 实际工程量 \times 计划单价 \quad (10.23)$$

(2)投资偏差和进度偏差。

①投资偏差。投资偏差是指投资计划与投资实际值之间存在的差异,当计算投资偏差时,应剔除进度对投资额产生的影响,因此其公式为式(10.24)

$$投资偏差 = 已完工程实际投资 - 已完工程计划投资$$

$$= 实际工程量 \times (实际单价 - 计划单价) \quad (10.24)$$

结果为正表示投资增加,结果为负表示投资节约。

②进度偏差。与投资偏差密切相关的是进度偏差,不考虑进度偏差就不能确切反映投资偏差的实际情况,所以有必要引入进度偏差的概念。进度偏差根据式(10.25)计算

$$进度偏差 = 已完工程实际时间 - 已完工程计划时间 \quad (10.25)$$

为了与投资偏差联系起来,进度偏差也可以表示为式(10.26)

$$\begin{aligned}进度偏差 &= 拟完工程计划投资 - 已完工程计划投资 \\ &= (拟完工程量 - 实际工程量) \times 计划单价\end{aligned} \quad (10.26)$$

结果为正值时,表示工期拖延;结果为负值时,表示工期提前。

3. 常用的投资偏差分析方法

(1)横道图法。

用横道图进行投资偏差分析,即用不同的横道标识拟完工程计划投资、已完工程实际投资和已完工程计划投资,在实际工作中往往需要根据拟完工程计划投资和已完工程实际投资确定已完工程计划投资后,再确定投资偏差与进度偏差。

根据拟完工程计划投资和已完工程实际投资确定已完工程计划投资的方法如下。

①已完工程计划投资与已完工程实际投资的横道位置相同。

②已完工程计划投资与拟完工程计划投资的各子项工程的投资总值相同。

(2)时标网络图法。

时标网络图是在确定施工计划网络图的基础上,将施工的实施进度与日历工期相结合而形成的网络图。实际进度前锋线表示整个项目目前实际完成的工作面情况,将某一确定时点下时标网络图中各个工序的实际进度点相连就可以得到实际进度前锋线。

(3)表格法。

表格法是进行投资偏差分析常用的方法。可根据项目的具体情况、数据来源、投资控制工作的要求等条件来设计表格。表格法的信息量大,可以反映各种偏差变量和指标。另外,表格法还便于用计算机辅助管理,提高投资控制工作的效率。投资偏差分析表见表10.5。

表 10.5　投资偏差分析表

项目编码	(1)	011	012	013
项目名称	(2)	土方工程	打桩工程	基础工程
单位	(3)	m^3	m	m^3
计划单价	(4)	5	6	8
拟完工程量	(5)	10	11	10
拟完工程计划投资	(6)=(4)×(5)	50	66	80
已完工程量	(7)	12	16.67	7.5
已完工程计划投资	(8)=(4)×(7)	60	100.02	60
实际单价	(9)	5.83	4.8	10.67
其他款项	(10)	0	0	0
已完工程实际投资	(11)=(7)×(9)+(10)	69.96	80.02	80.03
投资局部绝对偏差	(12)=(11)−(8)	9.96	−20	20.03
投资局部相对偏差	(13)=(11)/(8)	1.17	0.8	1.33
投资累计绝对偏差	(14)=∑(12)			
投资累计相对偏差	(15)=∑(11)/∑(8)			
进度局部绝对偏差	(16)=(6)−(8)	−10	−34.02	20
进度局部相对偏差	(17)=(6)/(8)	0.83	0.66	1.33
进度累计绝对偏差	(18)=∑(16)			
进度累计相对偏差	(19)=∑(6)/∑(8)			

(4) 曲线法。

曲线法是用投资-时间曲线进行偏差分析的一种方法。在用曲线法进行偏差分析时，通常有三条投资曲线，即已完工程实际投资曲线 a、已完工程计划投资曲线 b 和拟完工程计划投资曲线 p，如图 10.11 所示。

图 10.11 中曲线 a 和 b 的竖向距离表示投资偏差，曲线 p 和 b 的水平距离表示进度偏差。图中所反映的是累计偏差，而且主要是绝对偏差。用曲线法进行偏差分析，具有形象直观的优点，但不能直接用于定量分析，如果能与表格法结合起来，则会取得较好的效果。

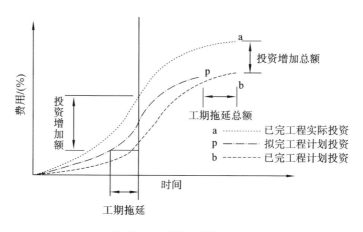

图 10.11 投资-时间曲线法

10.4.5 施工企业经济核算

经济核算是通过对施工生产中的消耗和成果(投入产品)的分析、计算、比较,以货币的形式来衡量其经济效益。它是施工企业经营管理的基本方法,是企业管理的一项重要工作。

1. 经济核算的内容

施工企业经济核算以经济合同为基础,以提高经济效益为目标,将责、权、利与效果紧密结合,力求全面完成施工生产计划,确保产品质量,努力降低生产消耗,不断降低工程成本,增加盈利。施工企业经济核算的具体内容如下。

(1)生产成果核算。生产成果核算主要是考核施工生产计划的完成情况,它包括三个方面的内容。①形象进度。②实物工程量,即符合计量支付规定的合格产品数量。若未完成施工的工程量过多,对企业资金周转将产生不利影响。③建筑安装工作量,即以货币形式表现的工程结算价款。通常以工程价款结算期为经济核算期。

(2)生产消耗核算。生产消耗核算主要是考核人工、材料、施工机械等资源的消耗情况,而综合反映生产消耗的是工程成本,所以工程成本核算是生产消耗核算的重要内容。

生产消耗核算的主要指标包括劳动生产率,工程成本,主要材料消耗,设备利用率,工效、出勤、使用(工时利用)、病休、雨休等工勤指标。其中,工程成本可以综合反映施工企业的生产消耗情况,有利于进行对比分析。

(3)财务成果核算。财务成果核算主要是考核施工企业的盈利水平和施工企业为完成既定的施工任务所需资金的占用和利用情况,通过核算利润总额、成本利润率、流动资金产值率、固定资金产值率等指标,以便发现施工企业经营管理的不合理情况。

2. 经济核算的方法

经济核算通常是运用会计核算、统计核算和业务核算等基本核算方法来完成的。这几种核算方法各有不同,但是互为补充、相辅相成,它们构成施工企业经济核算的完整体系。

(1)会计核算。会计核算是通过原始会计凭证,连续、系统、全面地反映企业财产和物资的变化及经济活动情况。工程成本和企业的盈亏情况可通过会计核算得知。会计核算的主要任务是监督和反映经济合同的执行和成本计划的完成情况。

(2)统计核算。统计核算主要是在施工生产经营活动原始记录资料的基础上,定期地运用统计分析和调查研究相结合的方法,用数字反映施工企业的生产经营活动情况,找出其经济活动的发展规律,绘制成各种统计图表,分别与计划、同期、上期的相应因素或对象进行比较,以显示施工生产经营水平。

(3)业务核算。业务核算是施工企业各个专业部门进行的日常核算工作,它反映生产业务技术的活动情况,是一种直接的核算方法,只记录单一的业务事项。业务核算的内容包括各种原始记录及各种计算登记表,如工程进度记录、测试检验记录、材料消耗记录、施工机械使用记录、材料消耗和施工机械使用计算登记表以及各专业的有关业务计算登记表等。

3. 经济活动分析

经济活动分析实际上就是在会计核算、统计核算和业务核算的基础上,结合施工计划指标和企业经营管理的实际情况,分析和研究企业的经济活动,寻找计划完成好坏的原因,总结经验,不断提高企业的管理水平。

公司或项目经理应对各项经济技术指标全面进行分析考核;工程队则应重点分析产量、质量、各种生产消耗、工效、工勤等经济技术指标;班组则以分析考核产量、质量、主要材料消耗为主。

(1)经济活动分析的主要内容。

①施工计划完成情况的分析:主要检查和分析工作量、实物工程量、工程质

量、形象进度的完成情况,以评定企业的经济活动效果。

②人员工资的分析:主要检查和分析工勤指标(如出勤率和使用率等)、劳动效率(工效)、全员和生产工人劳动生产率,以及工资基金的使用情况。

③材料供应情况的分析:主要检查和分析材料采购、供应计划的执行情况,计算分析主要材料的节约或超耗情况。

④施工机械使用情况的分析:主要检查和分析机械完好率、利用率、台班产量、台班油耗,以及机械的维修保养工作。

⑤工程成本的分析:主要分析总成本、人工费、材料费、施工机械使用费,以及其他工程费、间接费等。工程成本分析应以经济合同价格所构成的人工费、材料费、施工机械使用费等为标准。所以,造价工程师应预先根据投标报价或施工图预算的原始资料,将每个单位工程的各项费用含量作为分析工程成本的依据,一般应取两位小数。

(2)经济活动分析的方法。

经济活动分析是通过分析各项经济技术指标来进行的。经济活动分析的方法有综合分析法、对比分析法、环比分析法和因素分析法等。

①综合分析法。综合分析法以会计核算、统计核算和业务核算资料为基础,并以计划为依据,对影响计划执行结果的各种因素加以分类,据以查明各种因素对计划的影响程度,把质量、成本、进度等因素结合起来进行分析,从而反映企业经济活动的全貌。

②对比分析法。对比分析法主要是将分析期内实际完成数与计划数进行对比分析,以便发现问题,寻找原因,是经济活动分析的主要方法。

③环比分析法。环比分析法是将分析期内实际完成的各项经济技术指标与上一期实际完成的相应指标进行比较,用以了解企业的发展情况。

④因素分析法。因素分析法又称为连环代替法,适用于分析多个因素对指标的影响程度。如超额完成了产值计划,在扣除物价上涨因素的影响后,可能是因为增加了人员或设备,提高了劳动生产率等。这样就可以分别进行计算比较,明确哪个是主要影响因素。如果提高劳动生产率是主要影响因素,影响劳动生产率提高的因素,又可能是改进了施工方法、减少了非生产人员、提高了工时的利用率、提高了劳动技能水平等。故又可以对这些因素作进一步的分析,这样就可以找出主要原因,看到问题的本质。

10.5 竣工验收阶段与运营维护阶段工程造价控制

10.5.1 竣工决算

建设项目竣工决算是指所有建设项目竣工后,建设单位按照有关规定在新建、改建和扩建工程建设项目竣工验收阶段编制的竣工决算报告。竣工决算是以实物数量和货币指标为计量单位,综合反映竣工项目从筹建开始到项目竣工交付使用为止的全部建设费用、建设成果和财务情况的总结性文件,是竣工验收报告的重要组成部分。

1. 竣工决算的编制程序

一般已编制好工程竣工图表文件,并经交工验收各标段达到合格以上的工程,才能进行竣工决算的编制工作。竣工决算的编制程序如下。

(1)熟悉竣工图表资料,核对已结算的工程量及各种工程量的计算方法是否符合合同文件的规定,核对竣工图表资料是否符合国家《基本建设项目档案资料管理暂行规定》的要求。

(2)审查施工过程中的设计变更、索赔的处理是否有不符合规定之处,签证手续是否齐全。

(3)审查竣工结算是否与竣工图表资料、合同文件相符。

(4)统计汇总设计和实际完成的主要工程量,以及水泥、钢材、木材等数量。

(5)摘取各种实物量、财务数据等资料,填入各种相应的竣工决算表内,编制竣工平面图和竣工决算说明书。

2. 竣工决算报告的组成

(1)竣工决算报告的封面、目录。

(2)竣工工程平面示意图。竣工工程平面示意图按经过施工实际修改后的工程设计平面图绘制。

(3)竣工决算报告说明书。竣工决算报告说明书包括工程项目概况及评价,工程建设过程及管理过程中的重大事件及经验教训,投资支出及财务管理的基本情况,工程存在的问题及需要解决的问题。

(4)竣工决算表格。第一部分为工程概况表等专用表格,第二部分为通用表格。

10.5.2 新增资产价值的确定

建设项目竣工投入运营后,所花费的总投资形成相应的资产。根据新的财务制度和企业会计准则,新增资产按资产性质可分为固定资产、流动资产、无形资产、递延资产、其他资产五大类。

1. 新增固定资产价值的确定

(1)新增固定资产的含义。

新增固定资产又称交付使用的固定资产,它是投资项目竣工投产后所增加的固定资产价值,是以价值形态表示的固定资产投资最终成果的综合性指标。

新增固定资产价值包括以下内容。

①已经投入生产或交付使用的建筑安装工程造价。

②达到固定资产标准的设备和工器具的购置费用。

③增加固定资产价值的其他费用,如建设单位管理费、施工机构转移费、项目可行性研究费、勘察设计费、土地征用及拆迁补偿费、联合试运转费等。

(2)新增固定资产价值的计算。

新增固定资产的价值计算是以独立发挥生产或服务能力的单项工程为对象的,当单项工程建成经有关部门验收、鉴定合格,正式移交生产或使用后,即应计算新增固定资产价值。一次交付生产或使用的工程,一次计算新增固定资产价值;分期、分批交付生产或使用的工程,应分期、分批计算新增固定资产价值。计算时应注意以下几种问题。

①为了提高产品质量、改善劳动条件、保护环境等而建设的附属、辅助工程,只要全部建成,正式验收或交付使用后就要计入新增固定资产价值。

②单项工程中不构成生产系统,但能独立发挥效益的非生产性工程,如住宅、食堂、医务室、托儿所、生活服务网点等,在建成并交付使用后,要计入新增固定资产价值。

③凡购置达到固定资产价值标准而不需要安装的设备、工器具,应在交付使用后,计入新增固定资产价值。

④属于新增固定资产价值的其他投资,应在受益工程交付使用的同时一并计入。

(3)交付使用财产成本计算。

交付使用财产的成本费用应按下列内容计算。

①线路、桥梁、房屋、管线、沿线设施等固定资产的成本费用包括建筑安装工程成本和应分摊的待摊投资。

②动力设备、通风设备、监控设备、收费系统等固定资产的成本,包括需要安装设备的采购成本、设备的安装成本、设备基础、支柱等的建筑工程成本和应分摊的待摊投资。

③运输设备及其他不需要安装的设备、工器具、家具等固定资产和流动资产的成本,一般仅计算采购成本,不分摊待摊投资。

(4)待摊投资的分摊方法。

新增固定资产的其他费用,如果属于整个建设项目或两个以上的单项工程,在计算新增固定资产价值时,应在各单项工程中按比例分摊。一般情况下,建设单位管理费应按建筑工程、安装工程、需要安装设备价值的总额作等比例分摊;而土地征用费、勘察设计费等费用则只按建筑工程造价分摊。

2. 新增流动资产价值的确定

新增流动资产是指新增加的在一年内或者超过一年的一个营业周期内变现或者运用的资产。在确定新增流动资产价值时,按以下原则处理。

(1)货币性资金,即现金、银行存款及其他货币资金,根据实际入账价值核定。

(2)应收及预付款项,包括应收票据、应收账款、其他应收款、预付款和待摊费用。一般情况下,应收及预付款项按企业销售商品(或产品)、提供服务(或劳务)时的实际成交金额入账核算。

(3)各种存货应当按照取得时的实际成本计价。存货的形成主要有外购和自制两种途径。外购的,按照购买价加运输费、装卸费、保险费、途中合理损耗费、入库前加工费、整理费、挑选费及缴纳的税金等计价;自制的,按照制造过程中的各项实际支出计价。

3. 新增无形资产价值的确定

我国的《资产评估准则——无形资产》规定,无形资产通常包括专利权、非专利技术、生产许可证、特许经营权、租赁权、土地使用权、矿产资源勘探权和采矿权、商标权、版权等。

（1）无形资产的计价原则。

①投资者以无形资产为资本金或者合作条件投入时，按评估确认或合同协议约定的金额计价。

②购入的无形资产按照实际支付的价款计价。

③企业自创并依法申请取得的无形资产按开发过程中的实际支出计价。

④企业接受捐赠的无形资产，按照发票账单所持金额或者同类无形资产市价计价。

⑤无形资产计价入账后，应在其有效使用期内分期摊销。

（2）无形资产的计价方法。

①专利权的计价。

专利权分为自创专利权和外购专利权两类。自创专利权的价值为开发过程中的实际支出，主要包括专利的研制成本和交易成本。

a. 研制成本包括直接成本和间接成本。直接成本是指研制过程中直接投入发生的费用（主要包括材料费用、工资费用、专用设备费、资料费、咨询鉴定费、协作费、培训费和差旅费等）；间接成本是指与研制开发有关的费用（主要包括管理费、非专用设备折旧费、应分摊的公共费用及能源费用）。

b. 交易成本是指在交易过程中的费用支出，主要包括技术服务费、交易过程中的差旅费及管理费、手续费、税金。专利权是具有独占性并能带来超额利润的生产要素，因此，专利权转让价格不按成本估价，而是按照其所能带来的超额收益计价。

②非专利技术的计价。

非专利技术的价值在于非专利技术的使用所能产生的超额获利能力，应在研究分析其直接和间接的获利能力的基础上，准确计算出其价值。

a. 如果非专利技术是自创的，一般不作为无形资产入账，自创过程中发生的费用，按当期费用处理。

b. 对于外购非专利技术，应由法定评估机构确认后再进行估价，其往往通过收益法进行估价。

③商标权的计价。

如果商标是自创的，一般不作为无形资产入账，而将商标设计、制作、注册、广告宣传等发生的费用直接作为销售费用计入当期损益。只有当企业购入或转让商标时,才需要对商标权进行计价。商标权的计价一般根据被许可方新增的收益确定。

④土地使用权的计价。

根据取得土地使用权的方式不同,土地使用权可有以下几种计价方式。

a. 当建设单位向土地管理部门申请土地使用权并为之支付一笔出让金时,土地使用权作为无形资产核算。

b. 当建设单位是通过行政划拨获得土地使用权时,土地使用权就不能作为无形资产核算。

c. 在将土地使用权有偿转让、出租、抵押、作价入股和投资,按规定补交土地出让价款时,土地使用权才作为无形资产核算。

4. 新增递延资产价值的确定

递延资产是指不能全部计入当年损益,应当在以后年度内分期摊销的各项费用,包括开办费、固定资产改良工程支出等。

(1) 开办费的计价。

开办费是指在筹建期间发生的费用,包括筹建期间人员的工资、办公费、培训费、差旅费、印刷费、注册登记费,以及不计入固定资产和无形资产的汇兑损益和利息支出等。根据新财务制度的规定,除了筹建期间不计入资产价值的汇兑净损失,开办费从企业开始生产经营月份的次月起,按照不短于5年的期限平均摊入管理费用。

(2) 固定资产改良工程支出的计价。

以经营租赁方式租入的固定资产改良工程支出的计价,应在租赁有效期限内分期摊入制造费用或管理费用。

5. 新增其他资产价值的确定

其他资产是指具有专门用途,但不参加生产经营,经国家批准的特种物质、银行冻结存款和冻结物质、涉及诉讼的财产等,主要以实际入账价值核算。

10.5.3 保修费用的处理

1. 建设项目保修

建设工程承包人在向发包人提交工程竣工验收报告时,应当向发包人出具质量保修书。质量保修书应当明确建设工程的保修范围、保修期限和责任等。对于建设项目在保修期内和保修范围内发生的质量问题,承包人应履行保修义务,并对造成的损失承担赔偿责任。

建设工程质量保修制度是国家确定的重要法律制度,它是指建设工程在办理交工验收手续后,在规定的保修期限内(按合同有关保修期的规定),因勘察设计、施工、材料等原因造成的质量缺陷,应由责任单位负责维修。对于工程发生的确实是因承包人施工责任而造成的缺陷,由承包人负责修理,直到达到正常使用的标准。

2. 保修的经济责任

(1)因承包人未按施工技术规范、设计文件要求和施工合同约定组织施工而造成的质量缺陷,应当由承包人负责修理并承担经济责任;因承包人采购的建筑材料、建筑构配件、设备等不符合质量要求,或承包人应进行而没有进行试验或检验造成的质量问题,应由承包人负责修理并承担经济责任。

(2)因设计人造成的质量缺陷应由设计人承担经济责任。当由承包人进行修理时,费用数额应按合同约定,通过发包人向设计人索赔,不足部分由发包人补偿。

(3)因发包人供应的材料、构配件或设备不合格造成的质量缺陷,或因发包人提前占用工程而出现的质量问题,应由发包人自行承担经济责任;因发包人指定的分包人或不能肢解而肢解发包的工程造成的质量缺陷,或发包人竣工验收后使用不当造成的损坏,应由发包人自行承担经济责任。

(4)因不可抗力造成的质量缺陷不属于规定的保修范围。当使用人需要责任以外的修理、维护服务时,承包人应提供相应的服务,但应签订协议,约定服务的内容和质量要求。所发生的费用应由使用人按协议约定的方式支付。

参 考 文 献

[1] 包美玲.公路项目成本控制研究[D].昆明:昆明理工大学,2020.

[2] 中华人民共和国国家质量监督检验检疫总局,中国国家标准化管理委员会.安全标志及其使用导则:GB 2894—2008[S].北京:中国标准出版社,2009.

[3] 中华人民共和国国家质量监督检验检疫总局,中国国家标准化管理委员会.安全色:GB 2893—2008[S].北京:中国标准出版社,2009.

[4] 曹国雄,孙江涛,李昌荣.公路工程及交通安全设施施工与管理[M].武汉:华中科技大学出版社,2021.

[5] 柴茂海.公路工程建设中机械设备及材料管理的重要性[J].城市建筑空间,2022,29(S01):251—252.

[6] 崔艳梅,董立.道路桥梁工程概预算[M].2版.重庆:重庆大学出版社,2019.

[7] 邓肖夫.建设工程施工项目资源配置评价模型研究[D].长沙:中南林业科技大学,2013.

[8] 高峰,周世生,张求书.公路工程造价与控制[M].北京:北京理工大学出版社,2009.

[9] 郭汉丁,马辉.工程项目成本[M].北京:化学工业出版社,2017.

[10] 黄守刚,张慧丽.公路工程施工管理与技术[M].石家庄:河北人民出版社,2012.

[11] 中华人民共和国住房和城乡建设部.建筑机械使用安全技术规程:JGJ 33—2012[S].北京:中国建筑工业出版社,2012.

[12] 中华人民共和国交通部.公路建设项目环境影响评价规范(附条文说明):JTG B03—2006[S].北京:中国标准出版社,2006.

[13] 中华人民共和国建设部.沥青路面施工及验收规范:GB 50092—1996[S].北京:中国标准出版社,1996.

[14] 中华人民共和国国家质量监督检验检疫总局,中国国家标准化管理委员会.防眩板:GB/T 24718—2009[S].北京:中国标准出版社,2010.

[15] 中华人民共和国国家质量监督检验检疫总局,中国国家标准化管理委员会.突起路标:GB/T 24725—2009[S].北京:中国标准出版社,2010.

[16] 中华人民共和国交通运输部.公路工程技术标准:JTG B01—2014[S].北京:人民交通出版社,2015.

[17] 中华人民共和国国家质量监督检验检疫总局,中国国家标准化管理委员会.公路交通工程钢构件防腐技术条件:GB/T 18226—2015[S].北京:中国标准出版社,2015.

[18] 国家市场监督管理总局,国家标准化管理委员会.路面标线用玻璃珠:GB/T 24722—2020[S].北京:中国标准出版社,2020.

[19] 中华人民共和国国家质量监督检验检疫总局,中国国家标准化管理委员会.道路交通反光膜:GB/T 18833—2012[S].北京:中国标准出版社,2013.

[20] 国家市场监督管理总局,国家标准化管理委员会.道路交通标志板及支撑件:GB/T 23827—2021[S].北京:中国标准出版社,2022.

[21] 中华人民共和国交通运输部.路面标线涂料:JT/T 280—2022[S].北京:人民交通出版社,2022.

[22] 国家市场监督管理总局,国家标准化管理委员会.轮廓标:GB/T 24970—2020[S].北京:中国标准出版社,2020.

[23] 中华人民共和国交通运输部.公路交通安全设施施工技术规范:JTG/T 3671—2021[S].北京:人民交通出版社,2021.

[24] 中华人民共和国交通运输部.公路路基路面现场测试规程:JTG 3450—2019[S].北京:人民交通出版社,2019.

[25] 中华人民共和国交通运输部.公路工程概算定额(上、下册):JTG/T 3831—2018[S].北京:人民交通出版社,2018.

[26] 黎奎.公路工程项目施工管理和案例分析[M].徐州:中国矿业大学出版社,2008.

[27] 李彦哲.公路工程项目质量管理体系研究[D].哈尔滨:哈尔滨工程大学,2014.

[28] 李阳.建设工程施工合同管理及索赔问题的研究[D].兰州:兰州交通大学,2015.

[29] 刘琦.高速公路建设项目安全生产管理体系构建研究[D].广州:华南理工大学,2014.

[30] 刘睿超.公路工程施工进度管理的常见问题及应对策略[J].工程建设与设计,2020,425(3):301-302.

[31] 彭东黎.公路工程招投标与合同管理[M].重庆:重庆大学出版社,2021.

[32] 钱源.公路工程造价编制[M].重庆:重庆大学出版社,2014.

[33] 乔文龙.TG公路工程项目质量管理研究[D].西安:长安大学,2020.

[34] 任壬.公路工程项目管理标准化研究[J].工程建设与设计,2020,443(21):241-243.

[35] 沈鹏.公路工程施工组织与管理[M].昆明:云南人民出版社,2015.

[36] 王红雨,周永.工程项目管理[M].北京:化学工业出版社,2016.

[37] 王华.工程项目管理[M].北京:北京大学出版社,2014.

[38] 武志宝.东营市公路工程项目造价控制研究[D].北京:中国石油大学,2009.

[39] 岳杨韬.公路建设项目施工成本管理研究及应用[D].兰州:兰州交通大学,2016.

[40] 张静.公路工程造价范围合理性评价研究[D].长沙:长沙理工大学,2012.

[41] 张立新,姜吉坤.工程项目管理[M].北京:化学工业出版社,2017.

[42] 张永春.公路工程建设项目生产要素的优化配置及运行机制探析[J].科技视界,2013.(1):2.

[43] 中华人民共和国国家质量监督检验检疫总局,中国国家标准化管理委员会.质量管理体系 要求:GB/T 19001—2016[S].北京:中国标准出版社,2016.

[44] 中华人民共和国国家质量监督检验检疫总局,中国国家标准化管理委员会.环境管理体系 要求及使用指南:GB/T 24001—2016[S].北京:中国标准出版社,2016.

[45] 中华人民共和国国家质量监督检验检疫总局,中国国家标准化管理委员会.建筑施工场界环境噪声排放标准:GB 12523—2011[S].北京:中国环境科学出版社,2012.

[46] 中华人民共和国国家质量监督检验检疫总局,中国国家标准化管理委员会.环境空气质量标准:GB 3095—2012[S].北京:中国环境科学出版社,2016.

[47] 中华人民共和国住房和城乡建设部.工程测量标准:GB 50026—2020

[S].北京:中国计划出版社,2021.

[48] 中华人民共和国交通运输部.公路波形梁钢护栏产品质量行业监督抽查实施规范:JDCC 2020—03[S].北京:人民交通出版社,2020.

[49] 中华人民共和国住房和城乡建设部,中华人民共和国国家质量监督检验检疫总局.建设工程工程量清单计价规范:GB 50500—2013[S].北京:中国计划出版社,2013.

[50] 中华人民共和国交通部.公路工程基本建设项目设计文件编制办法:交公路发〔2007〕358号[S].北京:人民交通出版社,2007.

[51] 中华人民共和国交通运输部.公路环境保护设计规范:JTG B04—2010[S].北京:人民交通出版社,2010.

[52] 中华人民共和国交通运输部.公路桥涵养护规范:JTG 5120—2021[S].北京:人民交通出版社,2021.

[53] 中华人民共和国交通运输部.公路桥涵施工技术规范:JTG/T 3650—2020[S].北京:人民交通出版社,2020.

后 记

改革开放40多年来,中国公路建设突飞猛进。截至2022年底,我国公路通车里程535万千米,其中高速公路17.7万千米。乡镇和建制村全部通硬化路、通客车。

我国《公路"十四五"发展规划》提出,到2025年,安全、便捷、高效、绿色、经济的现代化公路交通运输体系建设取得重大进展,高质量发展迈出坚实步伐,设施供给更优质、运输服务更高效、路网运行更安全、转型发展更有力、行业治理更完善,有力支撑交通强国建设,高水平适应经济高质量发展要求,满足人民美好生活需要。

社会主义市场经济体制的不断发展和完善,我国公路建设市场普遍实行的招投标制,以及社会劳动生产率的提高,对我国的公路施工企业提出了新的要求。公路施工企业面临激烈甚至残酷的竞争,计划经济体制下的地方保护、行业保护不复存在,优胜劣汰是市场经济的规则,公路施工企业只有向管理要效益,靠管理求生存。同时,新技术、新工艺、新设备、新材料的不断涌现,对公路工程人员的要求越来越高。公路工程基层施工组织中的技术人员的业务水平和管理能力的高低,已经成为公路工程建设项目能否有序、高效、高质量完成的关键。尽快提高公路工程项目管理水平,作为一项非常重要的任务摆在了公路施工企业管理者的面前。

公路工程造价管理是工程管理中一项很重要的内容。造价管理研究的主要内容是造价的合理确定和有效控制。公路建设是一个复杂、涉及多部门、野外作业的过程,这就为建设管理工作带来了很大的不确定性,为造价控制管理工作带来了很大的难度,其中最突出和普遍的就是"三超"问题,即概算超估算、预算超概算、决算超预算,导致工程造价失控。

公路作为国民经济发展的基础产业,在当代社会中具有举足轻重的作用,因此,公路工程项目管理人员应该注重公路的费用控制,以及不断采取新的措施提高费用控制的效率,运用新的方法、新的思想不断创新,并能够根据不同的工程采取有效的措施,解决实际问题。